Arbeitsrecht für jedermann

Begründung / Beendigung des Arbeitsverhältnisses
Pflichten des Arbeitgebers / Arbeitnehmers

Arbeitskammer des Saarlandes

CIP-Kurztitelaufnahme der Deutschen Bibliothek

Kühner, Hans-Joachim:
Arbeitsrecht für jedermann: Begründung/Beendigung d. Arbeitsverhält-
nisses, Pflichten d. Arbeitgebers/Arbeitnehmers / [Bearb.: Hans-Joachim
Kühner]. AK, Arbeitskammer d. Saarlandes. [Hrsg.: Arbeitskammer d.
Saarlandes, Referat Presse u. Information]. – 7. Aufl. – Saarbrücken:
Arbeitskammer d. Saarlandes, Referat Presse u. Information, 1986.

ISBN 3-88968-046-1

NE: HST

Herausgeber:
Arbeitskammer des Saarlandes, Referat Presse und Information,
6600 Saarbrücken, Sophienstraße 6 – 8, Telefon (0681) 4005-0

Bearbeitung:
Justitiar Hans-Joachim Kühner, Arbeitskammer

Redaktion:
Hans Günther Schanne

Titel:
Kurt Heinemann, 6620 Völklingen

Herstellung:
Krüger Druck + Verlag GmbH, 6638 Dillingen, Marktstraße 1

7. Auflage: 279.001 – 309.000

Vorwort

Die erste Auflage dieser Broschüre ist im Februar 1974 erschienen. Seitdem hat sich die Arbeitsmarktsituation in der Bundesrepublik und insbesondere im Saarland verschärft. Arbeitsplätze sind gefährdet. Um so wichtiger ist es, daß der Arbeitnehmer sich im Arbeitsrecht auskennt. Dies gilt insbesondere hinsichtlich des Kündigungs- und Kündigungsschutzrechts. Aber auch in anderen arbeitsrechtlichen Fragen sollte der Arbeitnehmer über das erforderliche Wissen verfügen, denn die Kenntnis des Rechts ist die erste Voraussetzung für seine Geltendmachung.

Um den saarländischen Arbeitnehmern bei der Wahrnehmung ihrer Rechte behilflich zu sein, wurde die Broschüre unter Berücksichtigung der inzwischen erlassenen arbeitsrechtlichen Gesetze sowie der neueren höchstrichterlichen Rechtsprechung vollständig überarbeitet und neu aufgelegt. So werden u. a. das Beschäftigungsförderungsgesetz, das Konkursausfallgeldgesetz einschließlich der entsprechenden Änderung in der Konkursordnung, das Gesetz über die Verbesserung der betrieblichen Altersversorgung, die Änderung im Bundesurlaubsgesetz, im Kündigungsschutzgesetz und – wenigstens teilweise – im Jugendarbeitsschutzgesetz, Schwerbehindertengesetz und Mutterschutzgesetz erörtert.

Im übrigen hat sich die Broschüre als Unterrichtshilfe bei den von der Arbeitskammer in ihrem Bildungszentrum Kirkel durchgeführten arbeitsrechtlichen Lehrgängen bewährt. Sie erleichtert den Lehrgangsteilnehmern die Arbeit mit der für sie in der Regel fremden Materie und dient der Vertiefung der behandelten Probleme; vor allen Dingen ist sie Gedächtnisstütze für die später in der Praxis auftretenden Fragen. Diese Aufgaben soll die Broschüre auch in Zukunft erfüllen.

Saarbrücken, im Januar 1986

Norbert Engel	Lothar Diversy
Präsident	Vizepräsident

Inhalt

VI. Kapitel

Weitere Möglichkeiten zur Beendigung des Arbeitsverhältnisses 145

VII. Kapitel

Pflichten bei Beendigung des Arbeitsverhältnisses 153

VIII. Kapitel

Amtliche Texte 157

Einführung

Das Arbeitsrecht ist eine ziemlich schwierige Materie. Das ist einmal darauf zurückzuführen, daß die arbeitsrechtlichen Bestimmungen nicht in einem Gesetz zusammengefaßt, sondern verstreut in vielen Gesetzen enthalten sind. Arbeitsrechtliche Bestimmungen finden wir nicht nur in den speziellen arbeitsrechtlichen Gesetzen wie etwa im Kündigungsschutzgesetz, Bundes- urlaubsgesetz, Jugendarbeits- und Mutterschutzgesetz, sondern auch in vielen anderen Gesetzen wie z. B. im Bürgerlichen Gesetzbuch, dem Han- delsgesetzbuch, der Gewerbeordnung und dem Grundgesetz.

Hinzu kommt, daß das Arbeitsrecht unübersichtlich ist, weil es kein eigen- ständiges Rechtsgebiet ist, sondern nur im Zusammenhang mit unserem bürgerlichen Recht verstanden werden kann. Wer sich im Arbeitsrecht auskennen will, muß zumindest die einfachsten Regeln unseres bürger- lichen Rechts kennen. Schließlich wird das Verständnis des Arbeitsrechts dadurch erschwert, daß bei vielen Arbeitsverhältnissen bessere tarifvertrag- liche Regelungen an die Stelle der gesetzlichen Regelungen getreten sind.

Diese Broschüre stellt eine Einführung in das allgemeine Arbeitsrecht dar. Besonders eingehend sind Fragen der Kündigung, des Kündigungsschutzes, des Urlaubsrechts und der Weihnachtsgratifikation behandelt. Dagegen befaßt sich die Broschüre nur in Einzelfällen mit Fragen des Arbeitsschutz- rechts. So wird z. B. im Rahmen des Urlaubsrechts auf Urlaubsansprüche der Jugendlichen nach dem Jugendarbeitsschutzgesetz eingegangen und im Rahmen des Kündigungsrechts auf den Kündigungsschutz nach dem Mutterschutzgesetz. Eine umfassende Darstellung des Jugendarbeits- schutzgesetzes finden Sie in der von der Arbeitskammer herausgegebenen Broschüre „Jugendarbeitsschutzgesetz". Wegen des Betriebsverfassungs- rechts wird auf die ebenfalls von der Arbeitskammer herausgegebenen Broschüren „Geschäftsführung des Betriebsrats" und „Betriebsratswahl 1984" verwiesen.

I. Kapitel

Worauf kann sich der Arbeitnehmer bei der Geltendmachung seiner Rechte berufen?

Sie werden sich schon manchmal, wenn Sie nicht zufrieden waren mit dem, was Ihnen Ihr Arbeitgeber gezahlt oder ansonsten gewährt hat, gefragt haben, auf was kann ich mich berufen, um meinen Anspruch durchzusetzen. Nun, Sie haben da verschiedene Möglichkeiten.

Beispiele:

1. Eifrig hat mit seinem Arbeitgeber Knausrig einen Stundenlohn von 12 DM vereinbart. Knausrig will später nur 10,50 DM zahlen. Eifrig beruft sich auf die getroffene Vereinbarung, d. h. auf den Arbeitsvertrag.

2. Klug ist bei Groß beschäftigt. Er hat bei seinem Eintritt in das Unternehmen mit Groß keine Vereinbarung hinsichtlich des Lohnes getroffen. Als Groß ihm nur 13 DM Stundenlohn zahlen will, weist Klug darauf hin, daß ihm laut Tarifvertrag 15 DM zustehen.

3. Schaffer arbeitet im Akkordlohn. Deich, sein Arbeitgeber, will ihm pro 100 Stück 4,50 DM zahlen. Schaffer verweist auf die Betriebsvereinbarung, nach der ihm pro 100 Stück 5 DM zu zahlen sind.

4. Sommer arbeitet bei Klein. Klein will Sommer für das laufende Jahr nur acht Tage Urlaub gewähren. Sommer beruft sich auf § 3 des Bundesurlaubsgesetzes, wonach ihm 18 Werktage Urlaub zustehen.

5. Brummig will seinen Leuten keine Weihnachtsgratifikation mehr zahlen. Fichte weist Brummig darauf hin, daß er das nicht könne, da

er dreimal aufeinanderfolgend die Gratifikation an Weihnachten ohne jeden Vorbehalt gewährt habe. Durch die betriebliche Übung haben die Belegschaftsmitglieder einen einklagbaren Anspruch auf die Gratifikation.

6. Sorge war mehrere Monate krank. Sein Arbeitgeber Stark will ihm für die Monate, in denen er krank war, anteilig den Urlaubsanspruch kürzen. Sorge beruft sich auf das Urteil des Bundesarbeitsgerichts vom 28. Januar 1982, nach dem auch lang anhaltende Krankheit den Urlaubsanspruch nicht vermindert. ■

Sie sehen also, Sie können Ihre Ansprüche aus dem Arbeitsvertrag, einem Tarifvertrag, der Betriebsvereinbarung, dem Gesetz oder der betrieblichen Übung ableiten oder unter Hinweis auf die Rechtsprechung begründen.

1 Arbeitsvertrag

Der Arbeitsvertrag kommt wie jeder Vertrag durch zwei übereinstimmende Willenserklärungen zustande, d.h. durch Angebot und Annahme dieses Angebots.

Beispiele:

Eifrig sucht eine Arbeitsstelle. Er geht zu Knausrig und sagt: „Ich möchte bei Ihnen arbeiten". Knausrig antwortet: „Sie können morgen anfangen."

Ein Arbeitsvertrag ist zustande gekommen, obwohl „nichts Schriftliches" vereinbart wurde. Grundsätzlich bedarf der Arbeitsvertrag nicht der Schriftform. Eine mündliche Vereinbarung genügt, ja bereits durch schlüssiges Verhalten kann ein Vertrag zustande kommen. ■

Schaffer ist Bauhilfsarbeiter. Er sucht eine Arbeitsstelle. Er hört, daß Reich, den er kennt, Bauhilfsarbeiter einstellt. Er begibt sich zum Arbeitsbeginn auf eine Baustelle des Reich. Hier warten schon mehrere Arbeiter vor der Baubude. Schaffer reiht sich stillschweigend ein. Ohne ein Wort zu sagen, drückt Reich Schaffer eine Schaufel in die Hand. Die anderen schickt er nach Hause.

Schaffer fängt an zu arbeiten. Damit ist ein Arbeitsvertrag durch schlüssiges Handeln zustande gekommen. Will Reich Schaffer keinen Arbeitslohn zahlen, so kann Schaffer sich auf den Arbeitsvertrag berufen. ■

Von schlüssigem (konkludentem) Handeln spricht man immer dann, wenn die Vertragspartner ihren Willen nicht ausdrücklich erklärt haben, sich aus ihrem Verhalten aber ergibt, was sie wollen.

Die Schriftform ist für den Abschluß eines Arbeitsvertrages – von wenigen unwichtigen Ausnahmen abgesehen – nicht vorgeschrieben, sie ist aber aus Beweisgründen zu empfehlen. Hier gilt immer noch das Zitat aus Goethes „Faust": „Denn was man schwarz auf weiß besitzt, kann man getrost nach Hause tragen". Sollte der Arbeitgeber sich nicht mehr erinnern können, was er Ihnen alles zugesichert hat, dann können Sie mit Hilfe des schriftlich abgeschlossenen Arbeitsvertrages Ihre Ansprüche nötigenfalls beim Arbeitsgericht sehr rasch durchsetzen. Manchmal schreibt auch ein Tarifvertrag die Schriftform vor.

Eine Sonderregelung gilt nach § 4 BerBildG für das Ausbildungsverhältnis (Lehrverhältnis). Die Gültigkeit des Ausbildungsvertrages ist nicht an die Schriftform gebunden, jedoch ist der Ausbilder verpflichtet, unverzüglich nach Abschluß des Ausbildungsvertrages den wesentlichen Inhalt des Vertrages schriftlich niederzulegen.

In der Regel erfordert die Schriftform, daß Sie und Ihr Arbeitgeber den Vertragstext auf demselben Blatt (Urkunde) unterschreiben. Werden über den Vertrag mehrere gleichlautende Urkunden aufgenommen, genügt es, wenn jede Partei die für die andere Partei bestimmte Urkunde unterzeichnet.

2 Tarifvertrag

Nehmen wir einmal an, Sie sind Schlosser von Beruf und hätten einen Freund, der ebenfalls Schlosser ist, aber in einem anderen Unternehmen arbeitet. Eines Tages erzählt er Ihnen, daß er neben seinem Urlaubsentgelt

(Lohn für die Urlaubszeit) noch ein zusätzliches Urlaubsgeld in Höhe von 200 DM erhält. Sie sind überrascht, gehen zu Ihrem Arbeitgeber und verlangen ebenfalls ein zusätzliches Urlaubsgeld. Der Arbeitgeber erklärt Ihnen, daß er dazu nicht verpflichtet sei. Sie sind empört und wollen Klage beim zuständigen Arbeitsgericht erheben. Ihr Freund rät Ihnen ab. Warum wohl?

Tarifverträge können nur von den Gewerkschaften einerseits und den Arbeitgeberverbänden oder einem einzelnen Arbeitgeber andererseits abgeschlossen werden. Sie gelten aber auch nur für die Mitglieder der betreffenden Gewerkschaft und die Mitglieder des betreffenden Arbeitgeberverbandes bzw. den einzelnen Arbeitgeber, der einen Tarifvertrag abgeschlossen hat.

Ihr Freund gibt Ihnen folgende Erklärung für seinen Standpunkt: „Da ich Mitglied der IG Metall bin und mein Arbeitgeber Mitglied des entsprechenden Arbeitgeberverbandes ist, habe ich aufgrund des Tarifvertrages, der ausdrücklich die Zahlung eines zusätzlichen Urlaubsgeldes vorsieht, Anspruch auf dieses Urlaubsgeld. Da Dein Arbeitgeber nicht Mitglied des Verbandes ist, ist er nicht verpflichtet, ein zusätzliches Urlaubsgeld zu zahlen, denn er ist ja nicht an den Tarifvertrag gebunden."

Sie sehen also, Ihr Freund hat Recht. Das Arbeitsgericht müßte Ihre Klage abweisen, da Ihr Arbeitgeber nicht an den Tarifvertrag gebunden ist und Sie daher keinen Anspruch auf zusätzliches Urlaubsgeld haben.

Anders wäre die rechtliche Lage dann, wenn der Tarifvertrag durch den zuständigen Arbeitsminister im Einvernehmen mit dem Tarifausschuß auf Antrag einer Tarifvertragspartei für allgemeinverbindlich erklärt worden ist. Durch die Allgemeinverbindlichkeitserklärung gilt der Tarifvertrag für alle Arbeitgeber und Arbeitnehmer dieser Branche. In diesem Falle hätten Sie Rechtsanspruch auf Zahlung eines zusätzlichen Urlaubsgeldes. Würde Ihr Arbeitgeber dennoch die Auszahlung verweigern, so müßte das Arbeitsgericht Ihrer Klage stattgeben.

Merken Sie sich also: Tarifverträge gelten grundsätzlich nur für die Arbeitnehmer, die in der betreffenden Gewerkschaft organisiert sind und bei einem Arbeitgeber arbeiten, der dem Arbeitgeberverband angehört. Nur wenn der betreffende Tarifvertrag für allgemeinverbindlich erklärt wird – was aber in den letzten Jahren immer seltener der Fall ist –, kann jeder Arbeitnehmer der betreffenden Branche seine Forderungen auf den Tarifvertrag stützen. Sagen Sie jetzt nicht, das sei ungerecht. Denken Sie daran, daß die Gewerkschaftsmitglieder recht hohe monatliche Beiträge leisten. Im übrigen können Sie der Gewerkschaft jederzeit beitreten.

Ergänzend ist hier zu erwähnen, daß in einem Einzelarbeitsvertrag – auch wenn die Vertragspartner nicht tarifgebunden sind – Bezug auf einen Tarifvertrag genommen werden kann. Dann gilt der Tarifvertrag für das betreffende Arbeitsverhältnis. Anspruchsgrundlage ist in diesem Fall aber nicht der Tarifvertrag, sondern der Einzelarbeitsvertrag, der vom Arbeitgeber durch Änderungskündigung geändert werden kann. Wendet der Arbeitgeber den Tarifvertrag ohne Vorbehalt auch auf die Nichtorganisierten seines Betriebes an, kann ein Anspruch für diese durch betriebliche Übung entstehen (vgl. Nr. 5 auf Seite 15).

Hinweis:

Sind Sie tarifgebunden, so schauen Sie, wenn Sie arbeitsrechtliche Probleme haben, zuerst in den einschlägigen Tarifvertrag. Finden Sie dort die Lösung Ihres Problems nicht, dann schauen Sie erst in diese Broschüre.

3 Betriebsvereinbarung

Die Betriebsvereinbarung ist ein Vertrag, der für den Betrieb zwischen dem Arbeitgeber und dem Betriebsrat als Vertreter der Belegschaft abgeschlossen wird. Die Betriebsvereinbarung ist nur dann gültig, wenn sie schriftlich abgeschlossen wird. Sie gilt für alle Belegschaftsmitglieder, gleich ob sie gewerkschaftlich organisiert sind oder nicht. Sie werden nun fragen, welche rechtlichen Ansprüche kann ich auf eine Betriebsvereinbarung stützen?

Nun, eine Betriebsvereinbarung enthält in der Regel Bestimmungen, die Abschluß und Beendigung von Arbeitsverhältnissen sowie betriebliche und betriebsverfassungsrechtliche Fragen regeln. Darüber hinaus sind in der Betriebsvereinbarung Regelungen über Löhne und Lohnzulagen (z.B. Akkorde und Richtlohnsätze), über Kündigungsgründe und Kündigungsfristen, über Arbeitszeit und manchmal auch über Urlaub enthalten. Häufig werden die sogenannten Sozialleistungen, so z.B. Gratifikationen, Treueprämien und Ruhegelder, in der Betriebsvereinbarung festgelegt.

Sehr wichtig ist aber, daß in der Betriebsvereinbarung nur geregelt werden darf, was nicht und auch üblicherweise nicht durch Tarifvertrag geregelt wird (§ 77 Abs. 3 BetrVG). Das hat u.a. zur Folge, daß dort, wo sowohl Tarifvertrag als auch Betriebsvereinbarung eine Regelung über bestimmte Arbeitsbedingungen enthalten, die Regelung des Tarifvertrages – auch wenn sie für die Arbeitnehmer ungünstiger ist – vorgeht.

Beispiel:

Fichte klagt gegen Brummig auf Zahlung von 500 DM Weihnachtsgratifikation. Er begründet die Klage damit, daß ihm laut Betriebsvereinbarung eine Weihnachtsgratifikation von 1.000 DM zustehe, Brummig aber nur 500 DM gezahlt habe. Brummig erklärt in der Klagebeantwortung, laut Tarifvertrag habe Fichte nur einen Anspruch auf 500 DM.

Das Arbeitsgericht weist die Klage als unbegründet ab, da durch die Regelung im Tarifvertrag die Betriebsvereinbarung insoweit ungültig ist. ∎

4 Gesetz

Sie werden schon gemerkt haben, daß im Bereich des Arbeitsrechts das Gesetz nicht die dominierende Rolle spielt wie in anderen Rechtsgebieten. In bezug auf das Arbeitsrecht hat das Gesetz eine echte Konkurrenz: den Tarifvertrag. Das hängt damit zusammen, daß die Bundesrepublik ein sozialer Rechtsstaat ist. In einem sozialen Rechtsstaat tritt der Gesetzgeber (Bundestag, Landtag) einen Teil seiner Gesetzgebungsbefugnis an die Tarifvertragspartner – also die Gewerkschaften bzw. Arbeitgeberverbände – ab.

Dieses Recht, die Arbeitsbedingungen selbst zu regeln, nennt man Tarifautonomie. Der Gesetzgeber überläßt es somit in erster Linie den Tarifvertragsparteien, auf dem Gebiete des Arbeitsrechts mittels Tarifverträgen arbeitsrechtliche Normen (Gesetze) zu schaffen. Nur in Ausnahmefällen, z. B. um gewisse Mindestbedingungen festzusetzen, oder im Bereich des Arbeitsschutzes greift der Gesetzgeber in die Tarifautonomie der Tarifvertragspartner ein. So ist das Bundesurlaubsgesetz ein Mindesturlaubsgesetz; viele Tarifverträge sehen mehr Urlaub vor.

Glauben Sie nun aber nicht, daß es daher nur wenige arbeitsrechtliche Gesetze gibt; es gibt eine ganze Menge. Wir wollen nur die wichtigsten nennen: Bundesurlaubsgesetz, Arbeitszeitordnung, Mutterschutzgesetz, Jugendarbeitsschutzgesetz, Kündigungsschutzgesetz, Tarifvertragsgesetz, Betriebsverfassungsgesetz, Mitbestimmungsgesetz, Arbeitsgerichtsgesetz, Gesetz über die betriebliche Altersversorgung, Arbeitssicherheitsgesetz, Arbeitsstättenverordnung usw. Arbeitsrechtliche Bestimmungen finden Sie auch im Grundgesetz, im Bürgerlichen Gesetzbuch, im Handelsgesetzbuch, in der Gewerbeordnung usw.

Für Sie ist wichtig, daß auch in den Fällen, in denen der Arbeitnehmer seine Forderungen weder auf einen Tarifvertrag noch auf seinen Arbeitsvertrag stützen kann, sehr oft das Gesetz ihm eine Anspruchsgrundlage bietet (siehe Beispiel Nr. 4 auf Seite 9).

5 Betriebliche Übung

Auch ohne ausdrückliche Vereinbarung mit Ihrem Arbeitgeber können Sie Rechte erwerben. Wie Sie einen Arbeitsvertrag durch schlüssiges Handeln abschließen können (vgl. das Beispiel auf Seite 10), so kann Ihr Arbeitsvertrag auch durch schlüssiges Handeln ergänzt werden. Nur muß sich dieses schlüssige Handeln über einen längeren Zeitraum – in der Regel drei Jahre – erstrecken. Hier spricht man dann von betrieblicher Übung. Wenn Ihnen also Ihr Arbeitgeber mindestens drei Jahre hintereinander ohne jeden Vorbehalt eine Leistung gewährt, dann kann sich daraus für die Zukunft ein Rechtsanspruch auf diese Leistung für Sie ergeben. Musterbeispiel für die Entstehung eines Rechtsanspruchs durch betriebliche Übung ist die Weihnachtsgratifikation (siehe Beispiel Nr. 5 auf Seite 9). Aber auch Rechtsansprüche auf andere Leistungen können durch betriebliche Übung entstehen, so z. B. Ansprüche auf Treueprämien, Zusatzurlaub, Urlaubsgeld, Ruhegeld, Hochzeitsgeschenk usw.

Früher war man der Ansicht, daß die betriebliche Übung eine Art Gewohnheitsrecht sei. Heute vertritt die herrschende Lehre und Rechtsprechung (so insbesondere das Bundesarbeitsgericht) die Meinung, daß der Arbeitsvertrag durch die betriebliche Übung stillschweigend ergänzt wird, mit anderen Worten: die vom Arbeitgeber ohne ausdrückliche Vereinbarung erbrachte Leistung wird Gegenstand des Arbeitsvertrages.

Die betriebliche Übung dient aber nicht nur als Grundlage stillschweigender Vereinbarungen, sondern sie wird auch zur Auslegung von Vereinbarungen und vor allem zur Ausfüllung der das Arbeitsverhältnis beherrschenden Treue- und Fürsorgepflicht herangezogen.

6 Rechtsprechung

Wie Sie aus dem Beispiel Nr. 6 auf Seite 10 gesehen haben, kann man seinen Anspruch durch Hinweis auf eine arbeitsrechtliche Entscheidung, insbesondere auf ein Urteil des Bundesarbeitsgerichts, stützen. Aber seien Sie vorsichtig! Denn einmal muß der von dem betreffenden Gericht abgeurteilte Fall nicht identisch mit Ihrem Fall sein. Gerade Laien machen oft den Fehler, daß sie, ohne den Sachverhalt einem genauen Vergleich zu unterziehen, annehmen, das ist genau mein Fall. Tatsächlich dreht es sich aber um ganz andere Dinge.

Zum zweiten müssen Sie immer bedenken, daß jedes Arbeitsgericht von der Entscheidung eines anderen Arbeitsgerichts – auch von der des Bundesarbeitsgerichts – abweichen kann.

Ein Urteil des Bundesarbeitsgerichts ist keine Anspruchsgrundlage wie etwa der Einzelarbeitsvertrag, der Tarifvertrag oder das Gesetz. Das heißt aber nicht, daß Sie Entscheidungen der Arbeitsgerichte bei der Geltendmachung Ihrer Ansprüche überhaupt nicht heranziehen sollen. Sie sollen nur vorsichtig sein. In der Praxis weicht nämlich ein Arbeitsgericht selten von den Entscheidungen des Bundesarbeitsgerichts ab.

Der Arbeitgeber wird sich daher in der Regel von der Begründetheit Ihres Anspruchs überzeugen lassen, wenn Sie sich auf ein Urteil des Bundesarbeitsgerichts berufen können.

7 Zusammenfassung

Wir hoffen, daß Sie jetzt eine Übersicht gewonnen haben über die Möglichkeiten, mit denen Sie einen arbeitsrechtlichen Anspruch begründen können. Die wichtigste Anspruchsgrundlage für Sie ist der Arbeitsvertrag. Treten Sie ein neues Arbeitsverhältnis an, ist es empfehlenswert, den Arbeitsvertrag mit dem neuen Arbeitgeber durchzusprechen und schriftlich niederzulegen. Dann wissen Sie, was Sie erwartet und sind vor unliebsamen Überraschungen sicher.

Sind Sie Mitglied einer Gewerkschaft und arbeiten Sie bei einem Arbeitgeber, der dem Arbeitgeberverband angehört, dann können Sie sich in der Regel diese Mühe sparen. Die Gewerkschaft hat Ihnen diese Arbeit abgenommen. Für Sie gilt der Tarifvertrag der betreffenden Branche. Trotzdem können Sie selbstverständlich einen Einzelarbeitsvertrag schriftlich festlegen. In manchen Fällen ist es zur Regelung individueller Arbeitsbedingungen sogar notwendig, den Einzelarbeitsvertrag auch schriftlich abzuschließen. Dies gilt vor allem, wenn übertarifliche Leistungen zugesagt werden.

Können Sie Ihren Anspruch nicht mit Hilfe Ihres Arbeitsvertrages begründen – weil z.B. hinsichtlich des strittigen Punktes nichts vereinbart wurde – und können Sie sich auch nicht auf den Tarifvertrag berufen – weil Sie z.B. nicht Mitglied der betreffenden Gewerkschaft sind –, so hilft Ihnen in der Regel das Gesetz, manchmal auch die Betriebsvereinbarung, die betriebliche Übung oder die Rechtsprechung weiter.

Beispiel:

Sommer ist am 1. Februar in die Firma des Klein eingetreten. Als er im September in Urlaub fahren will, weigert sich Klein, ihm Urlaub zu gewähren, da er noch kein Jahr bei ihm im Betrieb ist. Erst nach Ablauf eines Jahres habe Sommer Anspruch auf den Jahresurlaub. Sommer ist anderer Ansicht. Er weiß aber nicht, wie er seinen Anspruch begründen kann. Beim Eintritt in den Betrieb wurde hinsichtlich des Urlaubs nichts vereinbart. Auf den Tarifvertrag kann er sich nicht berufen, da er nicht Mitglied der Gewerkschaft ist.

Zum Glück trifft er seinen Freund Klug, der ihn auf § 4 des Bundesurlaubsgesetzes hinweist. Nach dieser Bestimmung erwirbt der Arbeitnehmer den vollen Urlaubsanspruch, wenn das Arbeitsverhältnis seit sechs Monaten (Wartezeit) besteht. Mit Hilfe des Gesetzes kann Sommer nachweisen, daß Klein Unrecht hat.

(Trotzdem kann Sommer jetzt nicht auf eigene Faust Urlaub machen. Hierzu bedarf es vielmehr der Einwilligung des Arbeitgebers; siehe Ziffer 2.3.5 auf Seite 82. Das ändert aber nichts an der Tatsache, daß er nach sechs Monaten Anspruch auf den gesamten Jahresurlaub hat). ∎

Wenn Sie die obigen Ausführungen einigermaßen gut durchdacht haben, wird es Ihnen klar sein, daß Arbeitnehmer, die die gleiche Arbeit verrichten, verschieden hohe Ansprüche gegen ihren Arbeitgeber haben können. Das ergibt sich daraus, daß der eine Arbeitnehmer seinen Anspruch auf den Arbeitsvertrag, der andere auf den Tarifvertrag, der dritte auf das Gesetz usw. stützen kann.

Beispiel:

Wild ist empört. Seine beiden gleichaltrigen Freunde Eifrig und Kluge erhalten mehr Urlaub als er, obwohl sie genau wie er als Schlosser tätig sind. Eifrig arbeitet bei der Firma Groß, Kluge bei der Firma Nett und er selbst bei der Firma Klein. Alle sind zur gleichen Zeit bei den verschiedenen Firmen eingetreten.

Was meinen Sie, warum Wild nicht genau soviel Urlaub hat wie seine Freunde? Die Antwort ist einfach! Eifrig ist Gewerkschaftsmitglied und die Firma Groß Mitglied des Arbeitgeberverbandes. Eifrig kann sich daher auf den Tarifvertrag berufen. Der Tarifvertrag sieht 24 Tage Urlaub vor. Kluge hat bei seinem Eintritt in die Firma Nett mit seinem Arbeitgeber einen schriftlichen Arbeitsvertrag abgeschlossen, in dem ebenfalls 24 Tage Urlaub vereinbart wurden. Wild kann seinen Urlaubsanspruch weder auf den Tarifvertrag stützen, da er nicht Mitglied der betreffenden Gewerkschaft ist, noch auf eine Vereinbarung im Arbeitsvertrag, da bei seinem Eintritt in die Firma über den Urlaub nicht gesprochen wurde. Sein Urlaubsanspruch richtet sich daher nach § 3 des Bundesurlaubsgesetzes. Laut dieser Bestimmung hat er Anspruch auf 18 Urlaubstage (Werktage). ■

Sie sehen also, gleiche Leistung bringt nicht immer die gleiche Gegenleistung. Seien Sie vorsichtig, wenn Sie ein neues Arbeitsverhältnis eingehen. Lassen Sie sich bei der Einstellung nicht überfahren. Sind Sie Gewerkschaftsmitglied, dann suchen Sie sich einen Arbeitgeber, der dem Arbeitgeberverband angehört. Dann haben Sie es leicht, denn Sie können sich auf den Tarifvertrag berufen. Im übrigen achten Sie auf Betriebsvereinbarung, betriebliche Übungen und auch auf die Rechtsprechung. Wesentliche Hinweise finden Sie in den folgenden Kapiteln.

II. Kapitel
Das Arbeitsverhältnis

1 Begründung des Arbeitsverhältnisses

1.1 Die Geschäftsfähigkeit

Das Arbeitsverhältnis wird durch Abschluß eines Arbeitsvertrages begründet. In welcher Form ein Arbeitsvertrag abgeschlossen wird, wissen Sie bereits. Vielleicht wissen Sie aber noch nicht, daß ein beschränkt geschäftsfähiger Arbeitnehmer – d. h. ein Arbeitnehmer, der das 18. Lebensjahr noch nicht vollendet hat – grundsätzlich nur mit Genehmigung seines gesetzlichen Vertreters einen Arbeitsvertrag abschließen kann. Liegt die Zustimmung beim Abschluß des Vertrages noch nicht vor, ist der Vertrag schwebend unwirksam und wird erst durch die Genehmigung rückwirkend gültig. Verweigert der gesetzliche Vertreter die Genehmigung ausdrücklich oder schweigt er, ist der Vertrag von Anfang an ungültig.

Beispiel:

Thomas ist 17 Jahre alt und möchte gern als Hilfsarbeiter in einer Autofabrik arbeiten. Er will gleich Geld verdienen. Seine Eltern wollen, daß er als Auszubildender in ein Rechtsanwaltsbüro eintritt. Thomas bewirbt sich um die Stelle in der Autofabrik. Er wird eingestellt.

Die Eltern verweigern die Genehmigung. Der Vertrag ist damit unwirksam. ■

Eine Ausnahme von diesem Grundsatz ergibt sich aus § 113 BGB, der allerdings nicht für Ausbildungsverträge gilt und der durch die Herabsetzung des Beginns der Geschäftsfähigkeit auf 18 Jahre erheblich an praktischer Bedeutung verloren hat. Ermächtigt der gesetzliche Vertreter den Minderjährigen, sich eine Arbeitsstelle zu suchen, ist dieser für alle Rechtsgeschäfte unbeschränkt geschäftsfähig, die die Eingehung oder Aufhebung der Arbeitsverhältnisse der gestatteten Art oder die Erfüllung der sich aus einem solchen Verhältnis ergebenden Verpflichtungen betreffen.

Beispiel:

Peter ist 17 Jahre alt. Er arbeitet als Hilfsarbeiter bei der Fa. Werkel u. Co. Sein Arbeitsplatz gefällt ihm nicht. Seine Eltern sind der Ansicht, er müsse wissen, was er wolle. Er sei alt genug, um sich einen Arbeitsplatz zu suchen. Peter sucht und findet eine neue Stelle. Er schließt mit dem neuen Arbeitgeber einen Arbeitsvertrag ab. Dieser Vertrag ist aufgrund des § 113 BGB sofort rechtswirksam. Einer Genehmigung durch die Eltern bedarf es dann nicht mehr. Gefällt es Peter auf dem neuen Arbeitsplatz auch nicht, kann er ohne Zustimmung bzw. Genehmigung der Eltern das Arbeitsverhältnis kündigen und einen neuen Arbeitsvertrag abschließen. ∎

Wie die vorstehenden Beispiele deutlich gemacht haben, ist der gesetzliche Vertreter eines Minderjährigen seit Inkrafttreten des Gleichberechtigungsgesetzes nicht mehr der Vater allein, sondern Vater und Mutter gemeinsam.

1.2 Mängel des Arbeitsvertrages

Wie jeder andere Vertrag ist auch ein Arbeitsvertrag, wenn er gegen ein gesetzliches Verbot oder gegen die guten Sitten verstößt, nichtig. Ebenso kann er wegen Irrtums angefochten werden. Aber diese vorgenannten Fälle sind in der Praxis äußerst selten. Häufiger kommt es schon vor, daß der Arbeitsvertrag vom Arbeitgeber wegen arglistiger Täuschung angefochten wird.

Beispiel:

Klau bewirbt sich bei Bank um die Stelle eines Kassierers. Klau ist mehrmals wegen Unterschlagung vorbestraft. Bank fragt ihn, ob er vorbestraft sei. Klau verneint diese Frage. Durch Zufall erfährt Bank von der Vorstrafe des Klau. Er ficht daraufhin den Arbeitsvertrag an. Kann er das?

Ja! Bank kann den Arbeitsvertrag wegen arglistiger Täuschung (§ 123 BGB) anfechten. Grundsätzlich ist der Arbeitnehmer von sich aus nicht verpflichtet, Vorstrafen anzugeben. Ungefragt muß der Arbeitnehmer nur dann Vorstrafen angeben, wenn diese in bezug auf den angestrebten Beruf so von Bedeutung sind, daß nach Treu und Glauben (§ 242 BGB) eine Offenbarungspflicht besteht. Das ist hier der Fall. Für Klau besteht eine Offenbarungspflicht. Er hätte auch, ohne daß Bank ihn nach Vorstrafen gefragt hat, die Unterschlagungen offenbaren müssen. ■

Wird nach Vorstrafen gefragt, die für das Arbeitsverhältnis erheblich sind, muß der Arbeitnehmer auch kleinere Vergehen angeben, wenn er einer Anfechtung vorbeugen will.

Ist die Vorstrafe für das Arbeitsverhältnis nicht von Bedeutung, ist die Situation anders.

Beispiel:

Rot ist aus politischen Gründen vorbestraft. Bei seiner Bewerbung legt ihm Bank ein Formular vor, in dem u. a. auch die Frage enthalten ist: „Sind Sie vorbestraft?". Rot verneint diese Frage. Bank erfährt von der Vorstrafe und ficht den Arbeitsvertrag an. Kann er das?

Nein! Rot braucht nur die Vorstrafen zu offenbaren, die für das Arbeitsverhältnis erheblich sind. Eine politische Vorstrafe ist aber für die Tätigkeit als Kassierer nicht von Bedeutung. Obwohl Rot die Frage wahrheitswidrig beantwortet hat, kann Bank nicht anfechten. ■

Im übrigen kann sich ein Bewerber als unbestraft bezeichnen, wenn die Strafe nach dem Bundeszentralregistergesetz wegen Geringfügigkeit nicht strafregisterpflichtig ist, wegen Fristablauf nicht mehr in das Führungszeugnis aufzunehmen oder im Register zu tilgen ist.

Ähnlich ist die Situation, wenn der Arbeitnehmer bei Abschluß des Arbeitsvertrages krank ist. Grundsätzlich ist er nicht verpflichtet, die Krankheit von sich aus zu offenbaren, es sei denn, er weiß, daß er infolge der Krankheit nicht in der Lage ist, die Tätigkeit auszuüben, zu der er laut Arbeitsvertrag verpflichtet ist. In diesem Falle muß er dem Arbeitgeber auch ohne Frage Mitteilung von seiner Krankheit machen. Wird der Arbeitnehmer nach irgendwelchen Krankheiten ausdrücklich gefragt, so muß er, soweit die Krankheit für das Arbeitsverhältnis irgendeine Bedeutung haben kann, wahrheitsgemäß antworten. Handelt er diesen Grundsätzen entgegen, kann der Arbeitgeber den Arbeitsvertrag anfechten.

Auch bei einer schwangeren Arbeitnehmerin stellt sich das gleiche Problem. Sie braucht ebenfalls ihren Zustand bei der Einstellung nicht von sich aus zu offenbaren, es sei denn, es handelt sich um einen Arbeitsvertrag, bei dem sie ganz oder für einen erheblichen Zeitraum ausfallen würde (z.B. Mannequin, Tänzerin, Saisonarbeiterin).

Wird die Arbeitnehmerin bei Einstellung nach einer etwaigen Schwangerschaft befragt, muß sie wahrheitsgemäß antworten. Tut sie das nicht, kann der Arbeitgeber den Arbeitsvertrag wegen arglistiger Täuschung anfechten.

Beispiel:

Eine Schokoladenfabrik sucht für die Saison, die bis 17. Februar läuft, eine Saisonarbeiterin. Frau Neu bewirbt sich um diese Stelle. Bei ihrer Vorstellung füllt sie einen Fragebogen aus und verneint wahrheitswidrig die darin enthaltene Frage nach einer Schwangerschaft. Sie nimmt die Arbeit am 26. September auf und fällt infolge der Schwangerschaft vom 30. Oktober an für den Rest der Saison aus. Am 2. November erfährt der Arbeitgeber von der Schwangerschaft der Frau Neu. Noch am gleichen Tage ficht er den Arbeitsvertrag wegen arglistiger Täuschung an. Hiergegen wendet sich Frau Neu mit einer Klage an das Arbeitsgericht. Hat sie Aussicht auf Erfolg?

Nein! Denn es liegt eine arglistige Täuschung vor. Der von Frau Neu mit dem Arbeitgeber abgeschlossene Vertrag ist gleich aus zwei Gründen anfechtbar. Sie wurde als Saisonarbeiterin eingestellt. Da sie wußte, daß sie infolge der Beschäftigungsverbote und Beschäftigungsbeschränkungen des Mutterschutzgesetzes für einen erheblichen Teil der Saison ausfallen würde, hätte sie ihren Zustand auch ohne Befragung dem Arbeitgeber mitteilen müssen. Hinzu kommt, daß sie den Fragebogen wahrheitswidrig ausgefüllt hat. Frau Neu kann sich auch nicht auf § 9 MuSchG berufen, wonach der Arbeitgeber einer Schwangeren nicht kündigen darf. Denn hier handelt es sich um eine Anfechtung, nicht um eine Kündigung. ∎

Das Bundesarbeitsgericht hat in einem ähnlich gelagerten Falle die Klage einer Arbeitnehmerin zurückgewiesen.

Die Anfechtung hat juristisch gesehen eine andere Wirkung als die fristlose Kündigung. Der Arbeitsvertrag wird grundsätzlich rückwirkend unwirksam. Dies gilt aber nicht, wenn der Arbeitnehmer die Arbeit bereits aufgenommen hat. In der Praxis wirkt sich das so aus, daß das Arbeitsverhältnis von jedem Teil mit sofortiger Wirkung, d. h. ohne Kündigung durch einfache Erklärung, für die Zukunft aufgelöst werden kann. Der Arbeitnehmer behält bis zu diesem Zeitpunkt seinen Lohnanspruch.

1.3 Mitwirkung des Betriebsrates

Beim Zustandekommen des Arbeitsverhältnisses ist ferner das Mitbestimmungsrecht des Betriebsrates zu beachten (§ 99 BetrVG). In Betrieben mit mehr als zwanzig wahlberechtigten Arbeitnehmern hat der Arbeitgeber vor jeder geplanten Einstellung den Betriebsrat in Kenntnis zu setzen und seine Zustimmung einzuholen.

Der Betriebsrat kann unter gewissen Voraussetzungen die Zustimmung verweigern. In diesem Fall kann der Arbeitgeber beim Arbeitsgericht den Antrag stellen, die Zustimmung des Betriebsrates zu ersetzen. Nimmt der Arbeitgeber eine Einstellung ohne Zustimmung des Betriebsrates vor, kann der Betriebsrat beim Arbeitsgericht den Antrag stellen, dem Arbeitgeber aufzugeben, die Einstellung aufzuheben. Wird der Arbeitgeber zur Aufhebung verurteilt und kommt er dem Urteil nicht nach, kann der Arbeitgeber auf Antrag des Betriebsrates durch eine Geldstrafe bis zu 500 DM täglich zur Aufhebung der Maßnahme, d. h. hier der Einstellung, gezwungen werden (§ 101 BetrVG).

III. Kapitel
Inhalt des Arbeitsverhältnisses

Im Arbeitsverhältnis leistet der Arbeitnehmer dem Arbeitgeber in dessen Betrieb bzw. Unternehmen weisungsgebundene abhängige Arbeit gegen Entgelt. Daraus ergibt sich, daß der Arbeitnehmer dem Arbeitgeber gegenüber zur Arbeit und der Arbeitgeber dem Arbeitnehmer gegenüber zur Zahlung eines Entgeltes verpflichtet ist. Aber das sind nicht die einzigen Rechte und Pflichten, die sich aus dem Arbeitsverhältnis ergeben. Wenn Sie Näheres wissen wollen, dann lesen Sie die folgenden Kapitel.

1 Die Pflichten des Arbeitnehmers

1.1 Die Arbeitspflicht

Die Hauptpflicht, die sich aus dem Arbeitsverhältnis für den Arbeitnehmer ergibt, ist die Pflicht zur Arbeitsleistung. Ohne Arbeitspflicht kein Arbeitsverhältnis. Die Arbeitspflicht hat höchstpersönlichen Charakter, d.h. wenn Sie einmal keine Lust haben zur Arbeit zu gehen, dann können Sie sich grundsätzlich nicht durch einen anderen vertreten lassen.

Umgekehrt ist der Anspruch auf Arbeitsleistung grundsätzlich an die Person des Arbeitgebers gebunden, es sei denn, es ist im Arbeitsvertrag etwas anderes vereinbart. Ihr Arbeitgeber kann Sie also nur dann zeitweise einem anderen Unternehmen zur Verfügung stellen, wenn dies ausdrücklich im Arbeitsvertrag festgelegt ist (Leiharbeit) oder wenn Sie sich damit einverstanden erklären. Merken Sie sich aber, daß im Falle des Todes des Arbeitgebers in der Regel der Anspruch auf Arbeitsleistung auf die Erben übergeht.

Das gleiche gilt, wenn ein Betrieb im ganzen rechtsgeschäftlich auf einen anderen übertragen wird (§ 613 a BGB).

Der Anspruch geht aber auch in diesen Fällen nicht auf die Erben bzw. den Erwerber über, wenn dadurch das Arbeitsverhältnis wesentlich geändert wird oder dem Arbeitnehmer die Fortsetzung des Arbeitsverhältnisses nicht zuzumuten ist.

1.1.1 Art und Umfang der Arbeitspflicht

Art und Umfang der Arbeitspflicht richten sich in erster Linie nach dem, was im Einzelarbeitsvertrag vereinbart wurde, nach dem Tarifvertrag, soweit er anwendbar ist, nach der Betriebsvereinbarung und nach den zwingenden gesetzlichen Bestimmungen. Dabei sind Treuegedanke und Verkehrssitte zu berücksichtigen. Entspricht es der Verkehrssitte, daß Arbeitnehmer einer bestimmten Art eine bestimmte Arbeit zu verrichten pflegen, so kann der Arbeitgeber, wenn nichts anderes vereinbart ist, die Verrichtung dieser Arbeiten von seinem Arbeitnehmer fordern. Andere Arbeiten kann der Arbeitnehmer ablehnen.

Beispiel:

Stark wird von Knausrig als Buchhalter in dessen Hotel angestellt. Da Knausrig das Geld für einen Hausburschen sparen will, fordert er Stark auf, die Koffer der Gäste auf die Zimmer zu tragen. Stark weigert sich. Kann er das?

Sicher haben Sie mit Ja geantwortet, denn es ist offensichtlich, daß ein Buchhalter nicht die Arbeit eines Hausburschen zu verrichten braucht. ■

Wie ist aber Ihrer Meinung nach die Rechtslage, wenn wir den Fall etwas abändern?

Beispiel:

Stark wird als Buchhalter von Gastreich in dessen Hotel angestellt. Die beiden Hausburschen des Hotels werden überraschend krank. Ehe Gastreich für Ersatz sorgen kann, trifft eine große Reisegesellschaft ein. Da die Gäste unversorgt in der Halle herumstehen, droht der Reiseleiter mit Abreise. Gastreich, der einen erheblichen geschäftlichen Verlust befürchtet, bittet Stark, den Gästen die Koffer auf die Zimmer zu bringen.

Nun, hier sieht es anders aus. Denn durch eine besondere Notlage des Betriebes kann der Rahmen der zu übernehmenden Arbeiten erweitert werden (Treuegedanken). Das ist hier der Fall. Die Arbeitspflicht erstreckt sich auf die Beförderung der Koffer. ■

Sie sehen, wie eine kleine Veränderung im Sachverhalt zu einem ganz anderen rechtlichen Ergebnis führen kann.

Art und Umfang der Arbeitspflicht ergeben sich, wie bereits festgestellt, aus dem Arbeitsvertrag, den Gesamtvereinbarungen (Tarif- und Betriebsvereinbarung) und dem Gesetz unter Berücksichtigung des Treuegedankens und der Verkehrssitte. Innerhalb dieses Rahmens bestimmt der Arbeitgeber kraft seines Weisungsrechts (Direktionsrechts) die vom Arbeitnehmer auszuführenden Arbeiten. Er kann insoweit dem Arbeitnehmer beliebige Arbeiten übertragen. Das gilt auch für Nebenarbeiten.

Beispiel:

Zu den arbeitsvertraglichen Pflichten eines Kraftfahrers gehört neben der Führung eines Kraftfahrzeuges aufgrund der Üblichkeit im Arbeitsleben und seines Berufsbildes auch die Wartung und Pflege des Kraftfahrzeuges sowie die Durchführung kleinerer Reparaturen (so BAG vom 30. Mai 1984). ■

1.1.2 Ort der Arbeitsleistung

In der Regel ist die Arbeit im Betrieb des Arbeitgebers zu erbringen, vorausgesetzt, daß die Vertragspartner nichts anderes vereinbart haben oder sich nichts anderes aus der Verkehrssitte ergibt, z. B. Handwerker auf der Baustelle, Vertreter bei der Kundschaft usw. Das Weisungsrecht gibt dem Arbeitgeber auch die Möglichkeit, den Arbeitnehmer innerhalb des Betriebs zu versetzen. Das darf er nicht schlechthin, sondern er kann eine Versetzung nur unter gewissen Voraussetzungen durchführen.

Beispiel:

Ehrlich ist Hilfsarbeiter. In seinem Arbeitsvertrag heißt es, daß er als Hilfsarbeiter für die Produktionsabteilung eingestellt wird. Er hilft den Schlossern bei dem Zusammenbau von Kompressoren und hat hierbei gewisse Fertigkeiten entwickelt. Im übrigen hatte er wegen seiner Ehrlichkeit und Offenheit schon einige Auseinandersetzungen mit dem Personalchef des Unternehmens. Er hat sich dabei so verhalten, daß kein Anlaß zu einer Rüge besteht. Herr Übel hat ihm seine Offenheit trotzdem übel genommen; als in der für die Reinigung des Unternehmens zuständigen Betriebsabteilung ein als Kehrer beschäftigter Hilfsarbeiter kündigt, versetzt er Ehrlich von der Produktionsabteilung in die Reinigungsabteilung. Ehrlich verdient hier weniger. Muß sich Ehrlich diese Versetzung gefallen lassen?

Sie haben selbstverständlich mit Nein geantwortet. Ist vertraglich eine Versetzung nicht eingeräumt und der Arbeitnehmer mit der Versetzung nicht einverstanden, so ist eine Versetzung im Rahmen des Direktionsrechts nur möglich, wenn 1. der neue Arbeitsplatz dieselben Tätigkeitsmerkmale hat wie der alte, 2. keine Lohnminderung eintritt und 3. die Versetzung keine ungerechtfertigte Maßregelung darstellt, d. h. unsachlich oder willkürlich erfolgt. ∎

Gegen jeden dieser drei Grundsätze hat Übel im vorliegenden Fall verstoßen. Der neue Arbeitsplatz hat nicht die gleichen Tätigkeitsmerkmale wie der alte. Wenn Ehrlich auch Hilfsarbeiter ist, so ist die Tätigkeit in der Produktionsabteilung weitaus qualifizierter als die in der Reinigungsabteilung. Er verdient weniger Lohn.

Außerdem ist die Versetzung aus unsachlichen Motiven erfolgt. Übel wollte dem Ehrlich eins auswischen, weil er ihn persönlich nicht mochte. Die Versetzung stellt also auch eine nicht gerechtfertigte Maßregelung dar. Daß Ehrlich gegen diese Versetzung angehen kann, braucht nicht betont zu werden.

1.1.3 Zeit der Arbeitsleistung

Dauer und Lage der Arbeitszeit richten sich grundsätzlich nach den im Arbeitsvertrag, Tarifvertrag oder in der Betriebsvereinbarung getroffenen Regelungen. Jedoch sind hier die gesetzlichen Vorschriften, insbesondere die der Arbeitszeitordnung, des Jugendarbeitsschutzgesetzes und des Mutterschutzgesetzes, zu beachten.

Wichtig für Sie ist zu wissen, daß zwar in vielen Tarifverträgen die wöchentliche Arbeitszeit auf 43, 42 oder 40 Stunden herabgesetzt ist, daß die wöchentliche Arbeitszeit nach der Arbeitszeitordnung – und sie gilt für alle, die sich nicht auf einen Tarifvertrag berufen können – aber immer noch 48 Stunden beträgt.

Beispiel:

Maler ist auf einem Architekturbüro beschäftigt; seine wöchentliche Arbeitszeit beträgt 48 Stunden. Er hat viel auf dem Katasteramt zu tun. Dort lernt er Schreiber, einen Angestellten des Katasteramtes, kennen. Von Schreiber erfährt er, daß die Angestellten des Katasteramtes nur 40 Stunden in der Woche arbeiten. Empört geht er zu seinem Chef und fordert die 40-Stunden-Woche. Sein Chef antwortet ihm, darauf habe er keinen Anspruch. Wissen Sie, wer Recht hat?

Der Chef hat Recht. Denn auf die Angestellten des Katasteramtes findet der Bundesangestelltentarifvertrag Anwendung. Dieser sieht die 40-Stunden-Woche vor. Da für die Angestellten des Architekturbüros kein Tarifvertrag zur Anwendung kommt, weil der Arbeitgeber nicht tarifgebunden ist, richtet sich deren Arbeitszeit nach der Arbeitszeitordnung, d. h. ihre wöchentliche Arbeitszeit beträgt 48 Stunden. Abweichendes gilt nur, wenn es im Arbeitsvertrag oder in der Betriebsvereinbarung festgelegt wurde. ■

Die Arbeitspflicht umfaßt auch die Verpflichtung zur Mehrarbeit, allerdings nur dann, wenn sie vertraglich (auch stillschweigend) vereinbart wurde (Arbeitsvertrag, Tarifvertrag, Betriebsvereinbarung) oder betriebs-, branchen- oder ortsüblich ist. Selbstverständlich kann sich unter besonderen Umständen, insbesondere in Notfällen – z. B. bei Betriebsstörung –, aus der Treuepflicht eine Pflicht zur Mehrarbeit ergeben.

1.1.4 Nichterfüllung der Arbeitspflicht

Ist der Arbeitnehmer nicht in der Lage, die Arbeitsleistung, zu der er sich verpflichtet hat, zu erbringen, so ist entscheidend, ob er die Nichtleistung verschuldet hat oder nicht. Liegt kein Verschulden seinerseits vor, z. B. wenn er krank wird oder beim Tode eines nahen Angehörigen, wird er von der Arbeitsleistung für diese Zeit befreit. Der Arbeitgeber kann nicht von ihm verlangen, daß er die ausgefallene Arbeitszeit nachholt. Ob er allerdings in diesen Fällen Anspruch auf den Arbeitslohn hat, ist eine andere Frage. Hierzu erfahren Sie Näheres auf Seite 54.

Hat der Arbeitnehmer dagegen die Nichtleistung der Arbeit verschuldet, d. h. vorsätzlich oder fahrlässig verursacht, muß er mit einer Reihe von negativen Folgen rechnen. Nehmen wir einmal an, Sie haben keine Lust mehr zu arbeiten und bummeln eine ganze Woche. Sie verletzen dadurch vorsätzlich Ihre Arbeitspflicht. Dann kann der Arbeitgeber die Gegenleistung, d. h. die Lohnzahlung, verweigern. Er kann Ihnen aber auch fristlos kündigen. Das kann der Arbeitgeber nicht immer, wenn Sie Ihre Arbeitspflicht verletzen. Nehmen wir an, Sie verschlafen morgens, verpassen dadurch Ihren Zug und kommen erst Stunden später zur Arbeit. Dann haben Sie Ihre Arbeitspflicht fahrlässig verletzt. Selbstverständlich verlieren Sie deswegen Ihren Lohnanspruch. Ihr Arbeitgeber kann Sie deswegen aber nicht entlassen, es sei denn, Sie sind in der letzten Zeit öfter zu spät gekommen und deswegen abgemahnt worden.

Verletzung der Arbeitspflicht bedeutet also Wegfall des Lohnes, unter Umständen die fristlose Kündigung. Damit aber nicht genug. Sie können sich sogar schadensersatzpflichtig machen, wenn der Arbeitgeber durch Ihre Pflichtverletzung einen Schaden erlitten hat. Konnte Ihr Arbeitgeber durch Ihr Fernbleiben von der Arbeit einen wichtigen Auftrag nicht rechtzeitig erfüllen, kann er Sie wegen des ihm daraus entstehenden Schadens in Anspruch nehmen.

Hierzu ein Fall aus der Praxis.

Beispiel:

Tüchtig ist Ingenieur. Überraschend erhält er ein für ihn sehr vorteilhaftes Angebot einer anderen Firma. Er kann dort zum nächsten Ersten, d. h. zum 1. September anfangen. In seinem Anstellungsvertrag ist aber eine Kündigungsfrist von drei Monaten zum Quartalsende vereinbart.

Wenn er kündigt, kann er also erst zum 31. Dezember ausscheiden. Darauf läßt sich die neue Firma nicht ein; sie will Tüchtig zum 1. September haben. Tüchtig geht zu seinem derzeitigen Chef und bittet ihn, den Arbeitsvertrag im gegenseitigen Einvernehmen mit Wirkung zum 31. August aufzuheben. Der Chef ist nicht damit einverstanden, da er für Tüchtig so schnell keinen Ersatz bekommt. Daraufhin erklärt Tüchtig, er scheide zum 31. August aus, was er auch tut.

Wie vorausgesehen findet die Firma zunächst keinen Ersatzmann. Darunter leidet die Produktion. Trotz vieler Überstunden der beiden Ingenieurskollegen können Termine nicht eingehalten werden; die hergestellte Ware weist Fehler auf, die Firma sieht sich einer Reihe von

Schadensersatzprozessen gegenüber. Nach zwei Monaten, nachdem sie in allen möglichen Zeitungen inseriert hat, findet sich endlich ein Ersatzmann. Bis dahin ist der ihr entstandene Schaden erheblich. Diesen Schaden möchte sie von Tüchtig ersetzt haben. Wie ist die Rechtslage?

Tüchtig hat Pech gehabt. Hätte seine alte Firma zum 1. September einen Ersatzmann gefunden, dann wäre ihr kein Schaden entstanden und sie könnte ihn nicht zur Kasse bitten. Tüchtig war bis zum 31. Dezember zur Arbeitsleistung verpflichtet. Diese Verpflichtung hat er nicht erfüllt. Tüchtig hat daher den durch seine Pflichtverletzung der Firma entstandenen Schaden zu ersetzen. Dazu gehört nicht nur der durch die Produktionsschwierigkeiten entstandene Schaden, sondern er hat auch die Überstundenzuschläge seiner beiden Kollegen, ja sogar die Zeitungsannoncen zu zahlen (aber nur dann, wenn diese Kosten nicht auch bei einer fristgerechten ordentlichen Kündigung des Arbeitnehmers entstanden wären – BAG vom 25. Oktober 1984). Alles in allem eine schöne Bescherung! ∎

Denken Sie also daran, wenn Ihnen ein günstiges Angebot einer anderen Firma zugeht, daß Sie sich schadensersatzpflichtig machen, wenn Sie Ihrer Arbeitspflicht nicht nachkommen, d. h. vertragsbrüchig werden. Unterschreiben Sie vor allen Dingen den Arbeitsvertrag mit der neuen Firma nicht, solange Sie mit Ihrer alten Firma nicht ins Reine gekommen sind. Schon die alten Römer sagten: pacta sunt servanda, d. h. Verträge müssen eingehalten werden.

Eine Verletzung der Arbeitspflicht durch Nichterfüllung liegt aber nicht vor, wenn der Arbeitnehmer seine Arbeitsleistung deswegen nicht erbringt, weil der Arbeitgeber seinerseits die vertraglichen Verpflichtungen nicht erfüllt. Zahlt z. B. der Arbeitgeber den fälligen Lohn nicht aus, so kann der Arbeitnehmer seinerseits die Arbeit verweigern, bis er seinen ihm zustehenden Lohn erhält. In diesem Falle liegt keine Arbeitsverweigerung vor, sondern der Arbeitnehmer ist gemäß § 273 BGB berechtigt, seine Arbeitsleistung zurückzuhalten (BAG vom 25. Oktober 1984).

Für gewerbliche Arbeitnehmer bestand in diesen Fällen bisher eine Sonderregelung. Nach § 124 b Gewerbeordnung konnte in Betrieben, in denen in der Regel weniger als 20 Arbeitnehmer beschäftigt waren, der Arbeitgeber vom Arbeitnehmer ohne Nachweis eines Schadens eine Entschädigung verlangen. Er konnte für den Tag des Vertragsbruchs und jeden folgenden Tag, höchstens aber für eine Woche, den Betrag des ortsüblichen Tageslohnes einbehalten. In seiner Entscheidung vom 11. April 1984 hat das Bundesarbeitsgericht aber festgestellt, daß § 124 b Gewerbeordnung verfassungswidrig und daher bis zu einer Neufassung durch den Gesetzgeber unanwendbar ist. Dem Arbeitgeber steht somit zur Zeit das Recht, vom Arbeitnehmer eine Entschädigung wegen Vertragsbruchs ohne Nachweis eines Schadens zu verlangen, nicht mehr zu.

1.1.5 Schlechterfüllung der Arbeitspflicht

Kommt der Arbeitnehmer seiner Arbeitspflicht nach, ist aber die von ihm erbrachte Leistung mit Mängeln behaftet, spricht man im Arbeitsrecht von einer Schlechterfüllung. Schlechterfüllung liegt daher immer dann vor, wenn der Arbeitnehmer die ihm übertragene Arbeit schlecht ausführt, z.B. das von ihm hergestellte Produkt Fehler hat.aber auch dann liegt Schlechterfüllung vor, wenn der Arbeitnehmer die ihm zur Verfügung gestellten Werkzeuge, Maschinen, Geräte usw. beschädigt. Wie bei der Nichterfüllung haftet der Arbeitnehmer bei der Schlechterfüllung nur dann, wenn ihn ein Verschulden trifft. Der Arbeitgeber wird dem Arbeitnehmer wegen einer schuldhaften Schlechterfüllung nur selten außerordentlich kündigen können. Dagegen ist eine ordentliche Kündigung schon eher möglich. Eine Verminderung oder Verweigerung der Lohn- bzw. Gehaltszahlung wird kaum in Frage kommen. Jedoch hat er in der Regel einen Schadensersatzanspruch gegen den Arbeitnehmer (§ 276 BGB).

Eine Ausnahme vom Grundsatz, daß der Arbeitnehmer dem Arbeitgeber bei Schlechterfüllung der Arbeitspflicht zum Schadensersatz verpflichtet ist, gilt für die sogenannte schadensgeneigte Arbeit. Sie werden fragen, was versteht man unter schadensgeneigter (auch gefahrgeneigter) Arbeit? Nun, das ist eine Arbeit, die so geartet ist, daß auch bei Anwendung der erforderlichen Sorgfalt mit einem leichten Versehen des Arbeitnehmers gerechnet werden muß und durch dieses Versehen ein verhältnismäßig großer Schaden entstehen kann. Eine typisch schadensgeneigte Tätigkeit ist die des Kraftfahrers.

Beispiel:

Eilig hat ein Transportunternehmen. Er beauftragt Flott, mit einem schweren LKW – er fährt sonst einen anderen Wagentyp – nach Schönstadt zu fahren, um dort Ladegut abzuholen. Flott ist schon zehn Jahre bei der Firma und verdient monatlich 1.900 netto. Einen Unfall hat er bisher nicht gehabt. Als Flott morgens um 7 Uhr abfährt, sagt Eilig zu ihm: „Machen Sie, daß Sie rasch wieder zurück sind, Sie müssen heute noch einige Fahrten machen!"

Flott beeilt sich. Trotzdem fährt er vorsichtig. Es ist Januar und noch dunkel. Vor einer Brücke übersieht Flott ein Verkehrszeichen, das Schleudergefahr anzeigt. Infolge Reifglätte kommt der Wagen auf der Brücke ins Schleudern. Er durchbricht das Geländer und stürzt auf eine darunter führende Straße. Wäre er etwas langsamer gefahren, wäre der Unfall nicht passiert. Der an dem LKW entstandene Schaden beläuft sich auf 22.000 DM. Eilig verlangt von Flott Ersatz dieses Schadens. Flott weigert sich. Wer hat Recht?

Nun, diese Frage ist nicht leicht zu beantworten. Es handelt sich hier um eine schadensgeneigte Tätigkeit. Zwar ist Kraftfahren nicht immer eine schadensgeneigte Arbeit, wie das Bundesarbeitsgericht festgestellt hat, so z. B. nicht, wenn es sich um Fahrten bei schönem Wetter über gute und verkehrsarme Straßen handelt. Jedoch muß man hier diese Frage bejahen. Nach den vom Bundesarbeitsgericht aufgestellten Grundsätzen müßte Flott bei Vorsatz und grober Fahrlässigkeit in jedem Fall für den Schaden aufkommen. Vorsatz liegt nicht vor, denn Flott hat den Wagen nicht willentlich in den Abgrund gefahren. Schwieriger ist die Frage zu beantworten, ob Flott grob fahrlässig gehandelt hat. Aber diese Frage kann ebenfalls verneint werden. Das Übersehen eines Warnzeichens bei Dunkelheit stellt kein grob fahrlässiges Verhalten dar. Grob fahrlässig hätte Flott z. B. gehandelt, wenn er bei Rot über eine Kreuzung gefahren wäre. Flott hat leicht fahrlässig gehandelt. Er hat das Warnzeichen übersehen und dadurch die Geschwindigkeit des Wagens nicht den Verkehrs- und Witterungsverhältnissen angepaßt.

Nach der früheren ständigen Rechtsprechung des Bundesarbeitsgerichts wäre nun zu prüfen, ob normale Fahrlässigkeit seitens des Kraftfahrers vorliegen würde. Bei normaler Fahrlässigkeit, so das BAG, wäre der entstandene Schaden in angemessenem Umfange zwischen Arbeitgeber und Arbeitnehmer zu verteilen. Dabei wären alle Umstände, die mit dem Arbeitsverhältnis zusammenhängen, zu berücksichtigen, so der Grad des Verschuldens, das Maß der Gefährdung, die die betreffende Tätigkeit mit sich bringt, die Höhe des Lohnes, die Höhe des Schadens, die Stellung des Arbeitnehmers im Betrieb, langjährige fehlerfreie Ausführung von gefährlicher Arbeit, Anweisung des Arbeitgebers usw. Nur bei der sogenannten leichten Fahrlässigkeit, wenn also das Verschulden des Kraftfahrers sehr gering war, wäre er von der Haftung vollständig freizustellen.

Nach der Entscheidung des Bundesarbeitsgerichts vom 23. März 1983 erübrigt sich aber diese Prüfung. Abweichend von seiner bisherigen Rechtsprechung vertritt das Bundesarbeitsgericht in diesem Urteil den Standpunkt, daß ein Arbeitnehmer, der in Ausübung einer gefahrgeneigten Tätigkeit einen Schaden verursacht, nur dann zu haften braucht, wenn Vorsatz oder grobe Fahrlässigkeit vorliegt. Liegt normale Fahrlässigkeit vor, so muß der Arbeitgeber aus dem Gesichtspunkt des Betriebsrisikos den Schaden allein tragen. Eine Schadensteilung wie bisher kommt also nicht mehr in Frage.

Wendet man diese Grundsätze im vorliegenden Fall an, so kommt man zu dem Ergebnis, daß – da Vorsatz und grobe Fahrlässigkeit nicht vorliegen – Flott von der Haftung vollständig freizustellen ist. Er ist vorsichtig gefahren. Bei Dunkelheit ist ein Warnzeichen leicht zu übersehen, zumal wenn man zur Eile angehalten worden ist. Die von Flott gefahrene Geschwindigkeit war nur mit Rücksicht auf die Reifglätte ein wenig zu hoch. Die Hauptursache für den Unfall war die Reifglätte, die ganz überraschend nur an dieser Stelle auftrat. ■

Die vorgenannte Entscheidung des Bundesarbeitsgerichts verbessert die Haftungssituation der Arbeitnehmer, die eine gefahrgeneigte Tätigkeit ausüben, erheblich. Darüber hinaus wird das Haftungsrecht wesentlich vereinfacht und auch übersichtlicher. Liegt weder Vorsatz noch grobe Fahrlässigkeit seitens des Arbeitnehmers vor, erübrigt sich jede weitere Prüfung. Der Arbeitnehmer haftet dann nicht.

Dieser sogenannte innerbetriebliche Schadensausgleich erstreckt sich auch auf Schadensersatzansprüche, die Dritte wegen eines vom Arbeitnehmer bei einer schadensgeneigten Arbeit verursachten Schadens gegen den Arbeitnehmer geltend machen.

Beispiel:

Bevor Flott die Brücke hinunter stürzt, gerät er auf die linke Fahrbahnseite und streift einen entgegenkommenden, mit Teer schwer beladenen Lastwagen. Dieser stürzt seitlich die Brücke hinunter auf einen anderen LKW. Der Teer dringt in die Kanalisation ein und verstopft diese. Der Schaden ist so groß, daß er von der Haftpflichtversicherung, die Eilig für den LKW abgeschlossen hat, nicht gedeckt wird. Wegen des über die Haftsumme hinausgehenden Schadensersatzes wird Flott angegangen. Eilig muß Flott von diesen Ansprüchen freistellen. ■

Auch im folgenden Fall hat das Bundesarbeitsgericht die Grundsätze über den betrieblichen Schadensausgleich angewandt.

Beispiel:

Flott hat leicht fahrlässig gegen irgendeine Bestimmung der Straßenverkehrsordnung verstoßen. Er wird deswegen zu einer Geldstrafe von 200 DM verurteilt. Außerdem muß er die Kosten des Verfahrens in Höhe von 100 DM tragen. Da Flott nur fahrlässig, nicht aber grob fahrlässig gehandelt hat, muß Eilig ihn zwar nicht von der Strafe, aber von den Gerichtskosten freistellen, d. h. Eilig muß die 100 DM zahlen. ■

Der innerbetriebliche Schadensausgleich findet, soweit es sich um Sachschäden handelt, auch Anwendung, wenn der Dritte ein Arbeitskollege ist. Bei Personenschäden finden, da es sich in der Regel um einen Arbeitsunfall handeln dürfte, grundsätzlich die Bestimmungen über die Unfallversicherung Anwendung (§§ 636 ff. RVO).

Unter gewissen Voraussetzungen ist der Arbeitgeber verpflichtet, dem Arbeitnehmer auch den Schaden zu ersetzen, der diesem bei einer Dienstfahrt an seinem eigenen Fahrzeug entstanden ist. Das Bundesarbeitsgericht hat in seiner Entscheidung vom 8. Mai 1980 hierzu folgende Grundsätze aufgestellt:

Der Arbeitgeber muß dem Arbeitnehmer die an dem Kraftwagen des Arbeitnehmers ohne Verschulden des Arbeitgebers entstandenen Unfallschäden dann ersetzen, wenn das Fahrzeug mit Billigung des Arbeitgebers ohne besondere Vergütung im Betätigungsbereich des Arbeitgebers eingesetzt war. Ein solcher Einsatz im Betätigungsbereich des Arbeitgebers ist immer dann anzunehmen, wenn ohne Einsatz des Fahrzeuges des Arbeitnehmers der Arbeitgeber ein eigenes Fahrzeug einsetzen und damit dessen Unfallgefahr tragen müßte. Der Entscheidung des Bundesarbeitsgerichts lag folgender Sachverhalt zugrunde:

Eine Sozialarbeiterin hatte einen räumlich relativ großen Stadtteil zu betreuen. Für ihre Dienstgänge benutzte sie daher mit Billigung des Arbeitgebers ihr eigenes Kraftfahrzeug und erhielt von dem Arbeitgeber dafür ein Kilometergeld von 0,25 DM. An einer Ampelanlage fuhr sie mit ihrem Kraftfahrzeug auf einen vorherfahrenden Kraftwagen auf, als dieser überraschend bremste. Die Haftpflichtversicherung des Unfallbeteiligten erstattete der Sozialarbeiterin von dem erwachsenen Sachschaden in Höhe von 1.500 DM einen Betrag in Höhe von 582 DM. Die Sozialarbeiterin verlangte von ihrem Arbeitgeber die Erstattung von 650 DM, was dieser ablehnte.

Das Bundesarbeitsgericht führte aus, die Sozialarbeiterin hätte den Unfallschaden selbst tragen müssen, wenn die Benutzung des Autos zu ihrem persönlichen Lebensbereich gehört hätte. Das wäre z. B. der Fall, wenn sie ihre Dienstaufgaben ebensogut oder fast ebensogut ohne Auto hätte erledigen können und das Auto nur zur persönlichen Erleichterung benützt hätte. Hätte die Klägerin dagegen den Bezirk, den sie betreute, ohne Auto gar nicht geordnet bewältigen können und hätte ohne ihr Auto der Arbeitgeber ein eigenes oder anderes Fahrzeug zur Verfügung stellen und das damit verbundene Unfallrisiko selbst tragen müssen, damit der Bezirk der Sozialarbeiterin geregelt hätte versorgt werden können, dann gehöre die Benutzung des Fahrzeugs in den Tätigkeitsbereich des Arbeitgebers und dieser habe dann das Unfallrisiko der Arbeitnehmerin zu tragen. Das Bundesarbeitsgericht führt weiter aus, daß der Arbeitgeber in diesem Fall die Arbeitnehmerin in gleicher Weise zu entlasten habe, wie er das bei gefahrgeneigter Arbeit tun müsse.

Daraus ergibt sich, daß ein Arbeitnehmer den ihm entstandenen Schaden nicht allein und sogar überhaupt nicht selbst zu tragen braucht, wenn er ohne Wagen die Tätigkeit, zu der er aufgrund des Arbeitsvertrages verpflichtet ist, nicht ordnungsgemäß ausüben kann. In welchem Umfang der Arbeitgeber dem Arbeitnehmer den ihm entstandenen Schaden zu ersetzen hat, richtet sich – genau wie bei der gefahrgeneigten Tätigkeit – aber nach dem Grad des Verschuldens des Arbeitnehmers, d. h. der Arbeitgeber muß dem Arbeitnehmer den entstandenen Schaden ersetzen, es sei denn, der Arbeitnehmer hat den Schaden vorsätzlich oder grob fahrlässig verursacht.

Der Begriff der schadensgeneigten Tätigkeit kommt in erster Linie den Kraftfahrern zugute. Geht man die vielen Entscheidungen durch, die das Bundesarbeitsgericht diesbezüglich erlassen hat, so beziehen sich die meisten auf Verkehrsunfälle. Aber lassen Sie sich dadurch nicht täuschen, auch die von Ihnen ausgeübte Tätigkeit kann schadensgeneigt sein. Als schadensgeneigte Tätigkeit werden — abgesehen von dem Führen eines Kraftfahrzeugs — anerkannt die Tätigkeit des Lokomotivführers, des Kranführers, die Bedienung von komplizierten Maschinen usw. Hinsichtlich der Mankohaftung ist man sich nicht einig. Besteht eine besondere Mankoabrede, sind die Regeln über den innerbetrieblichen Schadensausgleich nicht anwendbar. Darüber besteht kein Streit. Streit besteht dagegen darüber, ob die vorgenannten Regeln anzuwenden sind, wenn eine Abrede nicht besteht. Überwiegend wird immer noch die Meinung vertreten, daß z. B. ein Kassierer oder der Verwalter eines Warenlagers für ein schuldhaft verursachtes Manko voll haften müßten. Das ist insoweit unverständlich, als es sich doch gerade hier um typische Fälle der schadensgeneigten Tätigkeit handelt. Nur in Ausnahmefällen (z. B. offenkundige Überlastung des Arbeitnehmers) will man die Grundsätze über den innerbetrieblichen Schadensausgleich anwenden.

Damit wäre das Wichtigste über die Arbeitspflicht – die Hauptpflicht, die dem Arbeitnehmer aus dem Arbeitsverhältnis erwächst – erörtert. Aber die

Arbeitspflicht ist nicht die einzige Pflicht des Arbeitnehmers. Vielmehr können sich aus dem Arbeitsverhältnis eine ganze Reihe von Pflichten ergeben. Wir wollen uns auf die beiden wesentlichsten beschränken: die Gehorsamspflicht, die man besser als Weisungsgebundenheit bezeichnen sollte, und die Treuepflicht.

1.2 Die Pflicht, Weisungen zu befolgen

Im Rahmen des Arbeitsverhältnisses hat der Arbeitgeber das Recht, dem Arbeitnehmer Weisungen zu erteilen (sogenanntes Direktionsrecht). Der Arbeitnehmer ist an diese Weisungen gebunden.

Beispiel:

Frau Braun ist eine leidenschaftliche Sonnenanbeterin. Schon im Januar bucht sie eine 14tägige Flugreise nach Mallorca für September. Ihrem Arbeitgeber, Herrn Streng, macht sie hiervon Mitteilung. Streng ist mit dem Urlaubstermin einverstanden. Anfang August teilt er ihr jedoch mit, daß sie den Urlaub aus dringenden betrieblichen Gründen, was den Tatsachen entspricht, nicht im September nehmen kann. Frau Braun fährt trotzdem in Urlaub. Daraufhin wird sie von Streng fristlos entlassen. Hiergegen erhebt Frau Braun Klage. Hat die Klage Aussicht auf Erfolg?

Nein! Denn Frau Braun ist weisungsgebunden. Sie darf ohne Genehmigung des Arbeitgebers den Urlaub nicht antreten. Tut sie es trotzdem, ist das Arbeitsverweigerung, die den Arbeitgeber zur fristlosen Kündigung berechtigt. Frau Braun hätte also ihre Reise absagen müssen. Die Stornogebühren für die Reise müßte dann allerdings der Arbeitgeber zahlen. ■

In Betrieben mit Betriebsrat ist in diesen Fällen § 87 Abs. 1 Ziffer 5 BetrVG zu beachten. Nach dieser Bestimmung hat der Betriebsrat, wenn zwischen einzelnen Arbeitnehmern und dem Arbeitgeber bezüglich der endgültigen Festlegung des Urlaubs keine Übereinstimmung erzielt wird, ein Mitbestimmungsrecht. Überhaupt wird ähnlich wie in diesem Fall das Direktionsrecht des Arbeitgebers in vielen Fällen durch das Mitbestimmungsrecht des Betriebsrates eingeschränkt.

Weisungsgebundenheit besteht dann nicht, wenn die vom Arbeitgeber geforderte Handlung dem Arbeitnehmer nach Art und Inhalt der Arbeitspflicht nicht zumutbar ist. Weist z. B. ein Arbeitgeber seinen Kraftfahrer an, einen LKW zu steuern, dessen Reifen total abgefahren sind, so braucht der Arbeitnehmer dieser Weisung nicht zu folgen. Es liegt in diesem Falle keine Arbeitsverweigerung vor, sondern der Arbeitnehmer ist gemäß § 273 BGB berechtigt, seine Arbeitsleistung zurückzubehalten. Ebenso darf der Arbeitgeber dem Arbeitnehmer keine Arbeit zuweisen, die diesen in einen vermeidbaren Gewissenskonflikt bringt. So kann sich z. B. ein Drucker weigern, faschistisches, militaristisches oder antidemokratisches Werbematerial zu drucken (BAG vom 20. Dezember 1984).

Wie festgestellt, bezieht sich die Weisungsgebundenheit nur auf das Arbeitsverhältnis; in wenigen Ausnahmefällen erstreckt sie sich aber auch auf das außerbetriebliche Verhalten des Arbeitnehmers, nämlich dann, wenn durch das Verhalten die Betriebsinteressen geschädigt oder gefährdet werden. Macht es Ihnen Spaß, Ihren Feierabend regelmäßig bis zum frühen Morgen in einer Gaststätte zu verbringen, so hat an sich niemand was dagegen. Leidet aber Ihre Arbeitsleistung darunter, kann der Arbeitgeber auf Unterlassung bestehen. Im übrigen kommt es auf die Einzelumstände an. Ein leitender Angestellter eines seriösen Unternehmens in der Kleinstadt, der einen skandalösen Lebenswandel führt, sollte sich bemühen, diesen aufzugeben, wenn sein Chef es verlangt, weil die Interessen des Betriebes geschädigt werden. Er ist insoweit weisungsgebunden.

Nebentätigkeiten in der Freizeit sind nur dann untersagt, wenn dies sich aus dem Arbeitsvertrag oder einer Kollektivvereinbarung ergibt und der Arbeitgeber ein berechtigtes Interesse an dem Verbot hat, die Arbeitskraft beeinträchtigt wird (Übermüdung), die Wettbewerbsbelange des Arbeitgebers verletzt werden, Schwarzarbeit verrichtet oder gegen die Arbeitsschutzvorschriften (z. B. Arbeitszeitordnung) verstoßen wird. Sonst kann der Arbeitnehmer über seine Freizeit ohne Einschränkung verfügen.

1.3 Die Treuepflicht

Die Treuepflicht ist die Pflicht des Arbeitnehmers, sich nach besten Kräften für die Interessen des Arbeitgebers und des Betriebes einzusetzen. Insbesondere hat der Arbeitnehmer die Pflicht, Arbeitgeber und Betrieb vor Schäden zu bewahren. Die Treuepflicht ist das Gegenstück zur Fürsorgepflicht des Arbeitgebers.

Die Treuepflicht ist für die einzelnen Arbeitnehmer desselben Betriebes nicht gleich groß. Sie ist um so ausgeprägter, je stärker die persönlichen Beziehungen zwischen Arbeitgeber und Arbeitnehmer sind. Für einen ungelernten Arbeiter ist sie demnach nicht so bedeutsam wie etwa für den

Prokuristen des Betriebes. Die Treuepflicht besteht in erster Linie in dem Unterlassen von Handlungen, die den Arbeitgeber wirtschaftlich schädigen können, sie kann aber auch die Verpflichtung zu einem positiven Tun beinhalten.

Haben Sie z. B. Kenntnis davon, daß es nicht gut um das Unternehmen steht, in dem Sie beschäftigt sind, dürfen Sie das nicht an die große Glocke hängen. Sie müssen auch alles unterlassen, was den Kredit oder den Ruf Ihres Unternehmens gefährdet. Fühlen Sie sich schlecht entlohnt, können Sie zwar Ihrem Arbeitgeber mit einer Kündigung drohen, Sie dürfen Ihre Kollegen aber nicht zu einem rechtswidrigen Streik auffordern. Sie dürfen keine Betriebs- und Geschäftsgeheimnisse ausplaudern. Insbesondere dürfen Sie keine Schmiergelder annehmen.

Beispiel:

Unehr ist Einkäufer in einem Bürobetrieb. Neben dem Einkauf von Schreibmaterial ist er auch für den Kauf von Schreib- und Rechenmaschinen verantwortlich. Er erhält von seiner Firma den Auftrag, zehn Schreibmaschinen zum günstigsten Preis zu kaufen. Er holt Angebote von vier verschiedenen Firmen ein. Die Firma Trüb macht das teuerste Angebot, bietet aber Unehr eine Maschine für seinen privaten Gebrauch als Geschenk an. Er bestellt daraufhin die zehn Maschinen bei der Firma Trüb. Hartmann, sein Arbeitgeber, erfährt zufällig von dieser Sache. Er entläßt ihn fristlos.

Daß hier ein besonders krasser Verstoß gegen die Treuepflicht vorliegt, bedarf keiner Begründung. Die Kündigung ist eindeutig gerechtfertigt. Darüber hinaus stellt dieses Verhalten eine strafbare Handlung dar. ∎

Machen Sie sich jetzt aber keine Sorge, wenn Ihnen kleine Geschenke – etwa Taschen- oder Wandkalender, Druckstifte oder Werbematerial – angeboten werden. Selbstverständlich dürfen Sie diese Dinge annehmen, ohne die Treuepflicht zu verletzen. Seien Sie aber vorsichtig, wenn es mehr ist und man von Ihnen ein pflichtwidriges Verhalten erwartet. Des weiteren dürfen Sie natürlich keinen Wettbewerb gegen Ihren Arbeitgeber betreiben und auch nicht Konkurrenzunternehmen durch Rat und Tat unterstützen.

Zu einem positiven Tun sind Sie z. B. verpflichtet, wenn es gilt, dem Arbeitgeber einen drohenden oder bereits eingetretenen Schaden, Mißstände und Unregelmäßigkeiten anzuzeigen. Entdeckt der Buchhalter, daß der Kassierer Unterschlagungen begangen hat, ist er selbstverständlich zur Anzeige verpflichtet. Aber auch der Arbeiter, der im Produktionsablauf seiner Firma eine Störung entdeckt – und wenn sie noch so unbedeutend erscheint –, ist zur Anzeige verpflichtet.

Die Treuepflicht endet grundsätzlich mit dem Ende des Arbeitsverhältnisses. Ausnahmen von diesem Grundsatz gibt es nur in wenigen Einzelfällen hinsichtlich der Verschwiegenheitspflicht und des Wettbewerbsverbots.

Damit haben wir die wesentlichen Pflichten, die sich für den Arbeitnehmer aus dem Arbeitsverhältnis ergeben, erörtert. Im folgenden zweiten Teil des Kapitels über den Inhalt des Arbeitsverhältnisses erfahren Sie, welche Rechte dem Arbeitnehmer aus dem Arbeitsverhältnis erwachsen.

2 Die Pflichten des Arbeitgebers

Aus dem Arbeitsverhältnis ergeben sich für den Arbeitgeber im wesentlichen drei Pflichten: die Lohnzahlungspflicht, die Fürsorgepflicht und die Pflicht zur Gewährung von Erholungsurlaub.

2.1 Die Lohnzahlungspflicht

Der Arbeitspflicht des Arbeitnehmers entspricht von seiten des Arbeitgebers die Lohnzahlungspflicht. Ist die Arbeitspflicht die wichtigste Pflicht des Arbeitnehmers, so ist die Lohnzahlungspflicht die wichtigste Pflicht des Arbeitgebers. Die Lohnzahlungspflicht besteht auch ohne ausdrückliche Vereinbarung, wenn die Arbeitsleistung den Umständen nach nur gegen eine Vergütung zu erwarten ist (§ 612 BGB).

2.1.1 Lohnhöhe

Die Lohnhöhe wird in der Regel im Einzelarbeitsvertrag oder im Tarifvertrag festgelegt. Wer Rechtsanspruch auf Tariflohn hat, wissen Sie noch (vgl. Ziffer 2 auf Seite 9). Fehlt eine derartige Vereinbarung, ist die ortsübliche Vergütung zu zahlen (§ 612 BGB). Der ortsübliche Lohn ist nicht gleich dem Tariflohn. Er kann daher für einen nichttarifgebundenen Arbeitnehmer unter dem Tariflohn liegen. Das ist der Fall, wenn in der betreffenden Branche die Mehrzahl der Arbeitnehmer nicht nach Tarifvertrag bezahlt wird.

2.1.2 Lohnzahlung an Feiertagen

Für die ausfallende Arbeit an gesetzlichen Feiertagen, die nicht auf einen Sonntag oder auf einen arbeitsfreien Samstag fallen, besteht nach dem Feiertagslohnzahlungsgesetz vom 2. August 1951 Lohnzahlungspflicht. Ist in einem Betrieb die Fünf-Tage-Woche eingeführt und soll die an einem Wochenfeiertag ausgefallene Arbeit an dem sonst freien Samstag nachgeholt werden, ist sowohl für den Feiertag als auch für den Samstag der übliche Lohn zu zahlen. Dies gilt auch dann, wenn z. B. eine Teilzeitbeschäftigte nur an bestimmten Tagen in der Woche arbeitet.

Beispiel:

Frau Teilmann arbeitet montags, mittwochs und freitags. Ein Feiertag fällt auf den Mittwoch. Dann muß der Lohn für den Mittwoch bezahlt werden. Muß sie donnerstags die ausgefallene Arbeit nachholen, ist der Donnerstag zusätzlich zu bezahlen. ■

Der Anspruch auf Feiertagsbezahlung entfällt, wenn der Arbeitnehmer am letzten Tag vor oder nach dem Feiertag unentschuldigt der Arbeit fernbleibt.

Im Falle von Kurzarbeit hat der Arbeitnehmer einen Anspruch auf Feiertagslohn nur in Höhe des Kurzarbeitergeldes (BAG vom 5. Juli 1979). In diesem Falle muß aber der Arbeitgeber die Sozialversicherungsbeiträge allein tragen. Lohnsteuer ist hingegen einzubehalten und abzuführen, ohne daß der Arbeitgeber dafür einen Ausgleich an den Arbeitnehmer zahlen müßte (BAG vom 8. Mai 1984).

Feiertagsarbeit ist nach § 105 a ff. GewO grundsätzlich verboten. Ausnahmen von diesem Verbot sind zulässig. Ist eine Ausnahmegenehmigung erteilt, kann vertraglich Feiertagsarbeit vereinbart werden, die dann normal zu vergüten ist.

Anspruch auf einen Feiertagszuschlag besteht nur dann, wenn dieser in einem Tarifvertrag oder Einzelarbeitsvertrag vereinbart wurde. Eine gesetzliche Regelung besteht in dieser Hinsicht nicht.

2.1.3 Lohnzuschläge

Für Mehrarbeit, d.h. für Arbeit über die normale gesetzliche Arbeitszeit hinaus, ist ein Zuschlag von 25 v.H. zu vergüten, sofern keine anderweitige Vereinbarung vorliegt (§ 15 Abs. 2 AZO). Mehrarbeit im Sinne der Arbeitszeitordnung liegt aber nur dann vor, wenn in der Woche mehr als 48 Stunden gearbeitet werden.

In der Praxis werden die Zuschlagsregelungen der Tarifverträge, die weit niedrigere Wochenarbeitszeiten vorsehen, angewandt (hier spricht man von Überstunden). Aber denken Sie daran, daß in der Regel nur der einen Rechtsanspruch auf Leistungen eines Tarifvertrages hat, der Mitglied der betreffenden Gewerkschaft ist. Das gleiche gilt für Zuschläge bei besonderen Arbeitserschwernissen, z. B. Nachtarbeit, Schmutz, Hitze, die nicht durch Gesetz, häufig aber durch Tarifverträge festgelegt sind.

2.1.4 Lohnformen

Beim Lohn unterscheidet man Zeit- und Akkordlohn. Beim Zeitlohn bestimmt sich das Entgelt nach der Arbeitszeit ohne Rücksicht darauf, ob der Arbeitnehmer viel oder wenig in dieser Zeit geleistet hat. Dagegen richtet sich beim Akkordlohn die Entlohnung nach der Menge der geleisteten Arbeit.

Darüber hinaus unterscheiden wir aber noch weitere Lohnformen. So kann vereinbart werden, daß dem Arbeitnehmer neben einer festen Vergütung, dem sogenannten Fixum, Lohn bzw. Gehalt in Form einer Umsatzbeteiligung (Provision), einer Gewinnbeteiligung (Tantieme) oder Prämie gezahlt wird. Eine weitere, heute in der Praxis häufig vorkommende Lohnform ist die Gratifikation.

2.1.5 Gratifikation

Die Gratifikation ist eine Sonderzuwendung, die dem Arbeitnehmer neben dem normalen Lohn aus einem bestimmten Anlaß – z. B. zu Weihnachten, wegen des Urlaubs, zum Jahresabschluß oder zu einem Jubiläum – gezahlt wird. Die Gratifikation ist kein Geschenk, sondern ein zusätzliches Entgelt als Anerkennung für geleistete Dienste und auch Anreiz für weitere Dienstleistungen. Sie ist somit Lohnbestandteil. In der Praxis kommt die Weihnachtsgratifikation am häufigsten vor. Mit ihr werden wir uns daher näher befassen. Wir machen Sie aber darauf aufmerksam, daß die für die Weihnachtsgratifikation entwickelten Grundsätze, wie sie hier erörtert werden, in der Regel auch auf die übrigen Gratifikationen, so z. B. auf das zusätzliche Urlaubsgeld, angewandt werden.

Dagegen können diese Grundsätze nicht auf das sogenannte 13. Monatsgehalt oder sonstige Sonderzuwendungen angewandt werden, soweit sie in das Vergütungsgefüge eingebaut sind und bislang geleistete Dienste abgelten sollen. So ist z. B. der Arbeitgeber bei einem entsprechenden Vorbehalt zur Auszahlung der

Weihnachtsgratifikation nur dann verpflichtet, wenn der betreffende Arbeitnehmer bei Fälligkeit bzw. bei Auszahlung der Gratifikation noch im Betrieb ist. Ist das nicht der Fall, hat der Arbeitnehmer weder einen vollen noch einen anteiligen Anspruch auf die Gratifikation. Handelt es sich dagegen um das 13. Monatsgehalt oder eine ähnliche Sonderzuwendung, hat der Arbeitnehmer, je nachdem wann er im Laufe des Jahres ausscheidet, Anspruch auf anteilige Gewährung dieser Sonderzuwendungen, auch wenn er nicht mehr in den Diensten des Arbeitgebers steht. Dies gilt aber nur dann, wenn die vorgenannten Voraussetzungen vorliegen. Ist das 13. Monatsgehalt identisch mit einer Weihnachtsgratifikation, finden die Grundsätze über die Gratifikation uneingeschränkte Anwendung.

Rechtsanspruch auf die Weihnachtsgratifikation

Rechtsanspruch auf eine Weihnachtsgratifikation hat der Arbeitnehmer, für den in einem auf sein Arbeitsverhältnis anwendbaren Tarifvertrag, in einer Betriebsvereinbarung oder in einem Einzelarbeitsvertrag die Gewährung einer Weihnachtsgratifikation vorgesehen ist. Darüber hinaus hat aber die Rechtsprechung eine Möglichkeit geschaffen, die es dem Arbeitnehmer gestattet, auf eine besondere Art einen Rechtsanspruch zu erwerben.

Beispiel:

Laut und Wild streiten sich heftig. Laut behauptet, der Arbeitgeber, der drei Jahre hintereinander die Weihnachtsgratifikation gezahlt habe, sei verpflichtet, auch in Zukunft die Gratifikation zu zahlen. Wild sagt, das könne unmöglich richtig sein, denn sein Arbeitgeber habe in den vergangenen drei Jahren Weihnachtsgratifikationen gezahlt, dieses Jahr habe er sich geweigert und das Arbeitsgericht habe ihm Recht gegeben. Was meinen Sie, wer Recht hat?

Nun, es stimmt, daß man dann, wenn der Arbeitgeber in drei aufeinanderfolgenden Jahren eine Weihnachtsgratifikation zahlt, einen Rechtsanspruch für die Zukunft erwerben kann, jedoch nur unter der weiteren Voraussetzung, daß der Arbeitgeber die Gratifikation ohne Vorbehalt gezahlt hat. ■

Hat der Arbeitgeber seinen Arbeitnehmern auf irgendeine Art – z.B. durch Aushang, Rundschreiben oder mündlich – mitgeteilt, daß er sich die Freiwilligkeit der Leistung vorbehalte oder daß er die Zahlung der Weihnachtsgratifikation für die Zukunft widerrufen könne, erwirbt der Arbeitnehmer nur hinsichtlich der für das laufende Jahr freiwillig zugesagten Leistung einen Rechtsanspruch. Er kann hieraus keinen Anspruch für die folgenden Jahre ableiten.

Zahlt der Arbeitgeber dagegen ohne diesen Vorbehalt, erwirbt der Arbeitnehmer einen Rechtsanspruch auf Zahlung der Weihnachtsgratifikation für die Zukunft. Zahlt der Arbeitgeber im vierten Jahr nicht mehr, so kann der Arbeitnehmer den Anspruch einklagen. Von diesem Grundsatz gibt es eine Ausnahme. Wird die Existenz des Betriebes durch die Zahlung der Weihnachtsgratifikation gefährdet, dann kann der Unternehmer die Zahlung, selbst wenn ein Rechtsanspruch besteht, nicht nur kürzen, sondern sogar verweigern. Ist die Betriebsgefährdung beseitigt, lebt der Anspruch in voller Höhe wieder auf. Dies gilt auch, wenn der Rechtsanspruch aus einem Tarifvertrag, einer Betriebsvereinbarung oder aus einer ausdrücklichen Vereinbarung im Einzelarbeitsvertrag abgeleitet wird.

Anders ist die Situation, wenn der Betrieb in Konkurs gerät. Da die Weihnachtsgratifikation Bestandteil des Lohnes ist, kann der Arbeitnehmer seine Ansprüche dem Konkursverwalter gegenüber geltend machen. Sie werden dann wie Lohnzahlung bevorrechtigt behandelt.

Höhe der Weihnachtsgratifikation

Hat der Arbeitnehmer einen Rechtsanspruch auf Zahlung der Weihnachtsgratifikation, richtet sich die Höhe der Gratifikation ebenfalls nach der getroffenen Vereinbarung oder nach der betrieblichen Übung.

Beispiel:

Redlich gewährt seinen Arbeitnehmern seit langem eine Weihnachtsgratifikation, deren Höhe sich nach dem Geschäftsgewinn richtet. Eine ausdrückliche Vereinbarung wurde nicht getroffen. Nachdem er drei Jahre lang hintereinander gleich hohe Gratifikationen ausgezahlt hat, weil der Gewinn der gleiche war, zahlt er im vierten Jahr weniger. Schlau klagt auf Zahlung einer Weihnachtsgratifikation in Höhe der letzten drei Jahre. Wird er den Prozeß gewinnen?

Nein! Hier war kraft betrieblicher Übung die Höhe der Weihnachtsgratifikation von der Höhe des Gewinns abhängig. Die Tatsache, daß der Gewinn drei Jahre hintereinander gleich hoch war, ist daher nicht von Bedeutung. ■

Die betriebliche Übung kann auch dahin gehen, daß der Arbeitgeber die Höhe der Weihnachtsgratifikation von Jahr zu Jahr nach freiem Ermessen bestimmt. Dann hat der Arbeitnehmer einen Rechtsanspruch nur auf die vom Arbeitgeber jeweils festgelegte Weihnachtsgratifikation.

Dies gilt allerdings nicht, wenn der Arbeitgeber gewisse Mindestsummen bisher nicht unterschritten hat und jetzt nur noch geringfügige Beträge als Weihnachtsgratifikation auszahlen will. Selbst wenn der Arbeitgeber mit Verlusten arbeitet, kann er die Höhe der Weihnachtsgratifikation nicht willkürlich, sondern nur nach billigem Ermessen festsetzen (§ 315 BGB). Hält er sich nicht an diese Regelung, hat das Gericht die Höhe der Weihnachtsgratifikation festzusetzen (§ 315 Abs. 3 BGB).

Hat der Arbeitgeber sich die Freiwilligkeit der Leistung vorbehalten, besteht also kein Rechtsanspruch, kann er nicht nur von Jahr zu Jahr bestimmen, ob, sondern auch in welcher Höhe die Gratifikation gezahlt wird.

Gleichbehandlung

Die Höhe der Gratifikation muß nicht für alle Arbeitnehmer des Betriebs gleich sein. Der Arbeitgeber verstößt nicht gegen den Grundsatz der Gleichbehandlung, wenn er innerhalb der Belegschaft Gruppen bildet und die Höhe der Weihnachtsgratifikation z. B. nach Betriebszugehörigkeit, Alter, Schwere der Arbeit, Kinderzahl usw. staffelt. Er darf sich allerdings bei der Staffelung nicht von unsozialen Gesichtspunkten leiten lassen und auch nicht gegen seine Fürsorgepflicht verstoßen.

Einzelnen Arbeitnehmern kann er die Zahlung nur aus wichtigem Grund verweigern, so z. B. bei grober Verletzung der Treuepflicht (streitig, soweit der Arbeitnehmer einen Rechtsanspruch auf die Weihnachtsgratifikation hat). War der Arbeitnehmer über längere Zeit krank, so ist das in der Regel kein Grund, ihm die Gratifikation vorzuenthalten.

In der Vergangenheit wurde die Gratifikation mitunter mit einer Anwesenheitsprämie verbunden. Fehlte der Arbeitnehmer im laufenden Jahr, so verminderte sich die Gratifikation pro Fehltag um eine gewisse Summe. Das galt auch für entschuldigte Fehltage.

Beispiel:

Frau Tannenbaum arbeitet seit Jahren bei der Firma Nikolaus. Seitdem sie in der Firma ist, erhält sie an Weihnachten eine Gratifikation in Höhe von 600 DM. Im Jahre 1978 entbindet sie. Während der Schutzfrist hat sie gemäß § 3 Abs. 2 und § 6 MuSchG selbstverständlich nicht gearbeitet. Sie hat auch sechs Wochen in diesem Jahr wegen Krankheit gefehlt, was bisher noch nie der Fall war. An Weihnachten erhält sie eine Gratifikation von 420 DM und nicht von 600 DM. Als sie deswegen mit ihrem Chef spricht, macht er sie darauf aufmerksam, daß seit Jahren hinsichtlich der Weihnachtsgratifikation die Regelung besteht, daß Fehlzeiten – gleich aus welchem Grund – die Weihnachtsgratifikation vermindern. Diese Regelung sei am Schwarzen Brett veröffentlicht. Frau Tannenbaum läßt sich nicht überzeugen. Sie hält diese Regelung nicht für gerecht und klagt die ausstehenden 180 DM ein. Wird sie Erfolg haben?

Ja, sie wird Erfolg haben. Das Bundesarbeitsgericht (Urteil vom 19. Mai 1982) vertritt neuerdings den Standpunkt, daß der Arbeitgeber eine derartige Regelung weder hinsichtlich der durch Krankheit noch hinsichtlich der durch die Schutzfrist nach dem Mutterschutzgesetz verursachten Fehltage treffen kann. Frau Tannenbaum wird also den Prozeß gewinnen. ∎

Hinsichtlich der Fehltage wegen Krankheit ist aber folgendes zu bemerken: Durch seine Entscheidung vom 23. Mai 1984 hat das Bundesarbeitsgericht festgelegt, daß Fehltage wegen Krankheit dann auf eine jährliche Sonderzahlung angerechnet werden können, wenn der Arbeitnehmer länger als sechs Wochen im Jahr krank war, d. h. also, wenn der Lohnfortzahlungszeitraum des § 1 Lohnfortzahlungsgesetz überschritten wird. Wäre Frau Tannenbaum also acht Wochen krank gewesen, so könnte der Arbeitgeber die beiden letzten Wochen bei der Berechnung der Weihnachtsgratifikation abziehen.

Das Bundesarbeitsgericht hat durch dieses Urteil seine frühere Rechtsprechung, wonach Fehltage wegen Krankheit überhaupt nicht auf Sonderzuwendungen angerechnet werden durften, eingeschränkt.

Umstritten ist die Frage, ob der Arbeitgeber die Weihnachtsgratifikation deswegen kürzen kann, weil eine Arbeitnehmerin Mutterschaftsurlaub in Anspruch genommen hat. Da die Arbeitnehmerin infolge der Schwangerschaft nicht benachteiligt werden soll, muß man aber davon ausgehen, daß der Arbeitgeber nicht das Recht hat, wegen des Mutterschaftsurlaubs die Weihnachtsgratifikation anteilig zu kürzen.

Treten Sie während des Jahres, vielleicht sogar schon Mitte Januar in einen Betrieb ein, so haben Sie nur dann Anspruch auf die Weihnachtsgratifikation, wenn eine entsprechende Vereinbarung zwischen Ihnen und dem Arbeitgeber getroffen wurde oder Sie sich auf einen Tarifvertrag oder eine betriebliche Übung berufen können.

Schlechter sieht es für Sie aus, wenn Sie vor Zahlung der Weihnachts-gratifikation aus dem Betrieb ausscheiden. Dann haben Sie nämlich keinen Anspruch auf die Gratifikation, auch nicht anteilig, es sei denn, es ist aus-drücklich etwas anderes vereinbart.

Dagegen sieht es für Sie wieder besser aus, wenn Sie nach Weihnachten ausscheiden, denn dann haben Sie Anspruch auf die volle Weihnachts-gratifikation.

Beispiel:

Herr Schlau kündigt am 15. November zum 31. Dezember. Die Weih-nachtsgratifikation wird am 25. November ausgezahlt. Schlau hat Anspruch auf die gesamte Gratifikation.

Hier kann Ihnen aber der Arbeitgeber einen Strich durch die Rechnung machen. Er kann nämlich die Arbeitnehmer, die sich zum Zeitpunkt der Zahlung der Gratifikation in gekündigter Stellung befinden, von der Weih-nachtsgratifikation ausschließen. Der Ausschluß muß aber schon bei der Zusage der Weihnachtsgratifikation erfolgen. Dies gilt auch dann, wenn der Arbeitgeber dem Arbeitnehmer gekündigt hat.

Hat der Arbeitgeber allerdings infolge schlechten Gesundheits-zustandes des Arbeitnehmers oder aus betriebsbedingten Gründen gekündigt, muß er trotzdem die Weihnachtsgratifikation zahlen. Im Falle der betriebsbedingten Kündigung kann der Arbeitgeber sich auch dann nicht auf den Ausschluß von der Weihnachtsgratifi-kation berufen, wenn dies ausdrücklich im Arbeitsvertrag vereinbart wurde (vgl. BAG vom 26. Juni 1975 – 5 AZR -412/74). Selbstverständ-lich ist ein Ausschluß auch dann nicht möglich, wenn sich aus einer entgegenstehenden Vereinbarung oder einer entgegenstehenden betrieblichen Übung etwas anderes ergibt. ■

Wer muß die Weihnachtsgratifikation zurückzahlen?

Der Arbeitgeber kann die Gewährung einer Gratifikation davon abhängig machen, daß der Arbeitnehmer auch im nächsten Jahr eine gewisse Zeit im Betrieb verbleibt. Es bedarf hier aber eines ausdrücklichen Vorbehalts (Rückzahlungsvorbehalt). Der Vorbehalt, daß es sich um eine freiwillige Leistung handelt, genügt nicht.

Beispiel:

Wander arbeitet bei Beständig. Beständig gewährt seinen Arbeitnehmern seit Jahren eine Weihnachtsgratifikation ohne jeden Vorbehalt. Als Wander zum 31. März des folgenden Jahres kündigt, zieht ihm Beständig die Weihnachtsgratifikation von dem Gehalt ab. Ist er hierzu berechtigt?

Wenn Sie mit Nein geantwortet haben, liegen Sie richtig. Da Beständig ohne jeden Vorbehalt gezahlt hat, kann er die Weihnachtsgratifikation nicht vom Gehalt einbehalten. Zum gleichen Ergebnis kommt man aber auch, wenn Beständig die Gratifikation unter dem Vorbehalt, daß es sich um eine freiwillige Leistung handelt, gewährt hätte. Er hätte bei der Zahlung der Gratifikation sich ausdrücklich vorbehalten müssen, daß ein Arbeitnehmer, wenn er ausscheidet, die Gratifikation zurückzahlen muß. ■

Hat sich der Arbeitgeber die Rückzahlung vorbehalten, ist der Rückzahlungsvorbehalt nur insoweit wirksam, als in ihm folgende vom Bundesarbeitsgericht ausgearbeiteten Grundsätze berücksichtigt werden:

1. Beträgt die Gratifikation nicht mehr als 200 DM, ist im allgemeinen eine Rückzahlungsklausel überhaupt nicht zulässig.

2. Beträgt die Gratifikation mehr als 200 DM, aber weniger als einen Monatsverdienst, soll der Arbeitnehmer frühestens zum 31. März kündigen können. In diesem Falle wäre also der Arbeitnehmer drei Monate gebunden, was bei einem Angestellten kaum von Bedeutung ist, da er in der Regel (sechs Wochen Kündigungsfrist bis zum Quartalsende, vgl. § 622 Abs. 1 BGB) sowieso bis zu diesem Termin gebunden wäre.

3. Erreicht die Gratifikation einen Monatsverdienst und hat der Arbeitnehmer bis zum 31. März des folgenden Jahres nur eine Kündigungsmöglichkeit – das gilt grundsätzlich für die Angestellten –, kann ihm zugemutet werden, daß er eine Kündigungsmöglichkeit ausläßt. In diesem Fall könnten Sie erst zum 30. Juni kündigen, wenn Sie die Weihnachtsgratifikation nicht zurückzahlen wollen.

4. Erreicht die Gratifikation einen Monatsverdienst und hat der Arbeitnehmer bis zum 31. März mehrere Kündigungsmöglichkeiten (Arbeiter oder Angestellter mit einer Kündigungsfrist von einem Monat zum Monatsende), kann er vor dem 31. März kündigen, aber nur so, daß das Arbeitsverhältnis nach dem 31. März endet. Sind Sie also Arbeiter und haben einen vollen Monatslohn als Weihnachtsgratifikation erhalten, können Sie bereits am 17. März zum 1. April kündigen.

5. Beträgt die Gratifikation zwei Monatsgehälter, ist eine Rückzahlungsklausel zulässig, nach der bei Ausscheiden bis zum 31. März des folgenden Jahres eineinhalb Monatsgehälter, zum 30. Juni ein Monatsgehalt und zum 30. September ein halbes Monatsgehalt zurückzuzahlen ist.

Merken Sie sich: Geht die Bindung über die vorgenannten Termine hinaus, ist sie insoweit nicht rechtswirksam, d. h. mit anderen Worten, der Vorbehalt ist nur im Rahmen der oben aufgeführten Grundsätze rechtswirksam.

Beispiel:

Wechsel ist Angestellter bei Treu. Für ihn gilt, da nichts anderes vereinbart ist, die gesetzliche Kündigungsfrist, also sechs Wochen zum Quartalsende. Er hat also nur eine Kündigungsmöglichkeit bis zum 31. März. Treu zahlt ihm eine Weihnachtsgratifikation in Höhe eines Monatsgehalts. Ein Rückzahlungsvorbehalt ist vereinbart. Danach soll Wechsel, wenn er vor dem 1. Juli des folgenden Jahres kündigt, die Gratifikation zurückzahlen. Wechsel kündigt zum 30. Juni. Muß er die Gratifikation zurückzahlen?

Nein! Dieser Rückzahlungsvorbehalt ist unwirksam. Wechsel braucht die Weihnachtsgratifikation nicht zurückzuzahlen. Hätte er jedoch zum 31. März gekündigt, müßte er die Gratifikation zurückzahlen. Insoweit ist der Vorbehalt wirksam. ∎

Wichtig ist, daß der Arbeitnehmer trotz Rückzahlungsvorbehalt zur Rückzahlung nicht verpflichtet ist, wenn seine Kündigung durch schuldhaftes Verhalten des Arbeitgebers veranlaßt wurde (der Arbeitgeber hat ihn z. B. schwer beleidigt) oder die Kündigung seitens des Arbeitgebers aus betriebsbedingten Gründen erfolgte.

Wird das Arbeitsverhältnis im gegenseitigen Einvernehmen (Aufhebungsvertrag) gelöst, ist der Arbeitnehmer auch nicht zur Rückzahlung verpflichtet, es sei denn, es ist ausdrücklich etwas anderes vereinbart. Letzteres ist bereits dann der Fall, wenn der Rückzahlungsvorbehalt nicht an die Kündigung anknüpft, sondern sich auf die Beendigung des Arbeitsverhältnisses schlechthin bezieht.

Die vorgenannten, vom Bundesarbeitsgericht aufgestellten Grundsätze können durch Tarifvertrag, nicht aber durch Betriebsvereinbarung auch zuungunsten des Arbeitnehmers abgeändert werden.

2.1.6 Ruhegeld

Nach Ansicht des Bundesarbeitsgerichts ist das Ruhegeld kein vorenthaltener bzw. aufgesparter Arbeitslohn, da es an einer unmittelbaren Beziehung zur Arbeitsleistung fehlt. Trotzdem hat das Ruhegeld nicht nur Versorgungs-, sondern auch Entgeltcharakter. Nicht jeder Arbeitnehmer hat einen Anspruch auf Ruhegeld gegen seinen Arbeitgeber. Ein Rechtsanspruch auf Ruhegeld besteht nur dann, wenn durch Arbeitsvertrag, Betriebsvereinbarung oder Tarifvertrag ein Ruhegeld zugesagt wurde. Auch durch betriebliche Übung kann ein Ruhegeldanspruch entstehen. Daran hat sich auch nach Inkrafttreten des Gesetzes zur „Verbesserung der betrieblichen Altersversorgung" vom 20. Dezember 1974 nichts geändert. Nur dann, wenn der Arbeitgeber sich verpflichtet hat, ein Ruhegeld zu gewähren, hat der Arbeitnehmer einen Rechtsanspruch.

Vor Erlaß des vorgenannten Gesetzes gab es hinsichtlich des Ruhegeldes häufig Streit, weil die Ruhegeldzusagen in der Regel dahingehend lauteten, daß der Arbeitnehmer einen Anspruch nur dann hat, wenn er zum Zeitpunkt seiner Pensionierung noch im Betrieb tätig ist. Schied der Arbeitnehmer zu einem früheren Zeitpunkt aus dem Betrieb aus, verlor er die Anwartschaft auf das Ruhegeld.

Hier brachte das Gesetz eine wesentliche Verbesserung: unter bestimmten Voraussetzungen ist die einmal erworbene Versorgungsanwartschaft auf Ruhegeld unverfallbar. Die Arbeitnehmer behalten ihre Versorgungsanwartschaft, wenn sie aus dem Betrieb ausscheiden, zu diesem Zeitpunkt mindestens 35 Jahre alt sind und entweder eine Versorgungszusage mindestens zehn Jahre besteht oder die Versorgungszusage drei Jahre besteht, der Arbeitnehmer aber mindestens zwölf Jahre im Betrieb beschäftigt ist.

Dabei kommt es nicht darauf an, ob der Arbeitnehmer oder der Arbeitgeber gekündigt hat oder ob sich beide über die Auflösung des Arbeitsverhältnisses geeinigt haben. Sind die vorgenannten Voraussetzungen erfüllt, ist z. B. auch bei einer Kündigung des Arbeitnehmers der Anspruch unverfallbar.

Die Höhe der unverfallbaren Anwartschaft richtet sich nach der Dauer der Betriebszugehörigkeit. Die Dauer der Betriebszugehörigkeit wird in Verhältnis gesetzt zu der Zeit, die der Arbeitnehmer insgesamt hätte in diesem Betrieb erreichen können, wenn er bis zum 65. Lebensjahr oder bis zu einer festgesetzten Altersgrenze im Betrieb geblieben wäre.

Hat der Arbeitnehmer eine unverfallbare Anwartschaft erworben, ist ihm bzw. den Hinterbliebenen die Betriebsrente zu zahlen, wenn der Versorgungsfall eintritt, d. h. wenn er die Altersgrenze erreicht hat, wenn er Invalide geworden ist oder verstorben ist.

Der Arbeitgeber kann das Ruhegeld durch unmittelbare Zuwendungen erbringen; er kann aber auch eine Betriebskasse, sei es in Form einer Pensionskasse oder einer Unterstützungskasse, ins Leben rufen. Er kann auch einen Lebensversicherungsvertrag für den betreffenden Arbeitnehmer abschließen. Der Anspruch des Ruhegeldberechtigten kann sich demnach unmittelbar gegen den Arbeitgeber, gegen die Pensionskasse, die Unterstützungskasse oder eine Lebensversicherung richten.

Nach dem Gesetz über die betriebliche Altersversorgung darf auch die alljährliche Erhöhung der Rente aus der gesetzlichen Rentenversicherung nicht mehr zu einer Auszehrung der Betriebsrente führen. Erhöht sich diese Rente, darf die Betriebsrente nicht entsprechend gekürzt werden.

Nach Einführung der flexiblen Altersgrenze in der gesetzlichen Rentenversicherung sind Zweifel in der Hinsicht entstanden, ob die Betriebsrente, d. h. das Ruhegeld, auch dann zu zahlen ist, wenn der Arbeitnehmer vor dem 65. Lebensjahr in Pension geht. Das Gesetz regelt diese Fälle ausdrücklich. Geht ein Arbeitnehmer mit 63 Jahren in den Ruhestand, muß ihm nicht nur die gesetzliche Rente, sondern auch das Ruhegeld gezahlt werden. Dasselbe gilt für Arbeitnehmer, die bereits vor dem 63. Lebensjahr in Pension gehen, wie z. B. anerkannte Schwerbehinderte, Berufs- und Erwerbsunfähige, Arbeitslose und Frauen, die von der Rentenversicherung schon ein Altersruhegeld vor dem 65. Geburtstag erhalten.

Das Gesetz schreibt vor, daß der Arbeitgeber alle drei Jahre überprüfen muß, ob die laufenden Versorgungsleistungen an den Lebensstandard angepaßt werden müssen. Diese Entscheidung hat der Arbeitgeber nach billigem Ermessen zu treffen und dabei sowohl die Belange des Versorgungsempfängers als auch die wirtschaftliche Lage des Unternehmens zu berücksichtigen.

Darüber hinaus bringt das Gesetz über die betriebliche Altersversorgung eine besondere Absicherung für den Arbeitnehmer, dem ein Ruhegeld zugesagt worden ist: auch wenn der Arbeitgeber nicht mehr in der Lage ist, die versprochenen Leistungen zu erbringen, verliert der Arbeitnehmer seinen Anspruch nicht. Kann die zugesagte Betriebsrente wegen Zahlungsunfähigkeit des Arbeitgebers nicht mehr gezahlt werden, zahlt sie der Pensionsversicherungsverein auf Gegenseitigkeit, 5000 Köln 51, Oberländer Ufer 72.

2.1.7 Vermögensbildung

Viele Arbeitnehmer glauben, der Arbeitgeber sei aufgrund des Vermögensbildungsgesetzes verpflichtet, zum Lohn einen Anteil der vom Arbeitnehmer angelegten vermögenswirksamen Leistungen zu zahlen. Das ist falsch!

Das Vermögensbildungsgesetz sieht eine Beteiligung des Arbeitgebers nicht vor. Vielmehr hat der Arbeitnehmer aufgrund dieses Gesetzes lediglich die Möglichkeit, einen Teil seines Verdienstes vom Arbeitgeber an eine Bank oder eine Sparkasse zur vermögenswirksamen Anlage abführen zu lassen. Jedoch sehen viele Tarifverträge eine Beteiligung des Arbeitgebers in der Form vor, daß dieser ein Viertel, die Hälfte oder noch einen größeren Anteil an der vermögenswirksamen Leistung erbringt. Auch durch Betriebsvereinbarung und Einzelarbeitsvertrag kann der Arbeitgeber zu einer Beteiligung verpflichtet werden.

Bis zu 624 DM im Jahr kann der Arbeitnehmer vermögenswirksam anlegen. Durch das Vermögensbeteiligungsgesetz, das am 1. Januar 1984 in Kraft getreten ist, ist der Förderungsbetrag von 624 DM auf 936 DM aufgestockt worden. Der Aufstockungsbetrag von 312 DM ist aber nur dann zulagebegünstigt, wenn er allein durch Kapitalbeteiligung oder Arbeitnehmerdarlehen ausgeschöpft wird. Vermögenswirksame Leistungen bis zur Höhe von 624 DM jährlich können wie bisher in allen Formen des Anlagekatalogs zulagebegünstigt angelegt werden. Bei Vermögensbeteiligungen in Form von Kapitalbeteiligung und Arbeitnehmerdarlehen beträgt die Arbeitnehmersparzulage 23 v. H., wenn mehr als zwei Kinder in der Familie vorhanden sind 33 v. H. Ansonsten beträgt die Sparzulage wie bisher je nach Anlageart 16 bzw. 23 v. H. (bei mehr als zwei Kindern 26 v. H. bzw. 33 v. H.) der vermögenswirksam angelegten Summe.

Keinen Anspruch auf die Arbeitnehmer-Sparzulage hat, wer als Alleinstehender mehr als 24.000 DM, als Verheirateter mehr als 48.000 DM zu versteuerndes Einkommen hat. Sind Kinder vorhanden, erhöhen sich die vorgenannten Einkommensgrenzen für jedes Kind um 1.800 DM. Die Sparzulage wird durch den Arbeitgeber ausgezahlt. Kraft Gesetzes ist der Arbeitgeber also nicht verpflichtet, einen Teil der vermögenswirksamen Leistung zu übernehmen.

Keinen Anspruch auf Abführung der vermögenswirksamen Leistungen durch den Arbeitgeber hat eine Arbeitnehmerin während der Schutzfrist des Mutterschutzgesetzes (§ 3 Abs. 2 und § 6 Abs. 1), weil diese bei der Berechnung des Zuschusses des Arbeitgebers zum Mutterschutzlohn eingehen (BAG vom 15. August 1984).

2.1.8 Zeit und Ort der Lohnauszahlung

Nach § 614 BGB ist die Vergütung (Lohn oder Gehalt) erst fällig, wenn der Arbeitnehmer die Leistung erbracht hat. Der Arbeitnehmer ist also grundsätzlich zur Vorleistung verpflichtet (vertragliche Abweichungen – z.B. in einem Tarifvertrag oder Einzelarbeitsvertrag – sind möglich). Beim Angestellten wird das Gehalt in der Regel monatlich ausgezahlt. Bei Arbeitern erfolgt die Entlohnung oft nach Wochen, in den letzten Jahren aber immer häufiger ebenfalls nach Monaten. Bei Arbeitern wird mitunter eine Abschlagszahlung gewährt.

Nach § 269 BGB hat der Arbeitnehmer grundsätzlich den Lohn im Betrieb abzuholen, jedoch sind anderweitige Vereinbarungen möglich. So wird immer häufiger in Betriebsvereinbarungen oder Tarifverträgen festgelegt, daß der Lohn bzw. das Gehalt auf eine Bank zu überweisen ist.

Ist das Arbeitsverhältnis durch ordentliche Kündigung der einen oder anderen Seite oder durch Auflösungsvertrag gelöst worden und hat der Arbeitgeber die noch ausstehende Vergütung dem Arbeitnehmer nicht am letzten Arbeitstag ausgezahlt, hat er gemäß § 270 Abs. 1 BGB die Restvergütung auf seine Gefahr und Kosten dem Arbeitnehmer an dessen Wohnsitz zu übermitteln. Das gleiche gilt, wenn der Arbeitgeber dem Arbeitnehmer zu Unrecht fristlos gekündigt hat. Hat der Arbeitnehmer dem Arbeitgeber zu Unrecht fristlos gekündigt, muß der Arbeitnehmer seine Vergütung beim Arbeitgeber abholen.

2.1.9 Rückzahlung von Lohn

Nehmen wir einmal an, Ihr Arbeitgeber zahlt Ihnen versehentlich zuviel Lohn aus und Sie wären im Glauben, es handele sich um die langverdiente Lohnerhöhung. Aus Freude über die Lohnerhöhung laden Sie Ihre Freunde zu einem Umtrunk ein und für den Rest des Geldes, das Sie mehr erhalten haben, kaufen Sie ein paar Flaschen Sekt, die Sie zu Hause gemeinsam mit Ihrer Frau zur Feier des Tages trinken. Am anderen Tage teilt man Ihnen mit, daß es sich nicht um eine Lohnerhöhung, sondern um einen Irrtum gehandelt habe, und man verlangt von Ihnen das zuviel gezahlte Geld zurück. Wie ist die Rechtslage?

Sie haben Glück! Grundsätzlich hat der Arbeitnehmer das zuviel erhaltene Geld gemäß § 812 BGB als ungerechtfertigte Bereicherung zurückzugeben. Nur dann, wenn er gutgläubig war, d.h. wenn er nicht wußte, daß er zuviel erhalten hatte, und wenn die Bereicherung weggefallen ist, kann er die Rückzahlung verweigern. Das wäre bei Ihnen der Fall. Sie waren gutgläubig, weil Sie glaubten, es handele sich um eine Lohnerhöhung. Sie sind nicht mehr bereichert, weil Sie den zuviel erhaltenen Lohnanteil für nicht notwendige Dinge ausgegeben, d.h. hier also vertrunken haben. Hätten Sie mit dem zuviel erhaltenen Lohnanteil Anschaffungen gemacht oder Schulden getilgt, wären Sie noch bereichert und müßten zurückzahlen.

Achten Sie darauf, daß in Tarifverträgen, aber auch im Arbeitsvertrag abweichende Regelungen getroffen werden können.

2.1.10 Lohnzahlung bei Nichtleistung

Annahmeverzug

In Ausnahmefällen besteht ein Anspruch auf Lohnzahlung, ohne daß die vereinbarte Arbeitsleistung erbracht wurde; so bei Annahmeverzug des Arbeitgebers (§ 615 BGB). Annahmeverzug liegt dann vor, wenn der Arbeitnehmer seine Arbeitsleistung ordnungsgemäß angeboten hat, der Arbeitgeber deren Annahme ablehnt.

Beispiel:

Feurig ist bei Hitzig beschäftigt. Sie haben eine heftige Auseinandersetzung. Hitzig ärgert sich so, daß er Feurig zum nächstmöglichen Termin kündigt. Das ist in etwa acht Wochen. Als Feurig am folgenden Morgen zur Arbeit erscheint, erklärt ihm Hitzig, er sei bis zur Beendigung des Arbeitsverhältnisses beurlaubt. Feurig erwidert, ihm stehe kein Urlaub mehr zu. Darauf erklärt Hitzig, das sei ihm egal, er wolle ihn auf jeden Fall nicht mehr in seinem Betrieb sehen.

Wie sieht es mit dem Lohnanspruch des Feurig aus? Hier handelt es sich um einen typischen Fall von Annahmeverzug. Der Arbeitgeber ist aufgrund des Arbeitsvertrages verpflichtet, die Arbeitsleistung des Arbeitnehmers bis zur Beendigung des Arbeitsverhältnisses anzunehmen. Hitzig hat aber die ihm ordnungsgemäß von Feurig angebotene Arbeitsleistung abgelehnt. Dadurch kommt er in Annahmeverzug. Infolge des Annahmeverzugs ist er verpflichtet, das Gehalt des Feurig bis zum Ende des Arbeitsverhältnisses – also noch etwa acht Wochen – weiterzuzahlen. ■

Vorübergehende Verhinderung des Arbeitnehmers

Auch dann, wenn die Arbeitsleistung ohne Verschulden des Arbeitnehmers unmöglich geworden ist, kann der Arbeitnehmer unter gewissen Voraussetzungen Lohn vom Arbeitgeber verlangen, ohne daß er eine Arbeitsleistung erbracht hat. Ein Fall, der Sie bestimmt interessieren wird, ist der des § 616 Abs. 1 BGB, wonach der Arbeitnehmer, wenn er für eine verhältnismäßig geringfügige Zeit durch einen in seiner Person liegenden Grund ohne sein Verschulden an der Arbeitsleistung verhindert ist, Anspruch auf Lohn hat.

Beispiel:

Jung möchte heiraten. Er geht zu Alt, seinen Arbeitgeber, und fragt, ob er einen Tag freibekommen kann. Alt erklärt, selbstverständlich könne er freibekommen, er habe ja noch etliche Tage Erholungsurlaub zugute. Jung erwidert, es handele sich nicht um eine Frage des Erholungsurlaubs, seiner Ansicht nach stehe ihm ein Tag Arbeitsbefreiung wegen seiner Eheschließung zu. Alt ist anderer Ansicht und besteht darauf, daß Jung sich Erholungsurlaub anrechnen läßt. Wer hat Recht?

Selbstverständlich sagen Sie, Jung hat Recht. Denn Jung kann am Tage seiner Eheschließung die Arbeitsleistung, zu der er nach dem Arbeitsverhältnis verpflichtet ist, nicht erbringen, d.h. die Leistung ist ihm unmöglich geworden. Da die Unmöglichkeit nur für eine verhältnismäßig geringfügige Zeit besteht und Jung die Unmöglichkeit nicht verschuldet hat, muß Alt ihm für die Zeit der Verhinderung den Lohn weiterzahlen. Jung hat also Anspruch auf einen Tag Arbeitsbefreiung. ∎

Das gilt nicht nur für die Eheschließung, sondern auch bei Geburt oder Tod naher Angehöriger, bei gerichtlichen Ladungen und nach einer Entscheidung des Bundesarbeitsgerichts auch bei der Goldenen Hochzeit der Eltern. Muß der Arbeitnehmer während der Arbeitszeit aus akutem Anlaß dringend zum Arzt oder ist er vom Arzt für einen bestimmten Termin bestellt worden, so kann er sich auch auf § 616 Abs. 1 BGB berufen. Im letzteren Fall muß er eine entsprechende Bescheinigung des Arztes vorlegen. In allen anderen Fällen muß der Arbeitnehmer außerhalb der Arbeitszeit zum Arzt gehen, es sei denn, er kann sich auf einen Tarifvertrag berufen, in dem etwas anderes geregelt ist. Zu beachten ist, daß – wenn diese Fälle im Tarifvertrag geregelt sind – nur die tarifvertraglichen Regelungen zur Anwendung kommen.

Die Dauer der Freistellung ist nicht im Gesetz, dagegen in vielen Tarifverträgen festgelegt. So können z. B. die Angestellten des öffentlichen Dienstes für die Eheschließung nach § 52 BAT zwei Tage Arbeitsbefreiung beanspruchen. Diejenigen Arbeitnehmer, die sich nicht auf einen Tarifvertrag berufen können, haben in den vorgenannten Fällen nach § 616 Abs. 1 BGB in der Regel nur Anspruch auf einen Tag Arbeitsbefreiung bzw. beim Arztbesuch nur auf die unbedingt notwendige Zeit.

Große Bedeutung hatte die vorgenannte Bestimmung in früheren Jahren für den Fall der Erkrankung des Arbeitnehmers. Diese Bedeutung hat § 616 Abs. 1 BGB heute nicht mehr.

Lohnzahlung im Krankheitsfall

Sind Sie Angestellter und werden Sie krank, ergibt sich Ihr Anspruch auf Gehaltsfortzahlung aus § 616 Abs. 2 BGB, d.h. Ihr Arbeitgeber hat Ihnen Ihr Gehalt sechs Wochen weiterzuzahlen (ähnlich § 63 HGB für kaufmännische, § 133 c GewO für gewerbliche Angestellte, § 90 a pr.AllgBergG für Angestellte im Bergbau).

Sind Sie Arbeiter, haben Sie seit dem 1. Januar 1970 den gleichen Anspruch aufgrund des Lohnfortzahlungsgesetzes für Arbeiter. Wegen der Einzelheiten verweisen wir auf die von der Arbeitskammer herausgegebene Broschüre „Lohnfortzahlungsgesetz".

Lohnzahlung bei Betriebsstörung

Ist die Arbeitsleistung der Arbeitnehmer durch Störungen im Produktionsablauf des Betriebes unmöglich geworden, die weder vom Arbeitgeber verschuldet noch von der Arbeitnehmerseite zu vertreten sind, verliert der Arbeitnehmer seinen Lohnanspruch ebenfalls nicht.

Beispiel:

Infolge einer Überschwemmung muß die Produktion eines Betriebes vorübergehend eingestellt werden. Der Arbeitnehmer hat dann Anspruch auf Fortzahlung des Lohnes. Das gleiche gilt, wenn die Betriebsstörung z.B. auf eine Unterbrechung der Stromversorgung, Mangel an Rohstoffen, Kohle, Öl, durch Brand der Fabrik, Maschinenschaden, Anordnung von Landestrauer usw. zurückzuführen ist. ■

Dieses sogenannte Betriebsrisiko muß der Arbeitgeber tragen, es sei denn, die Weiterzahlung des Lohnes würde den Bestand des Betriebs gefährden.

Beispiel:

Die Überschwemmung hat erheblichen Schaden angerichtet. Bis zur Wiederaufnahme der Produktion vergehen mehrere Monate. Der Unternehmer kann gerade soviel Kapital auftreiben, daß er die Fabrik wieder instandsetzen kann. Würde er auch noch Lohn weiterzahlen, müßte er die Fabrik aufgeben. ■

Der Arbeitnehmer hat auch dann keinen Anspruch auf Fortzahlung des Lohnes, wenn die Betriebsstörung aus der Sphäre der Arbeitnehmer selbst herrührt.

Beispiel:

In einem Teil eines Unternehmens wird gestreikt. Dadurch kommt der gesamte Betrieb zwei Wochen zum Erliegen. Die Arbeiter, die nicht gestreikt haben, fordern ihren Lohn für diese zwei Wochen mit der Begründung, an ihnen habe es nicht gelegen, sie seien zur Arbeit bereit gewesen. Der Arbeitgeber verweigert die Lohnzahlung. Wie würden Sie hier entscheiden?

Der Arbeitgeber hat Recht. Er braucht den Lohn nicht zu zahlen, da die Betriebsstörung nicht aus seiner Sphäre, sondern der der Arbeitnehmer kommt. Das gilt auch dann, wenn es sich um einen wilden Streik handelt und selbst dann, wenn die Betriebsstörung auf einen Streik in einer Zulieferfirma zurückzuführen ist (Grundsatz der Solidarität). ∎

Muß der Arbeitgeber den Betrieb stillegen, weil er Auftrags- oder Absatzschwierigkeiten hat, handelt es sich nicht um die Frage des Betriebsrisikos, sondern um das sogenannte Wirtschaftsrisiko, das der Arbeitgeber immer tragen muß, vorausgesetzt, daß nicht etwas anderes vereinbart wurde.

2.1.11 Verjährung des Lohnanspruchs

Lohnansprüche jeder Art (also auch Naturallohn, Tantieme, Gratifikationen usw.) verjähren in zwei Jahren (§ 196 Ziff. 8 und 9 BGB). Aber Vorsicht! Die Frist beginnt erst mit dem Ablauf des Jahres, in dem der Anspruch fällig geworden ist.

Beispiel:

Klug hat noch einen Lohnanspruch gegen Dumm, seinen früheren Arbeitgeber, von Januar 1981. Als er diesen Anspruch im Januar 1983 geltend macht, beruft sich Dumm auf die Verjährung.

Sie wissen selbstverständlich, daß Dumm sich noch nicht auf die Verjährung berufen kann. Da der Anspruch im Januar 1981 fällig war, beginnt die Frist erst am 1. Januar 1982 zu laufen und endet mit dem 31. Dezember 1983. Erst nach diesem Zeitpunkt ist die Lohnforderung des Klug verjährt. ■

Eine Unterbrechung der Verjährung können Sie nur dadurch bewirken, daß Sie Klage auf Zahlung des ausstehenden Lohnes erheben. Die Verjährung wird auch dadurch unterbrochen, daß Ihr Schuldner einen Teil der Forderung oder Zinsen aus dieser Forderung zahlt oder seine Verpflichtung ausdrücklich (am besten schriftlich) anerkennt.

Beachten Sie aber, daß in Tarifverträgen oft weitaus kürzere Ausschlußfristen vereinbart werden. Dann können Sie Ihre Forderungen gegen den Arbeitgeber unter Umständen schon nach wenigen Monaten nicht mehr geltend machen.

2.1.12 Lohnsicherung

Der Lohn bzw. das Gehalt bilden in der Regel für den Arbeitnehmer und seine Familie die wirtschaftliche Existenzgrundlage. Um diese nicht zu gefährden, hat der Gesetzgeber Lohn und Gehalt unter einen besonderen gesetzlichen Schutz gestellt.

Beschränkung der Lohnpfändung

Nach den §§ 850 ff. ZPO ist eine Pfändung von Lohn und Gehalt nur im beschränkten Umfang möglich. Dem Arbeitnehmer muß immer noch soviel verbleiben, daß sein Unterhalt und der seiner Familie gesichert ist.

Bei der Ermittlung des Pfändungsfreibetrages ist von dem gesamten Arbeitseinkommen auszugehen. Arbeitet ein Arbeitnehmer bei mehreren Arbeitgebern, so werden die Löhne bzw. die Gehälter auf Antrag zusammengezählt. Zu dem Arbeitseinkommen im Sinne dieser Bestimmungen zählen nicht nur Lohn und Gehalt, sondern auch Zulagen jeder Art, Prämie, Provision, Gratifikation usw.

Aus sozialen Erwägungen sind allerdings gewisse Teile des Arbeitseinkommens schlechthin unpfändbar. So z. B. die Hälfte der Mehrarbeitsvergütung, Urlaubsgelder über den normalen Verdienst hinaus, Treuegelder, Aufwandsentschädigungen, Auslösungsgelder, Gefahrenzulage, Schmutz- und Erschwerniszulagen, Weihnachtsgratifikation bis zur Hälfte des monatlichen Einkommens (höchstens aber bis 470 DM), Heirats- und Geburtsbeihilfen usw. Sie sind also vor Ermittlung des Pfändungsfreibetrags vom Arbeitseinkommen abzuziehen. Ebenfalls vom Arbeitseinkommen abzuziehen sind Lohnsteuer und die Beiträge zur Sozialversicherung. Man kann also grundsätzlich – d. h. unter Berücksichtigung der vorgenannten Regeln – bei der Ermittlung der Pfändungsgrenze von dem Nettolohn bzw. -gehalt ausgehen.

Sie werden nun fragen: Bis zu welchem Betrag können Löhne bzw. Gehälter gepfändet werden? Das ist ganz verschieden und hängt im wesentlichen von der Höhe des Nettoeinkommens und der Zahl der Unterhaltsberechtigten ab, die der betreffende Arbeitnehmer zu versorgen hat.

Es läßt sich hier folgende Einteilung vornehmen:
1. Grundbetrag, der grundsätzlich unpfändbar ist,
2. Pfändbarkeit bei Nettoeinkommen bis 3.302 DM,
3. Pfändbarkeit bei Nettoeinkommen über 3.302 DM.

Hat der Arbeitnehmer keine Unterhaltspflichten zu erfüllen, ist sein Nettoeinkommen bis zu 754 DM kraft Gesetzes bei monatlicher, bis zu 174 DM bei wöchentlicher und bis zu 34,80 DM bei täglicher Auszahlung grundsätzlich unpfändbar. Gewährt er seinem Ehegatten, einem Verwandten, einem unehelichen Kind usw. Unterhalt, erhöht sich die Pfändungsfreigrenze für die erste Person um 338 DM monatlich (78 DM wöchentlich, 15,60 DM täglich) und für die zweite bis fünfte Person, der Unterhalt zu gewähren ist, um 234 DM monatlich (wöchentlich um 54 DM, täglich um 10,80 DM) bis zum Höchstbetrag von 2.028 DM monatlich (468 DM wöchentlich, 93,60 DM täglich).

Beispiel:

Bei einem verheirateten Arbeitnehmer mit zwei unterhaltsberechtigten Kindern liegt der unpfändbare Grundbetrag somit monatlich bei $754 + 338 + (2 \times 234) = 1.560$ DM, bei einer sechsköpfigen Familie bei $754 + 338 + (4 \times 234) = 2.028$ DM. Auch bei einer größeren Familie bleibt es bei 2.028 DM.

Übersteigt das Nettoeinkommen des Arbeitnehmers diesen grundsätzlich unpfändbaren Grundbetrag, ist bis zu einem Nettoeinkommen von 3.302 DM die Pfändungsfreigrenze wie folgt zu errechnen:

Hat der Arbeitnehmer keine Unterhaltspflichten zu erfüllen, erhöht sich der unpfändbare Grundbetrag um drei Zehntel des Mehrbetrages. Mehrbetrag ist der Betrag, der sich ergibt, wenn man vom Nettoeinkommen den unpfändbaren Grundbetrag abzieht. Gewährt der Arbeitnehmer kraft Gesetzes z. B. seinem Ehegatten oder seinen Kindern Unterhalt, erhöhen sich die drei Zehntel wegen der ersten unterhaltsberechtigten Person um zwei Zehntel, für die zweite bis fünfte unterhaltsberechtigte Person um je ein weiteres Zehntel. Es können somit höchstens neun Zehntel des Mehrbetrages nicht gepfändet werden. Ein Zehntel des Mehrbetrages verbleibt in jedem Fall dem Gläubiger. ■

Hat eine unterhaltsberechtigte Person eigene Einkünfte, kann das Vollstreckungsgericht auf Antrag des Gläubigers bestimmen, daß diese Person bei der Berechnung des unpfändbaren Teils des Arbeitseinkommens ganz oder teilweise unberücksichtigt bleibt. Dies gilt aber nur für den Gläubiger, der den Antrag gestellt hat, nicht für die anderen Gläubiger, die vielmehr einen eigenen Antrag stellen müssen (BAG vom 20. Juni 1984).

Bei der Berechnung des Mehrbetrages ist das Arbeitseinkommen bei Auszahlung für Monate auf einen durch 20 DM, bei Auszahlung für Wochen auf einen durch 5 DM, bei Auszahlung für Tage auf einen durch 1 DM teilbaren Betrag nach unten abzurunden.

Beispiel:

Pleite ist verheiratet und hat zwei Kinder. Sein Nettogehalt beträgt 2.002 DM. Es ist auf 2.000 DM abzurunden. Der unpfändliche Grundbetrag ist 754 DM + 338 DM + (2 × 234 DM) = 1.560 DM. Der Mehrbetrag ist 2.000 − 1.560 = 440 DM. Vom Mehrbetrag sind drei Zehntel für den Arbeitnehmer, zwei Zehntel für die Ehefrau und je ein Zehntel für die beiden Kinder, insgesamt also sieben Zehntel = 308 DM unpfändbar. Vom Nettoeinkommen des Pleite können somit 1.560 DM + 308 DM = 1.868 DM nicht gepfändet, 132 DM gepfändet werden. ■

Diese Rechenarbeit können Sie sich sparen, wenn Ihnen die zu § 850 c ZPO herausgegebene Tabelle zur Verfügung steht. Aus dieser Tabelle können Sie ablesen, wie hoch der pfändbare Teil des Nettoverdienstes ist.

Ist das Nettoeinkommen höher als 3.302 DM, so ist der Betrag, der über 3.302 DM hinausgeht, ohne jede Einschränkung pfändbar.

Wichtig ist, daß die Pfändungsgrenze in zwei Fällen keine Anwendung findet. Wird der Lohn bzw. das Gehalt des Arbeitnehmers wegen der gesetzlichen Unterhaltsansprüche seines Ehegatten, seines früheren Ehegatten, seiner Verwandten usw. oder wegen einer vorsätzlich begangenen unerlaubten Handlung (Betrug, Diebstahl, Unterschlagung, Körperverletzung usw.) gepfändet, ist das gesamte Arbeitseinkommen unbeschränkt pfändbar, im letzteren Fall (unerlaubte Handlung) jedoch nur auf Antrag des Gläubigers. Dem Schuldner ist jedoch so viel zu belassen, wie er für seinen notwendigen Unterhalt und die Erfüllung der sonstigen Unterhaltspflichten benötigt. Die Höhe des notwendigen Unterhalts wird durch das Vollstreckungsgericht festgesetzt und ist aus dem Pfändungs- und Überweisungsbeschluß zu ersehen.

Hinsichtlich der Erfüllung der Unterhaltspflichten ist zu bemerken, daß z. B. bei Pfändung wegen Unterhaltsansprüchen uneheliche Kinder ehelichen Kindern gleichgestellt sind.

Der Schuldner kann der Lohnpfändung auch nicht durch eine sogenannte Lohnschiebung entgehen, indem er z. B. nur einen kleinen Teil des Lohnes an sich, den größeren Teil an seine Frau auszahlen läßt. Der Arbeitgeber ist in diesem Fall verpflichtet, bei der Berechnung des pfändbaren Anteils auch das an die Ehefrau gezahlte Entgelt zu berücksichtigen.

Versucht der Schuldner sein Arbeitsverhältnis zu verschleiern, indem er vorgibt, unentgeltlich zu arbeiten, gilt zugunsten des Pfändungsgläubigers eine angemessene Vergütung als geschuldet.

Beispiel:

Übel läßt seine Braut samt Kind sitzen. Er gibt seine Stellung auf und tritt in den Betrieb seines Vaters ein, wo er gegen Naturalverpflegung und ein geringes Taschengeld arbeitet. Als seinem Vater ein Pfändungs- und Überweisungsbeschluß wegen des Unterhalts des unehelichen Kindes zugeht, beruft dieser sich darauf, daß sein Sohn nur ein geringes Einkommen habe. Kann er dadurch die Pfändung verhindern? Nein! Hier gilt eine angemessene Vergütung für die Arbeitsleistung als vereinbart, die dann auch gepfändet werden kann. ■

Schutz der Lohnauszahlung

Aufrechnung

Soweit Lohn und Gehalt nicht gepfändet werden können, kann der Arbeitgeber auch nicht mit einer Gegenforderung gegen den Lohn bzw. das Gehalt des Arbeitnehmers aufrechnen.

Beispiel:

Tappig hat fahrlässig eine wertvolle Maschine seines Arbeitgebers beschädigt. Da es sich nicht um eine gefahrgeneigte Tätigkeit handelt, ist er zum Schadensersatz verpflichtet. Sein Arbeitgeber kann mit der Schadensersatzforderung nur soweit aufrechnen, als der Lohn pfändbar ist. ■

Eine Ausnahme von diesem Grundsatz gilt aber dann, wenn der Arbeitnehmer den Schaden durch eine vorsätzliche unerlaubte Handlung verursacht hat.

Beispiel:

Hitzig hat wegen seines Lohnes Meinungsverschiedenheiten mit Knausrig, seinem Chef. Bei einer Auseinandersetzung gerät er so in Wut, daß er mit einem schweren Vorschlaghammer eine Maschine beschädigt. Knausrig rechnet seine Schadensersatzforderung mit dem Lohn des Hitzig bis unter die Pfändungsgrenze auf.

Knausrig darf das, weil Hitzig den Schaden vorsätzlich verursacht hat. ■

Hat der Arbeitgeber für die Arbeitnehmer Beiträge zur Sozialversicherung (Renten-, Kranken-, Arbeitslosenversicherung) verauslagt, gilt das gleiche, d.h. also, daß der Arbeitgeber hinsichtlich dieser Forderung ebenfalls über die Pfändungsgrenze hinaus aufrechnen kann.

Zurückbehaltung

Auch in bezug auf die Zurückbehaltung des Lohnes gilt das Vorhergesagte entsprechend, d.h. grundsätzlich ist eine Zurückbehaltung des Lohnes bzw. Gehalts möglich, soweit eine Pfändung möglich ist. Das gilt aber nur für Geldforderungen. Richtet sich der Anspruch des Arbeitgebers z.B. auf Herausgabe von Werkzeugen, kann er unter Umständen den Lohn bzw. das Gehalt – auch soweit nicht pfändbar – zurückbehalten.

Abtretung und Verpfändung von Lohn bzw. Gehalt

Soweit Lohn und Gehalt nicht gepfändet werden können, kann eine Abtretung nicht erfolgen. Der Arbeitnehmer kann also z.B. seinen Lohnanspruch an ein Kreditinstitut zur Sicherung eines Bankkredits nur soweit er pfändbar ist abtreten. In diesem Falle ist sogar eine zeitlich unbefristete Vorausabtretung künftiger Lohnforderungen auch für den Fall, daß der Arbeitnehmer den Arbeitgeber mehrmals wechselt, möglich (so das Bundesarbeitsgericht). Soweit die Arbeitsvergütung der Pfändung nicht unterworfen ist, besteht auch nicht die Möglichkeit für den Arbeitnehmer, seinen Lohn bzw. sein Gehalt zu verpfänden.

Konkurs und Vergleich

Durch das Konkursausfallgeldgesetz, das am 21. Juni 1974 in Kraft getreten ist, wurde die finanzielle Absicherung des Arbeitnehmers im Falle des Konkurses seines Arbeitgebers wesentlich verbessert. Hat ein Arbeitnehmer in den letzten drei Monaten vor Eröffnung des Konkurses sein Arbeitsentgelt wegen Zahlungsunfähigkeit des Arbeitgebers nicht oder nicht rechtzeitig erhalten, kann er sich an das Arbeitsamt wenden. Dieses zahlt ihm dann den rückständigen Nettolohn aus. Die erforderlichen Mittel werden von den Arbeitgebern durch eine Umlage aufgebracht. Zuständig für die Auszahlung ist das Arbeitsamt, in dessen Bereich die Lohnabrechnungsstelle des Arbeitgebers liegt. Damit dem betreffenden Arbeitnehmer schnell geholfen werden kann, sieht das Gesetz vor, daß das Arbeitsamt Vorschüsse auf das Konkursausfallgeld gewährt. Der Antrag auf Konkursausfallgeld muß innerhalb einer Ausschlußfrist von zwei Monaten seit rechtskräftiger Eröffnung des Konkursverfahrens oder Eintritt der Zahlungsunfähigkeit gestellt werden.

Der Arbeitnehmer hat diese Ansprüche nicht nur im Falle der Konkurseröffnung, sondern auch dann, wenn

1. der Antrag auf Eröffnung des Konkursverfahrens mangels Masse abgewiesen wurde oder

2. die Betriebstätigkeit vollständig eingestellt wurde, ein Antrag auf Eröffnung des Konkursverfahrens nicht gestellt wurde und ein Konkursverfahren offensichtlich mangels Masse nicht in Betracht kommt.

Das Arbeitsamt erstattet nicht nur die rückständigen Nettoarbeitsvergütungen, sondern es entrichtet auch die Pflichtbeiträge zur Sozialversicherung.

Nicht durch das Konkursausfallgeld gesichert sind Ansprüche des Arbeitnehmers aus Sozialplänen und Abfindungen nach dem Kündigungsschutzgesetz (vgl. aber den übernächsten Absatz).

Auch durch die Konkursordnung wird der Arbeitnehmer besser abgesichert, als das früher der Fall war. Hat der Arbeitnehmer Ansprüche auf Arbeitsentgelt für die letzten sechs Monate vor Eröffnung des Konkursverfahrens, so sind diese Ansprüche Masseschulden. Masseforderungen sind vorweg aus der Konkursmasse zu befriedigen, d. h. der Konkursverwalter hat diese Forderungen zu begleichen, bevor überhaupt etwas in die Konkursmasse fällt.

Durch das neue Gesetz über den Sozialplan im Konkurs- und Vergleichsverfahren sind Forderungen aus Sozialplänen entgegen der Entscheidung des Bundesarbeitsgerichts vom 30. April 1984 wieder bevorrechtigt. Allerdings gilt das nur für Sozialpläne, die nicht früher als drei Monate vor dem Antrag auf Eröffnung eines Insolvenzverfahrens aufgestellt wurden. Für die weiter zurückliegenden Sozialpläne bleibt es bei der bisherigen Regelung. Forderungen aus diesen Sozialplänen werden nach § 61 Abs. 1 Nr. 6 der Konkursordnung behandelt, d. h. sie stehen an letzter Stelle der Rangordnung. Dies gilt nicht für den Nachteilsausgleich nach § 113 BetrVG. Hier bleibt es bei den allgemeinen konkursrechtlichen Vorschriften (§§ 3 und 59 Abs. 1 Nr. 1 KO).

Sozialpläne, die während des Konkurs- oder Vergleichsverfahrens oder nicht früher als drei Monate vor Eröffnung des Insolvenzverfahrens aufgestellt wurden, sind demgegenüber nach § 61 Abs. 1 Nr. 1 Konkursordnung zu behandeln, d. h. sie sind nach Abzug der Massenkosten und Massenschulden an erster Stelle zu befriedigen und werden behandelt wie rückständiges Arbeitsentgelt. Jedoch werden diese Sozialplanforderungen in vielen Fällen nicht in vollem Umfange befriedigt werden, da das Gesetz zwei Begrenzungen vorsieht:

Einmal darf die Forderung des Sozialplanes das 2 1/2fache des monatlichen Bruttoverdienstes der von einer Entlassung betroffenen Arbeitnehmer nicht überschreiten, zum anderen darf zur Befriedigung dieser Forderungen nicht mehr als 1/3 der für die Verteilung an die Konkursgläubiger zur Verfügung stehenden Konkursmasse verwendet werden.

Ansprüche auf Arbeitsentgelt, die im siebten bis zwölften Monat vor Konkurseröffnung entstanden sind, sind ebenfalls als bevorrechtigte Konkursforderungen nach § 61 Abs. 1 Nr. 1 Konkursordnung zu behandeln. Sie werden an erster Stelle vor allen anderen in § 61 Abs. 1 der Konkursordnung genannten Forderungen aus der Konkursmasse befriedigt. Hat der Arbeitnehmer derartige Forderungen, muß er sich an den Konkursverwalter wenden und die Forderungen zur Konkurstabelle anmelden. Werden diese Forderungen im Prüfungstermin bestritten, muß der Arbeitnehmer Klage vor dem Arbeitsgericht erheben.

Lohn- und Gehaltsforderungen, die vor dem letzten Jahr vor der Eröffnung des Konkurses entstanden sind, werden nicht bevorrechtigt behandelt. Der Arbeitnehmer erhält erst dann einen quotenmäßigen Anteil, wenn die bevorrechtigten Konkursgläubiger befriedigt sind (§ 61 Abs. 1 Nr. 6 KO).

Wird ein Arbeitnehmer nach Eröffnung des Konkurses vom Konkurs-verwalter weiterbeschäftigt (der Buchhalter der Firma wird z. B. zur Abwick-lung der noch laufenden Geschäfte benötigt), gehören die nun entstandenen Lohn- bzw. Gehaltsforderungen nicht zur Konkursmasse, sondern sie sind ebenso wie die Lohn- und Gehaltsforderungen, die dem Arbeitnehmer bis sechs Monate vor Konkurseröffnung entstanden sind, Masseschulden. Das heißt, sie sind – wie bereits erwähnt – vor allen Konkursforderungen zu befriedigen.

Das gleiche gilt, wenn der Konkursverwalter nach Eröffnung des Konkurses den Arbeitnehmern mit gesetzlicher oder tarifvertraglicher Kündigungsfrist gekün-digt hat, bis zum Ablauf der Kündigungsfrist. Der Konkursverwalter hat hier den Lohn oder das Gehalt weiterzuzahlen.

Ähnliche Schutzbestimmungen bestehen auch, wenn der Arbeitgeber zum Vergleich gezwungen ist. Jedoch fehlt es an einer dem Konkursausfallgeld entsprechenden Regelung.

2.2 Die Fürsorgepflicht

Das Arbeitsverhältnis ist ein personenrechtliches Gemeinschaftsverhältnis. Das hat zur Folge, daß für den Arbeitgeber nicht nur die Pflicht zur Lohn-zahlung, sondern als Gegenstück zur Treuepflicht des Arbeitnehmers eine Fürsorgepflicht besteht. Die Fürsorgepflicht durchzieht das ganze Arbeits-verhältnis und besagt, daß der Arbeitgeber im Rahmen des Arbeitsverhält-nisses verpflichtet ist, bei allen Maßnahmen, die er ergreift – auch bei der Ausübung eigener Rechte –, das Interesse des Arbeitnehmers wahrzu-nehmen und ihm Schutz und Fürsorge angedeihen zu lassen.

Zu der Fürsorgepflicht gehören insbesondere:

2.2.1 Schutz für Leben und Gesundheit des Arbeitnehmers

Diese Fürsorgepflicht ist sehr wichtig. Sie hat daher Eingang in das Gesetz gefunden. Nach § 618 BGB hat der Arbeitgeber Räume, Vorrichtungen und Gerätschaften, die er zur Verrichtung der Dienste zu beschaffen hat, so einzurichten und zu unterhalten, daß der Arbeitnehmer gegen Gefahr für Leben und Gesundheit soweit geschützt ist, als die Natur der Arbeit es gestattet (vgl. auch § 62 HGB; § 120 a GewO).

Der Arbeitgeber hat also z.B. dafür zu sorgen, daß die Arbeitsräume, aber auch Nebenräume und Zugänge zur Arbeitsstätte, insbesondere Treppen, gut beleuchtet sind, daß sie eine ausreichende Belüftung haben, sauber und – soweit erforderlich – gut geheizt sind, daß die Arbeitsgeräte zur Verfügung stehen und in Ordnung und vor allem mit den nötigen Schutzvorrichtungen versehen sind. Wasch- und Ankleideräume hat der Arbeitgeber ebenfalls einzurichten (vgl. hierzu die Arbeitsstättenverordnung vom 20. März 1975, veröffentlicht in der von der Arbeitskammer herausgegebenen Broschüre „Mensch und Arbeitsplatz").

Beispiel:

Warmblut ist bei Kühle als Buchhalter beschäftigt. Im Winter sinkt die Temperatur in seinem Zimmer auf 15 Grad. Er weigert sich, die Arbeit fortzusetzen. Darf er das? Ja! (Vgl. im übrigen wegen der Raumtemperaturen die auf Seite 39 der Broschüre „Mensch und Arbeitsplatz" veröffentlichten Richtlinien zur Arbeitsstättenverordnung.) ∎

Darüber hinaus hat der Arbeitgeber die Arbeitsleistungen, die unter seiner Anordnung oder Leitung vorzunehmen sind, so zu regeln, daß ebenfalls keine Gefahr für Leben und Gesundheit des Arbeitnehmers entsteht. Er hat z.B. die Arbeit sachgemäß anzuweisen und zu beaufsichtigen bzw. beaufsichtigen zu lassen, vor Gefahr zu warnen, den Arbeitnehmer vor Überanstrengung zu bewahren usw. (jetzt auch § 81 Abs. 1 S. 2 BetrVG). Verletzt der Arbeitgeber diese Fürsorgepflicht, hat der Arbeitnehmer zunächst die Möglichkeit, auf Erfüllung zu klagen. Er hat aber auch das Recht, die Arbeitsleistung zu verweigern, ohne daß der Lohnanspruch verlorengeht oder ihm deswegen gekündigt werden kann.

Hat der Arbeitgeber die Fürsorgepflicht schuldhaft (vorsätzlich oder fahrlässig) verletzt, haftet er dem Arbeitnehmer auf Schadensersatz. Auch für das Verschulden seiner Vertreter und Gehilfen hat der Arbeitgeber einzustehen.

Dieser Schadensersatzanspruch gegen den Arbeitgeber verliert aber in der Praxis durch die Bestimmungen der Reichsversicherungsordnung viel an Bedeutung. Ist der Schaden nämlich durch einen Arbeitsunfall entstanden, dann haftet in der Regel die Unfallversicherung (Berufsgenossenschaft). Der Arbeitgeber haftet nur, wenn er den Unfall vorsätzlich herbeigeführt hat oder der Unfall bei Teilnahme am allgemeinen Verkehr eingetreten ist.

Beispiel:

Emma ist Hausgehilfin im Haushalt bei Knausrig. Wenn sie die Fenster putzt, muß sie, da es an einer Sicherheitsleiter fehlt, eine Fußbank auf einen Stuhl stellen, um an die Oberlichter zu kommen. Obwohl sie sich wiederholt bei Knausrig beschwert hat, wurde ihr keine Leiter zur Verfügung gestellt. Eines Tages verliert sie, ohne daß sie ein Verschulden trifft, das Gleichgewicht, stürzt und verletzt sich. Was kann sie tun?

Nach § 618 BGB war Knausrig verpflichtet, ihr für diese Arbeit eine Sicherheitsleiter zur Verfügung zu stellen. Da er dies nicht getan hat, hat er die Fürsorgepflicht verletzt. Nach §§ 276 ff. ist er daher zum Schadensersatz verpflichtet. Jedoch kommen hier, da es sich um einen Arbeitsunfall handelt, die Bestimmungen der Reichsversicherungsordnung zum Zuge, nach der die Unfallversicherung (Berufsgenossenschaft) für den Schaden aufkommt. ∎

2.2.2 Fürsorge für das Eigentum des Arbeitnehmers

Sie werden vergeblich nach einer Regelung im Gesetz suchen, aus der sich ergibt, daß der Arbeitgeber für die Sicherheit der Sachen, die der Arbeitnehmer in den Betrieb mitbringt, sorgen muß. Das heißt aber nicht, daß eine derartige Pflicht – wenn auch nur in begrenztem Umfang – für ihn nicht besteht. Sie leitet sich aus der allgemeinen Fürsorgepflicht ab.

Danach ist der Arbeitgeber verpflichtet, eine sichere Aufbewahrung der Gegenstände, die die Arbeitnehmer notwendiger- oder üblicherweise zur Arbeit mitbringen, wie z.B. Kleider, Uhren, Fahrräder, Werkzeuge usw., zu gewährleisten. Diese Fürsorgepflicht geht jedoch nicht so weit, daß der Arbeitgeber nun schlechthin dafür haftet, daß die betreffenden Gegenstände nicht gestohlen und beschädigt werden, sondern er hat geeignete Abstell- bzw. Verschlußmöglichkeiten zur Verfügung zu stellen. Aber auch hierzu ist er nur insoweit verpflichtet, als ihm die damit verbundene Belastung zugemutet werden kann. So ist er im allgemeinen verpflichtet, abschließbare Spinde zum Unterbringen der Kleider, Abstellmöglichkeiten für Fahrräder und Krafträder bereitzustellen; es ist aber den meisten Arbeitgebern auch heute noch nicht zuzumuten, Parkplätze für die Kraftwagen ihrer Arbeitnehmer zu schaffen. Ob eine derartige Pflicht vorliegt oder nicht, ist im Einzelfall zu prüfen. Dabei spielt die Platz-, Kosten- und Dringlichkeitsfrage – so das Bundesarbeitsgericht – eine große Rolle. Man kann z.B. vom Arbeitgeber nicht verlangen, daß er sein Unternehmen wirtschaftlich gefährdet, nur um einen Parkplatz zu errichten. Ist ein geeigneter Platz vorhanden und läßt er sich ohne großen Kostenaufwand in einen Parkplatz ausbauen, ist bei der heutigen Verkehrssituation – immer mehr Arbeitnehmer fahren mit dem eigenen PKW – der Arbeitgeber aufgrund der allgemeinen Fürsorgepflicht gehalten, diesen Parkplatz zu schaffen.

Hat der Arbeitgeber einen Parkplatz erst einmal bereitgestellt, wobei es gleich ist, ob er hierzu verpflichtet war oder nicht, geht die Fürsorgepflicht dahin, dafür zu sorgen, daß die abgestellten Fahrzeuge nicht durch sein Verschulden beschädigt werden. Verletzt er diese Sorgfaltspflicht, haftet er auf Schadensersatz.

Beispiel:

Schnell fährt mit seinem PKW jeden Tag zur Arbeit und stellt den Wagen auf einem von Nett, seinem Arbeitgeber, hergerichteten Parkplatz ab. Eine Verpflichtung des Nett zur Verfügungstellung eines Parkplatzes bestand nicht, da das Unternehmen nicht sehr finanzkräftig ist und die Arbeitnehmer bequem mit öffentlichen Verkehrsmitteln den Arbeitsplatz erreichen können. Durch Witterungseinflüsse haben sich auf dem Parkplatz Schlaglöcher gebildet. Arbeitskollegen des Schnell transportieren einen schweren Schrank mit einem Handkarren. Sie müssen den Parkplatz überqueren, dabei gerät der Karren in ein Schlagloch. Der Schrank stürzt um und beschädigt den Wagen des Schnell. Schnell verklagt Nett auf Schadensersatz. Hat die Klage Aussicht auf Erfolg?

Ja! Denn kraft der allgemeinen Fürsorgepflicht ist der Arbeitgeber verpflichtet, den Parkplatz in Ordnung zu halten. Das Verschulden des Nett besteht darin, daß er die Schlaglöcher nicht beseitigen ließ. Er muß also den Schaden des Schnell ersetzen. ■

Anders ist die Rechtslage, wenn der Schaden am Fahrzeug ausschließlich von einem Dritten verursacht worden ist.

Beispiel:

Nett läßt den Parkplatz durch Markierungen in einzelne Einstellplätze unterteilen und überdachen. Diese stellt er interessierten Arbeitnehmern gegen Zahlung von monatlich 10 DM zur ausschließlichen Benutzung zur Verfügung. An der Rückwand der Überdachung läßt Nett das polizeiliche Kennzeichen des abstellungsberechtigten Fahrzeugs anbringen.

Schnell hat den Einstellplatz Nr. 28. Nach Dienstschluß stellt er fest, daß ein unbekanntes Besucherfahrzeug an seinem Wagen einen Schaden von 350 DM verursacht hat. Schnell verlangt von Nett, daß er diesen Schaden ersetze. Nett lehnt dieses Ansinnen ab. Wer hat Recht?

Der Schaden ist durch einen Dritten verursacht worden, nicht wie im Beispiel oben durch Nett. Nett hat weder die ihm obliegende Verkehrssicherungs- noch die Fürsorgepflicht verletzt. Man kann den Arbeitgeber nicht für Schäden verantwortlich machen, vor denen der Eigentümer des Wagens auch sonst im Straßenverkehr kaum wirksam geschützt werden kann. Daran ändert auch die Zahlung der 10 DM nichts. Denn diese sind ein Unkostenbeitrag für den reservierten Parkplatz. Weitere Rechte kann Schnell aus dieser Leistung nicht ableiten. Nett braucht den Schaden nicht zu ersetzen. ■

Läßt der Arbeitgeber den Parkplatz bewachen, haftet er für ein Verschulden des Wächters (Haftung für die Erfüllungsgehilfen, § 278 BGB), auch wenn er nicht verpflichtet war, einen Parkplatz einzurichten.

Beispiel:

Nett hat den Pförtner seines Betriebes beauftragt, den Parkplatz zu bewachen. Der Pförtner kümmert sich aber wenig um den Parkplatz. Eines Tages gelingt es Kindern, sich in den Betrieb einzuschleichen. Sie finden eine schwere Kugel und trainieren auf dem Parkplatz „Kugelstoßen". Dabei wird der Wagen des Schnell beschädigt. Die Kinder verschwinden spurlos. Kann Schnell Schadensersatz geltend machen?

Nach den vorstehenden Ausführungen können Sie diese Frage mit Ja beantworten. Aufgrund der allgemeinen Fürsorgepflicht ist Nett zum Schadensersatz verpflichtet, da er für das Verschulden seines Erfüllungsgehilfen haften muß und die Schädiger nicht bekannt sind. ■

Diese dem Arbeitgeber obliegende Fürsorgepflicht (Sorgfaltspflicht) kann er nicht durch Vertrag bzw. Anordnung ganz ausschließen. Jedoch kann er anordnen, daß die Kleider nur an bestimmter Stelle aufzubewahren oder die Fahrräder an Fahrradständern abzustellen sind. Kommen die Arbeitnehmer dieser Aufforderung nicht nach, haftet der Arbeitgeber nicht.

2.2.3 Beachtung sozialversicherungsrechtlicher Vorschriften

Eine öffentlich-rechtliche Pflicht besteht für den Arbeitgeber hinsichtlich der richtigen und rechtzeitigen Anmeldung des bei ihm beschäftigten Arbeitnehmers zur Sozialversicherung sowie hinsichtlich der Abführung der Sozialversicherungsbeiträge in der richtigen Höhe und der Erstattung der erforderlichen Anzeigen (z. B. Unfallanzeigen).

Kommt der Arbeitgeber dieser Verpflichtung nicht nach, hat der Arbeitnehmer einen aus der Fürsorgepflicht abgeleiteten vertraglichen Anspruch (wegen positiver Vertragsverletzung) gegen den Arbeitgeber auf Ersatz des ihm entstandenen Schadens. Daß dem Arbeitnehmer ein vertraglicher Anspruch zusteht, ist insoweit wichtig, als der Arbeitgeber auch für das Verhalten des Angestellten haften muß, den er mit der Erledigung der sozialversicherungsrechtlichen Angelegenheiten beauftragt hat.

Hat demnach Ihr Arbeitgeber z. B. die Beiträge zur Rentenversicherung nicht ordnungsgemäß abgeführt und trifft ihn diesbezüglich ein Verschulden, haben Sie, wenn dadurch Ihre Angestellten- oder Invalidenrente verringert wird, Anspruch auf Zahlung des Unterschiedsbetrages gegen den Arbeitgeber. Ansprüche aus positiven Vertragsverletzungen usw. verjähren nicht wie Lohn- und Gehaltsansprüche nach zwei Jahren, sondern erst nach 30 Jahren. Dagegen tritt bei Ansprüchen auf Sozialleistungen die Verjährung in vier Jahren nach Ablauf des Kalenderjahres, in dem sie entstanden sind, ein.

2.2.4 Richtige Berechnung und Abführung der Lohnsteuer

Wie das Bundesarbeitsgericht in mehreren Entscheidungen festgestellt hat, beinhaltet die Fürsorgepflicht des Arbeitgebers auch die Pflicht zur richtigen Berechnung und Abführung der Lohnsteuer.

Hat der Arbeitgeber die Lohnsteuer zu niedrig berechnet und nimmt ihn deswegen das Finanzamt in Anspruch, kann er grundsätzlich volle Erstattung der nachträglich gezahlten Steuern von dem betreffenden Arbeitnehmer verlangen, da dieser der Schuldner der Lohnsteuer ist. Jedoch gilt dieser Grundsatz nicht uneingeschränkt. Der Arbeitgeber ist verpflichtet, sich um eine sachgerechte Bearbeitung der Lohnsteuer zu bemühen. Ist die Nachforderung zweifelhaft, hat er eine Klärung des Sachverhalts beim Finanzamt herbeizuführen. Ungerechtfertigte Steuernachforderungen hat er abzulehnen. Insbesondere muß er den Arbeitnehmer von einer drohenden oder durchgeführten Lohnsteuernachforderung unterrichten. Kommt der Arbeitgeber dieser aus der Fürsorgepflicht erwachsenen Verpflichtung nicht nach, entfällt der Erstattungsanspruch.

Der Erstattungsanspruch entfällt auch dann, wenn dem Arbeitnehmer durch die Fürsorgepflichtverletzung des Arbeitgebers ein besonderer Nachteil entstanden ist.

Beispiel:

Bei einer Betriebsprüfung durch das Finanzamt stellt sich heraus, daß Schlamp dem bei ihm beschäftigten Ärmlich über Jahre hinaus schuldhaft zu wenig Steuern abgezogen hat. Das Finanzamt wendet sich, da das Einkommen des Ärmlich gering ist, an Schlamp. Schlamp zahlt und verlangt Erstattung der von ihm gezahlten Summe von Ärmlich. Wie ist die Rechtslage?

Gehen wir davon aus, daß dem Arbeitnehmer ein besonderer Nachteil nicht entstanden ist, so muß Ärmlich dem Schlamp grundsätzlich die von diesem nachgezahlte Steuer erstatten. Ist aber dem Ärmlich ein besonderer Nachteil entstanden, ist er z. B. wegen der Erstattung nicht mehr in der Lage, seine Wohnungsmiete zu zahlen und muß er sich nach einer billigeren Wohnung umsehen, kann er den Schaden, der ihm dadurch entsteht, dem Schlamp gegenüber geltend machen. ∎

2.2.5 Erläuterung der Lohnberechnung

War der Arbeitgeber früher aufgrund der Fürsorgepflicht gehalten, seinen Arbeitnehmern die Berechnung des Lohnes bzw. Gehalts zu erklären bzw. erklären zu lassen, ihnen die erforderlichen Unterlagen zur Verfügung zu stellen und Akteneinsicht zu gewähren, so ergeben sich nach Erlaß des Betriebsverfassungsgesetzes 1972 diese Verpflichtungen aus den §§ 82 Abs. 2 und 83 dieses Gesetzes.

2.2.6 Beschäftigungspflicht

Entgegen der früher in der Rechtsprechung vertretenen Ansicht steht das Bundesarbeitsgericht auf dem Standpunkt, daß aufgrund der Artikel 1 und 2 des Grundgesetzes (Beeinträchtigungen der Würde des Menschen und freier Entfaltung der Persönlichkeit; vgl. jetzt auch § 75 Abs. 2 BetrVG) der Arbeitnehmer während des Bestehens des Arbeitsverhältnisses Anspruch hat, beschäftigt zu werden. Der Arbeitgeber kann den Arbeitnehmer ohne dessen Zustimmung unter Fortzahlung des Lohnes bzw. Gehaltes nur in Ausnahmefällen bei besonders schutzwürdigen Interessen des Arbeitgebers freistellen.

Beispiel:

Schlau möchte Eifer entlassen, ihm aber nicht selbst kündigen. In der Hoffnung, daß Eifer selbst kündigt, weist er ihm keine Arbeit mehr an, zahlt ihm aber den Lohn weiter. Eifer kann auf Beschäftigung klagen. ∎

2.2.7 Pflicht zur Gleichbehandlung

Der Arbeitgeber ist seinen Arbeitnehmern gegenüber zur Gleichbehandlung verpflichtet. Diese Pflicht ergibt sich einmal aus Artikel 3 des Grundgesetzes, aber auch aus § 75 Abs. 1 BetrVG. Der Arbeitnehmer kann sich jedoch nur dann auf den Grundsatz der Gleichbehandlung berufen, wenn der Sachverhalt gleich ist. Ist der Sachverhalt nicht gleich, kann der Arbeitgeber auch Unterschiede in der Leistung machen.

Beispiel:

Großmut zahlt den bei ihm beschäftigten Arbeitnehmern eine Weihnachtsgratifikation. Die Höhe der Gratifikation richtet sich nach der Dauer der Betriebszugehörigkeit, d. h. wer erst ein Jahr im Betrieb ist, erhält 200 DM, alle anderen einen Monatslohn. Bissig, der als einziger erst ein Jahr im Betrieb ist, ärgert sich über diese Regelung. Er vertritt die Ansicht, aufgrund des Gleichbehandlungsgrundsatzes habe er Anspruch auf die gleiche Summe wie die anderen. Als Großmut eine Gleichstellung ablehnt, erhebt er Klage vor dem Arbeitsgericht. Hat er Aussicht auf Erfolg?

Nein! Die Abstufung nach Dauer der Betriebszugehörigkeit ist sachlich gerechtfertigt, da dadurch die langjährige Tätigkeit im Betrieb honoriert werden soll. ∎

Selbst bei gleichem Sachverhalt kann der Arbeitgeber die Arbeitnehmer unterschiedlich behandeln, denn er verstößt nur dann gegen den Gleichbehandlungsgrundsatz, wenn die unterschiedliche Behandlung aus sachfremden und willkürlichen Beweggründen erfolgt oder diskriminierend wirkt.

Beispiel:

Bissig beschwert sich bei Großmut, weil er nur 200 DM, alle anderen aber mehr Weihnachtsgeld erhalten. Das nimmt ihm Großmut sehr übel, so daß er Bissig überhaupt kein Weihnachtsgeld auszahlt. Hat die Klage des Bissig auf Zahlung der Weihnachtsgratifikation in diesem Fall Erfolg?

Ja! Der Arbeitgeber darf eine sachlich gerechtfertigte Gruppierung vornehmen. An diese ist er dann aber gebunden. Er kann nicht willkürlich – z. B. weil er sich geärgert hat – einen einzelnen Arbeitnehmer von dieser Gruppierung ausnehmen. ■

Wie Sie aus den beiden Beispielen ersehen können, findet der Grundsatz der Gleichbehandlung vor allem Anwendung auf die zusätzlichen sozialen Leistungen des Arbeitgebers wie etwa Gratifikation, Ruhegeld, Sozialzulagen usw. Darüber hinaus hat der Arbeitgeber den Gleichbehandlungsgrundsatz insbesondere auch bei der Erstellung und Durchführung allgemeiner Dienstvorschriften, die für eine größere Anzahl von Arbeitnehmern gelten, zu beachten, so z. B. bei der Ein- und Durchführung von Torkontrollen, Rauchverboten, bei der Heranziehung der Arbeitnehmer zu Mehr-, Nacht- und Feiertagsarbeit, Einführung von Kurzarbeit usw.

Umstritten ist, ob der Gleichbehandlungsgrundsatz auch in bezug auf Lohn bzw. Gehalt anwendbar ist. Grundsätzlich wird eine Anwendung abgelehnt. Jedoch hat das Bundesarbeitsgericht einige Ausnahmen zugelassen.

Beispiel:

Lieb, Willig und Nett arbeiten mit Wild und weiteren 20 Kollegen bei Weihrauch. Alle verrichten die gleiche Arbeit. Lieb, Willig und Nett verstehen es, sich bei Weihrauch besonders beliebt zu machen. Weihrauch zahlt ihnen daher, obwohl sie die gleiche Arbeit verrichten wie die anderen, mehr Lohn. Wild ist damit nicht einverstanden. Unter Berufung auf den Gleichbehandlungsgrundsatz erhebt er Klage. Wird er den Prozeß gewinnen?

Nein! Die Vertragsfreiheit – so das Bundesarbeitsgericht – geht der Gleichbehandlung vor. Der Arbeitgeber kann also einzelne Arbeitnehmer besserstellen als die Masse der Arbeitnehmer, weil der

Grundsatz der Gleichbehandlung sein Recht, Arbeitsverträge abzu-schließen wie er will, in der Regel nicht einschränken kann. Wild hat also, obwohl er die gleiche Arbeit leistet, keinen Anspruch auf gleichen Lohn. ■

Wie ist aber die Rechtslage im folgenden Fall?

Wild, Bissig und Rau arbeiten mit 20 weiteren Kollegen bei Senz. Alle verrichten die gleiche Arbeit. Da Senz Wild, Bissig und Rau nicht mag, zahlt er ihnen weniger als den anderen. Wild, Bissig und Rau erheben Klage. Wie ist die Rechtslage?

Hier kommt der Grundsatz der Gleichbehandlung zum Zuge, denn die Schlechterstellung einzelner Arbeitnehmer ist eine Diskriminierung. Insoweit verstößt eine unterschiedliche Behandlung gegen den Gleichbehandlungsgrundsatz, der – wie eingangs erwähnt – eine Diskriminierung verbietet. ■

Wie beurteilen Sie folgenden Fall?

Senz zahlt seinen Arbeitnehmern, die alle die gleiche Arbeit verrichten, auch das gleiche Entgelt. Bei einer allgemeinen Lohnwelle erhöht er die Löhne aller Arbeitnehmer seines Betriebes, jedoch schließt er Wild, Bissig und Rau von der Lohnerhöhung aus, weil er sie nicht mag. Wie ist hier die Rechtslage?

Die Rechtslage ist hier die gleiche wie im vorhergehenden Fall. Wild, Bissig und Rau können sich auf den Grundsatz der Gleichbehandlung berufen und denselben Lohn wie alle Kollegen beanspruchen. ■

Wie sieht es aber in dem folgenden Fall aus?

Aufgrund eines soeben in Kraft getretenen Tarifvertrages erhöht Senz die Löhne aller Arbeitnehmer mit Ausnahme von Wild, Bissig und Rau. Wild, Bissig und Rau berufen sich auf den Grundsatz der Gleichbehandlung und fordern gleiche Entlohnung wie die anderen. Senz lehnt dies aber mit der Begründung ab, da der Tarifvertrag nicht für allgemeinverbindlich erklärt sei, hätten nur die Gewerkschaftsmitglieder Anspruch auf den im Tarifvertrag festgesetzten Lohn. Da sie aber nicht organisiert seien, hätten sie auch keinen Anspruch auf den Tariflohn. Wild, Bissig und Rau sind anderer Meinung. Wer hat Recht?

Senz hat Recht. Durch den Tarifvertrag wird der Arbeitgeber verpflichtet, den gewerkschaftlich organisierten Arbeitnehmern den im Tarifvertrag vereinbarten Lohn zu zahlen. Den sogenannten Außenseitern gegenüber besteht diese Pflicht nur dann, wenn der Tarifvertrag für allgemeinverbindlich erklärt wurde. Ist dies nicht der Fall, können sich die Außenseiter nicht auf den Gleichbehandlungsgrundsatz berufen, da nicht der gleiche Sachverhalt gegeben ist. ∎

Abschließend ist noch festzustellen, daß der Gleichbehandlungsgrundsatz bei der Kündigung grundsätzlich nicht anwendbar ist. Haben z. B. mehrere Arbeitnehmer gemeinsam eine Verfehlung begangen, so kann der Arbeitgeber frei entscheiden, ob er allen oder nur einzelnen kündigt (anderer Ansicht: Schaub, Arbeitsrechtshandbuch, 2. Auflage, Anmerkung 5 zu § 112). Wegen der Gleichbehandlung von Mann und Frau vgl. § 611 a BGB (siehe Seite 158).

2.3 Die Pflicht zur Gewährung von Erholungsurlaub

Eine wesentliche Verpflichtung des Arbeitgebers aus dem Arbeitsverhältnis ist die Gewährung von Erholungsurlaub. Unter Erholungsurlaub versteht man die Freistellung des Arbeitnehmers von der Arbeit für eine bestimmte Zeit zum Zwecke der Erholung unter Fortzahlung des Arbeitsentgelts. Der Urlaubsanspruch hat sich aus der Fürsorgepflicht entwickelt.

2.3.1 Rechtsgrundlage des Erholungsurlaubs

Der Urlaubsanspruch kann sich aus dem Gesetz, aus dem Tarifvertrag, einer Betriebsvereinbarung (selten) oder aus dem Einzelarbeitsvertrag ergeben.

Die wesentliche gesetzliche Grundlage des Erholungsurlaubs ist das Bundesurlaubsgesetz. Daneben finden sich Sonderregelungen für einzelne Arbeitnehmergruppen im Jugendarbeitsschutzgesetz, im Schwerbehindertengesetz und im Seemannsgesetz.

Sie werden jetzt fragen: Auf welche Rechtsgrundlage kann ich mich hinsichtlich meines Urlaubsanspruchs berufen?

Beispiel:

Wild, Nett und Klug sind Abteilungsleiter in verschiedenen Großhandelsgeschäften. Sie haben die gleiche Ausbildung, sie üben die gleiche Tätigkeit aus, sie haben die gleiche Anzahl von Berufsjahren und sind 32 Jahre alt. An ihrem gemeinsamen Skatabend stellen sie zufällig fest, daß sie verschieden lang Urlaub machen können. Wild werden von seinem Arbeitgeber 18 Werktage, Nett 21 Werktage und Klug 26 Werktage Urlaub gewährt. Wild kann nicht verstehen, wieso den anderen mehr Urlaub gewährt wird als ihm. Klug kann ihm aber diese Unterschiede erklären.

Klug ist Mitglied der zuständigen Gewerkschaft. Sein Arbeitgeber ist Mitglied des entsprechenden Arbeitgeberverbandes. Zwischen der Gewerkschaft und dem Arbeitgeberverband wurde ein Tarifvertrag ausgehandelt, in dem der Erholungsurlaub festgelegt ist. Aufgrund dieses Tarifvertrages hat Klug Anspruch auf 26 Tage Erholungsurlaub. Nett hat mit seinem Arbeitgeber im Einzelarbeitsvertrag einen Urlaub von 21 Tagen vereinbart. Da Wild weder der Gewerkschaft angehört noch seinen Anspruch auf eine Vereinbarung im Einzelarbeitsvertrag stützen kann, verbleibt ihm als Rechtsgrundlage nur das Gesetz. Nach § 3 Abs. 1 Bundesurlaubsgesetz erhält er 18 Werktage Urlaub.

Weder Nett noch Wild können ihren Anspruch auf den Tarifvertrag stützen. Das könnten sie nur, wenn der Tarifvertrag für allgemeinverbindlich erklärt worden wäre. ∎

Wir werden uns in den folgenden Abschnitten in erster Linie mit den Bestimmungen des Bundesurlaubsgesetzes befassen. Denken Sie aber immer daran, daß diese Bestimmungen durch Tarifvertrag, Betriebsvereinbarung (selten) oder Einzelarbeitsvertrag abgeändert werden können.

Dabei ist zu bemerken, daß die Vorschriften des Bundesurlaubsgesetzes zugunsten der Arbeitnehmer zwingend sind. Vertragliche Abweichungen sind nur zulässig, soweit sie den Arbeitnehmer besserstellen. Jedoch kann in Tarifverträgen mit Ausnahme der §§ 1, 2, 3 Abs. 1 auch zuungunsten der Arbeitnehmer vom Bundesurlaubsgesetz abgewichen werden.

2.3.2 Urlaubsanspruch

Anspruch auf Urlaub haben nach § 2 BUrlG alle Arbeitnehmer einschließlich der Arbeitnehmer, die in Berufsausbildung stehen. Zu den letzteren gehören nach dem Berufsbildungsgesetz Auszubildende (Lehrlinge, Anlernlinge, Praktikanten, Volontäre), aber auch Umschüler, soweit die Umschulung nicht ausschließlich in einem Schulverhältnis durchgeführt wird. Das Bundesurlaubsgesetz gilt auch für Schüler und Studenten, die während ihrer Ferien in einem Betrieb arbeiten, und für arbeitnehmerähnliche Personen, d. h. für Personen, die wirtschaftlich von einem Auftraggeber abhängig sind, wie z. B. Künstler, Reporter, Mitarbeiter am Rundfunk und Heimarbeiter. Für letztere besteht allerdings nach § 12 BUrlG eine Sonderregelung.

In der Praxis wird sehr oft die Ansicht vertreten, daß Personen, die nur halbtags oder nur stundenweise am Tag oder nur an zwei oder drei Tagen in der Woche arbeiten (z. B. Putzfrauen), keinen Urlaubsanspruch hätten. Das ist grundsätzlich falsch, da es sich in diesen Fällen meist um Arbeitnehmer handelt, d. h. um Personen, die aufgrund eines Arbeitsvertrages ihrem Arbeitgeber zur Leistung von Arbeit nach Weisung verpflichtet sind.

Arbeitnehmer mit mehreren Arbeitsverhältnissen haben Anspruch auf Urlaub gegen jeden ihrer Arbeitgeber. Das gilt auch für Arbeitnehmer, die einen Nebenberuf ausüben. Auch in ihrem Nebenberuf haben sie Anspruch auf Urlaub.

2.3.3 Urlaubsdauer

Nach § 3 Abs. 1 BUrlG beträgt der Erholungsurlaub für Arbeitnehmer mindestens 18 Werktage. Gesetzliche Feiertage bleiben ebenso wie Sonntage bei der Berechnung des Urlaubs außer Betracht, d. h. fällt ein Wochenfeiertag in den Urlaub, dann verlängert sich der Urlaub um diesen Tag.

Da das Gesetz von Werktagen ausgeht, muß man in den Betrieben, in denen samstags nicht gearbeitet wird, die arbeitsfreien Samstage vom Urlaub abziehen. Das gleiche gilt, wenn an einem anderen Werktag nicht gearbeitet wird. In der Praxis geht man, um Mißverständnisse zu vermeiden, in der Regel daher von den Arbeitstagen aus, d. h. man zieht pro Arbeitswoche (6 Tage) einen Tag ab.

Der Urlaub nach dem Bundesurlaubsgesetz beträgt somit 18 Werktage = 15 Arbeitstage. Hat der Arbeitnehmer einen Teilurlaubsanspruch (siehe Ziffer 2.3.4 auf Seite 79), ist nur für jeweils volle sechs Werktage ein Tag abzuziehen.

Beispiel:

Mager hat Anspruch auf 11 Werktage Urlaub. Das ergibt 11 - 1 = 10 Arbeitstage. ■

Fällt allerdings ein Feiertag auf einen arbeitsfreien Samstag oder einen anderen arbeitsfreien Werktag, dann verlängert sich der Urlaub um diesen Tag.

Beispiel:

Frei hat sich über Weihnachten Urlaub genommen. Er arbeitet in einem Betrieb, in dem die Fünf-Tage-Woche eingeführt ist. Der 1. Weihnachtstag fällt auf Freitag, der 2. folglich auf den arbeitsfreien Samstag. Der Urlaub verlängert sich um diese beiden Tage. Das gilt aber nur, wenn der Urlaub zusammenhängend und in vollem Umfang genommen wird. ■

Jugendliche haben nach dem Jugendarbeitsschutzgesetz einen höheren Urlaubsanspruch als erwachsene Arbeitnehmer. Alle Jugendliche, die zu Beginn des Kalenderjahres noch nicht 16 Jahre alt sind, haben Anspruch auf 30 Werktage Urlaub. Alle Jugendliche, die zu Beginn des Kalenderjahres noch nicht 17 Jahre alt sind, haben Anspruch auf 27 Werktage Urlaub. Alle Jugendliche, die zu Beginn des Kalenderjahres noch nicht 18 Jahre alt sind, haben Anspruch auf 25 Werktage Urlaub. Wegen weiterer Einzelheiten verweisen wir auf die von der Arbeitskammer herausgegebene Broschüre „Jugendarbeitsschutzgesetz".

Schwerbehinderte haben nach § 44 Schwerbehindertengesetz Anspruch auf einen bezahlten zusätzlichen Urlaub von sechs Arbeitstagen im Jahr. Da das neue Schwerbehindertengesetz ausdrücklich auf Arbeitstage abstellt, darf entgegen der früheren Regelung in Betrieben, in denen die Fünf-Tage-Woche eingeführt ist, der freie Samstag (oder auch ein anderer freier Wochentag) nicht mehr von diesen sechs Arbeitstagen abgezogen werden. Dies gilt auch dann, wenn der betreffende Arbeitnehmer frei hat, seine Kollegen aber arbeiten, wie das z. B. im Einzelhandel in verschiedenen Betrieben der Fall ist (rollierender Wochentag). Nach der Entscheidung des Bundesarbeitsgerichts vom 23. Juli 1981 darf der Rolltag nicht mehr vom Schwerbehindertenurlaub abgezogen werden, sondern ist wie ein feststehender freier Tag zu behandeln.

Hier ist auf eine saarländische Sonderregelung hinzuweisen. Nach § 1 Abs. 1 Ziffer 1 des Gesetzes betreffend Regelung des Zusatzurlaubs für kriegs- und unfallbeschädigte Arbeitnehmer in der Privatwirtschaft vom 22. Juli 1950/30. Juni 1951 erhalten Beschädigte mit einer Minderung der Erwerbs- fähigkeit von 25 bis ausschließlich 50 v.H. drei Tage zusätzlichen Urlaub. Soweit die gesetzliche Regelung. Sie enthält Mindestbestimmungen.

Näheres über den Behindertenurlaub finden Sie in der von der Arbeitskam- mer herausgegebenen Broschüre „Der Schwerbehinderte und sein Recht" auf den Seiten 62 ff.

Die Dauer des Urlaubs kann durch Tarifvertrag, Betriebsvereinbarung und Einzelarbeitsvertrag zwar verlängert, aber nicht verkürzt werden. Von der Urlaubsverlängerung wird häufig Gebrauch gemacht.

Nur dann, wenn Sie sich weder auf einen Tarifvertrag noch auf eine Betriebsvereinbarung noch auf eine Vereinbarung Ihres Arbeitsvertrages berufen können, gilt für Sie die Regelung des Bundesurlaubsgesetzes.

Die Urlaubsdauer ist für Arbeitnehmer, die stunden-, tageweise oder nebenberuflich arbeiten, genau die gleiche wie für die ganztägig Beschäf- tigten.

Beispiel:

Frau Emsig arbeitet halbtags. Ihr stehen drei volle Wochen (18 Werktage) Urlaub zu. ∎

Gewährt der Arbeitgeber aus Anlaß eines Betriebsjubiläums oder eines Volksfestes (Rosenmontag, Kirchweih usw.) einen oder mehrere freie Tage, so dürfen diese ebensowenig auf den Erholungsurlaub angerechnet werden wie die Tage, an denen aus Anlaß des Betriebsausfluges oder wegen eines Streiks nicht gearbeitet wurde. (Eine andere Frage ist es, ob der Arbeitgeber für diese Tage Lohn zahlen muß.) Im Vorjahr zuviel gewährte Urlaubstage dürfen nicht von dem Urlaub des laufenden Urlaubsjahres abgezogen wer- den.

2.3.4 Wartezeit, voller Urlaub, anteiliger Urlaub

Fangen Sie auf einer neuen Arbeitsstelle an, so haben Sie nicht sofort einen Anspruch auf Urlaub. Sie müssen sechs Monate warten (§ 4 BUrlG). Dies gilt nach dem neuen Jugendarbeitsschutzgesetz auch für jugendliche

Arbeitnehmer (vgl. § 19 Abs. 4 JArbSchG). Erst nach dieser Wartezeit können Sie den vollen bzw. anteiligen Urlaub beanspruchen. In der Folgezeit entsteht der Anspruch auf den vollen Jahresurlaub zu Beginn eines jeden Kalenderjahres, d.h. aber nicht, daß Sie dann eigenmächtig Urlaub machen können (vgl. Ziffer 2.3.5 auf Seite 82).

Anspruch auf den vollen Jahresurlaub haben Sie nach dem Bundesurlaubsgesetz auch dann, wenn Sie nach erfüllter Wartezeit in der zweiten Hälfte des Kalenderjahres aus Ihrem Arbeitsverhältnis ausscheiden. Sind Sie z.B. schon länger als sechs Monate im Betrieb und kündigen Sie zum 15. Juli, muß Ihnen Ihr derzeitiger Arbeitgeber den vollen Jahresurlaub gewähren. Er kann Sie also nicht auf den neuen Arbeitgeber verweisen. Beachten Sie aber, daß diese Bestimmung in vielen Tarifverträgen anders geregelt wird, d.h. dort ist sehr oft vereinbart, daß der Arbeitnehmer, wenn er in der zweiten Jahreshälfte ausscheidet, nur Anspruch auf anteiligen Urlaub hat.

Anders ist die Rechtslage, wenn Sie nach erfüllter Wartezeit in der ersten Hälfte (d.h. bis zum 30. Juni) des Kalenderjahres ausscheiden. Hier haben Sie nur Anspruch auf anteiligen Urlaub (Teilurlaub), d.h. Sie erhalten für jeden vollen Monat des Bestehens des Arbeitsverhältnisses ein Zwölftel des Jahresurlaubs (§ 5 Abs. 1 Buchst. c BUrlG).

Beispiel:

Wechsel kündigt zum 31. Mai. Die Wartezeit hat er erfüllt. Weil er in der ersten Hälfte des Kalenderjahres ausscheidet, hat er lediglich Anspruch auf anteiligen Urlaub. Für fünf volle Monate erhält Wechsel fünf Zwölftel des Jahresurlaubs = 18:12 = $1^1/2 \times 5 = 7^1/2$ Werktage. Nach dem Bundesurlaubsgesetz sind Bruchteile von Urlaubstagen, die mindestens einen halben Tag ergeben, auf volle Urlaubstage aufzurunden. Er erhält somit acht Werktage Urlaub. Da er in einem Betrieb tätig ist, in dem die Fünf-Tage-Woche eingeführt ist, ist pro Woche ein arbeitsfreier Samstag abzuziehen. Da nur volle Wochen zu berücksichtigen sind, ist nur ein Tag von den Werktagen abzuziehen. Wechsel hat also Anspruch auf sieben Arbeitstage anteiligen Urlaub. ■

Hat der Arbeitgeber dem in der ersten Hälfte des Kalenderjahres ausscheidenden Arbeitnehmer bereits den gesamten Jahresurlaub gewährt, kann er das dafür gezahlte Urlaubsentgelt nicht zurückverlangen (§ 5 Abs. 3 BUrlG).

Beispiel:

Wechsel hat seinen gesamten Urlaub im Februar genommen, um in den Wintersport zu fahren. Als er zum 31. Mai kündigt, verlangt Geiz, sein Arbeitgeber, für den über acht Tage hinausgehenden Urlaub das Urlaubsentgelt zurück. Wechsel beruft sich auf § 5 Abs. 3 BUrlG. Daraufhin verzichtet Geiz auf eine Klage.

Jedoch kann hier durch Tarifvertrag eine abweichende Regelung getroffen werden. ■

Anteiliger Urlaub ist auch dann zu gewähren, wenn Sie wegen Nichterfüllung der Wartezeit in dem laufenden Kalenderjahr keinen vollen Urlaubsanspruch erwerben (§ 5 Abs. 1 Buchst. a BUrlG). Treten Sie z. B. am 15. August in ein neues Arbeitsverhältnis ein, haben Sie Anspruch auf vier Zwölftel Jahresurlaub. Da nur volle Beschäftigungsmonate berücksichtigt werden, werden die 14 Tage, die über die vier Monate hinausgehen, nicht mitgerechnet.

Dieser Teilurlaub kann selbstverständlich erst genommen werden, wenn die Wartezeit abgelaufen ist. Auf Verlangen des Arbeitnehmers – das man in der Regel unterstellen kann – ist dieser Teilurlaubsanspruch auf das nächste Kalenderjahr zu übertragen und kann gemeinsam mit dem für dieses Jahr anfallenden Jahresurlaub genommen werden (vgl. § 7 Abs. 3 S. 4 BUrlG). Anspruch auf anteiligen Urlaub entsteht auch dann, wenn Sie das Arbeitsverhältnis beenden, bevor die Wartezeit erfüllt ist (§ 5 Abs. 1 Buchstabe b BUrlG).

Beispiel:

Treten Sie am 3. April in eine Firma ein und scheiden am 12. Juli wieder aus, erhalten Sie, da das Arbeitsverhältnis drei volle Monate (es wird auf den Beschäftigungsmonat, nicht auf den Kalendermonat abgestellt) bestanden hat, drei Zwölftel Ihres Jahresurlaubs. ■

Auch in diesen beiden Fällen (§ 5 Abs. 1 Buchstabe a bzw. b BUrlG) kann der Arbeitgeber, wenn dem Arbeitnehmer mehr Urlaub gewährt worden ist als ihm zustand, das zuviel gezahlte Urlaubsentgelt nicht zurückverlangen. Das entspricht zwar nicht dem Wortlaut des Gesetzes, da § 5 Abs. 3 BUrlG sich nur auf § 5 Abs. 1 Buchstabe c bezieht. Jedoch wird in Rechtsprechung und Literatur die Ansicht vertreten, daß § 5 Abs. 3 allgemein, also auch auf die vorgenannten Fälle, anzuwenden ist.

Hat Ihnen Ihr Arbeitgeber vor dem Ausscheiden aus seinem Betrieb den gesamten Urlaub gewährt, können Sie bei dem neuen Arbeitgeber keinen Urlaub mehr beanspruchen (§ 6 Abs. 1 BUrlG). Haben Sie anteiligen Urlaub erhalten, haben Sie nach Erfüllung der Wartezeit gegen den neuen Arbeitgeber nur Anspruch auf anteiligen Urlaub; es sei denn, Sie sind in der ersten Hälfte des Kalenderjahres ausgeschieden. Dann haben Sie nach Erfüllung der Wartezeit Anspruch gegen den neuen Arbeitgeber auf den gesamten Jahresurlaub, vermindert um den bereits vom alten Arbeitgeber gewährten Teilurlaub.

Haben Sie beim alten Arbeitgeber keinen Urlaub erhalten und erfüllen Sie im laufenden Urlaubsjahr beim neuen Arbeitgeber die Wartezeit, haben Sie Anspruch auf den gesamten Jahresurlaub gegen den neuen Arbeitgeber.

Beispiel:

Sauer scheidet am 31. Mai bei der Firma Bruch & Co., die Zahlungsschwierigkeiten hat, überraschend aus. Urlaub hat er noch keinen gehabt. Anfang Dezember will er in Urlaub gehen. Er macht beim neuen Arbeitgeber seinen gesamten Jahresurlaub geltend. Dieser ist der Ansicht, Sauer habe nur Anspruch auf anteiligen Urlaub, nämlich für die Zeit, die er bei ihm gearbeitet hat. Steht Sauer der gesamte Jahresurlaub zu?

Ja! Da Sauer beim alten Arbeitgeber keinen Urlaub genommen hat, kann er den gesamten Jahresurlaub beim neuen Arbeitgeber geltend machen. Der neue Arbeitgeber kann Sauer nicht auf den Abgeltungsanspruch, den Sauer gegen seinen alten Arbeitgeber hat, verweisen. Freizeit geht vor Abgeltung. ■

Der Arbeitgeber ist verpflichtet, dem ausscheidenden Arbeitnehmer eine Bescheinigung über den im laufenden Kalenderjahr gewährten oder abgegoltenen Urlaub auszuhändigen (§ 6 Abs. 2 BUrlG). Nur so ist der folgende Arbeitgeber in der Lage festzustellen, ob und in welcher Höhe er seinem neuen Arbeitnehmer Urlaub gewähren muß.

2.3.5 Zeitpunkt des Urlaubs

Der Urlaub muß im laufenden Urlaubsjahr – das ist in der Regel das Kalenderjahr – gewährt, aber auch genommen werden. Nur in Ausnahmefällen kann der Urlaub auf das nächste Jahr übertragen werden (siehe Ziffer 2.3.11 auf Seite 91).

Innerhalb des Urlaubsjahres bestimmt grundsätzlich der Arbeitgeber kraft seines Direktionsrechts den Zeitpunkt des Urlaubs. Ein Arbeitnehmer, der ohne Einverständnis des Arbeitgebers seinen Urlaub nimmt, muß mit seiner fristlosen Kündigung rechnen. Der Arbeitgeber hat aber die Wünsche des Arbeitnehmers zu berücksichtigen, es sei denn, es stehen diesen Wünschen dringende betriebliche Bedürfnisse oder die Urlaubswünsche anderer Arbeitnehmer entgegen, die aus sozialen Gründen den Vorrang verdienen (§ 7 Abs. 1 BUrlG). So geht z.b. der Urlaubswunsch eines Arbeitnehmers mit schulpflichtigen Kindern, der nur in den Schulferien in Urlaub fahren kann, dem eines ledigen Arbeitnehmers in der Regel vor. Ist die Urlaubszeit einmal zwischen Arbeitgeber und Arbeitnehmer festgelegt, ist auch der Arbeitgeber an diese Vereinbarung gebunden.

Eine Festlegung des Urlaubs erfolgt in vielen Betrieben durch die Aufstellung eines Urlaubsplanes, der nach Auslegung einer Urlaubsliste durch den Betriebsrat mit dem Arbeitgeber vereinbart wird (vgl. § 87 Abs. 1 Nr. 5 BetrVG). Der Arbeitgeber kann dann die Urlaubszeit nicht mehr einseitig, sondern nur mit Zustimmung des Arbeitnehmers ändern. Nur in Notfällen (so z.b. bei Erkrankungen im Betrieb, plötzlichem Ausscheiden anderer Arbeitnehmer u.ä.) kann er ausnahmsweise von der festgelegten Urlaubszeit abweichen. Dann hat er aber dem Arbeitnehmer die durch die Änderung der Urlaubszeit entstandenen Unkosten zu ersetzen.

Beispiel:

Sommer soll laut Urlaubsplan am 1. August seinen Urlaub antreten. Einige seiner Kollegen haben gekündigt, andere sind erkrankt. Da es sich um einen kleinen Betrieb handelt, droht ein erheblicher Produktionsausfall. Sorge, sein Arbeitgeber, teilt ihm daher mit, er könne nicht am 1. August in Urlaub gehen. Sommer sieht das ein. Er muß die im Frühjahr nach Aufstellung des Urlaubsplanes gebuchte Reise für sich und seine Familie absagen. Das Reisebüro verlangt von Sommer wegen der kurzfristigen Absage 200 DM Stornogebühren. Er zahlt und verlangt die 200 DM von Sorge. Als Sorge sich weigert, erhebt Sommer Klage. Hat die Klage Aussicht auf Erfolg?

Ja. Da eine Notlage vorliegt, kann Sorge von Sommer die Verschiebung des Urlaubs verlangen. Er muß aber Sommer den dadurch entstandenen Schaden, also hier die Stornogebühren, ersetzen. ■

Wie ist die Rechtslage im folgenden Fall?

Beispiel:

Die Situation ist die gleiche wie im vorstehenden Beispiel, jedoch lehnt Sommer eine Verschiebung seines Urlaubs ab, obwohl er weiß, daß seinem Arbeitgeber dadurch ein erheblicher Schaden entsteht. Er geht am 1. August in Urlaub. Als er nach Hause kommt, findet er in seinem Briefkasten die fristlose Kündigung. Gegen die Kündigung erhebt er Klage.

Die Klage wird abgewiesen! Da eine Notlage vorgelegen hat, hatte Sorge die Möglichkeit, vom Urlaubsplan abzuweichen. Er konnte daher mit Recht von Sommer verlangen, seinen Urlaub zu verschieben. Da Sommer trotzdem seinen Urlaub angetreten hat, ist er unbefugt der Arbeit ferngeblieben. Dadurch hat er einen Grund zur fristlosen Kündigung geschaffen. Sorge war zur fristlosen Kündigung berechtigt. ■

In Betrieben, in denen ein Betriebsrat besteht, hat dieser in den Fällen, in denen es zwischen dem Arbeitgeber und den beteiligten Arbeitnehmern nicht zu einer Einigung hinsichtlich der zeitlichen Lage des Urlaubs kommt, ein Mitbestimmungsrecht. Der Arbeitgeber kann den Urlaub dann nicht wie oben dargestellt kraft seines Direktionsrechts allein festlegen, sondern muß sich mit dem Betriebsrat auseinandersetzen. Kommt es auch hier zu keiner Einigung, entscheidet die Einigungsstelle (§ 87 Abs. 1 Nr. 5, Abs. 2 BetrVG).

Der Arbeitgeber ist berechtigt, die gesamte Belegschaft gleichzeitig in Urlaub gehen zu lassen (Betriebsferien). Jedoch hat er auch hier die Interessen der Arbeitnehmer ausreichend zu berücksichtigen. So darf er die Betriebsferien nicht regelmäßig außerhalb der Schulferienzeit oder in die Wintermonate legen. Bei Betriebsferien zwischen Weihnachten und Neujahr ist insbesondere zu beachten, daß eine Urlaubserteilung im Vorgriff auf das kommende Urlaubsjahr unzulässig ist. Verlangt der Arbeitgeber von seinen Arbeitnehmern, daß sie Urlaub im Vorgriff nehmen, muß er damit rechnen, daß diese den Urlaub im kommenden Jahr noch einmal geltend machen.

Umstritten ist die Frage, ob der Arbeitnehmer während der Kündigungsfrist eigenmächtig in Urlaub gehen kann, wenn ihm der Arbeitgeber den Urlaub grundlos verweigert. Das Bundesarbeitsgericht vertritt den Standpunkt, daß auch in diesem Falle der Arbeitnehmer nicht ohne Einverständnis des Arbeitgebers in Urlaub gehen darf (BAG AP Nr. 58 zu § 611 BGB Urlaubsrecht).

2.3.6 Zusammenhängender Urlaub

Der Urlaub ist grundsätzlich zusammenhängend zu gewähren. Nur dann, wenn dringende betriebliche Erfordernisse oder in der Person des Arbeitnehmers liegende Gründe es erforderlich machen, kann der Urlaub geteilt werden (§ 7 Abs. 2 BUrlG).

Kann der Urlaub aus den vorgenannten Gründen nicht zusammenhängend gewährt werden und hat der Arbeitnehmer Anspruch auf Urlaub von mehr als zwölf Werktagen, muß einer der Urlaubsteile mindestens zwölf aufeinanderfolgende Werktage umfassen. Verstößt der Arbeitgeber gegen diesen Grundsatz, bleibt der Anspruch auf Erholungsurlaub bestehen, es sei denn, der Arbeitnehmer hat selbst Teilung verlangt. Von der Bestimmung, daß mindestens zwölf aufeinanderfolgende Werktage als Urlaub zu nehmen sind, kann durch Tarifvertrag, Betriebsvereinbarung, aber auch durch Einzelarbeitsvertrag abgewichen werden (§ 13 Abs. 1 S. 3 BUrlG).

2.3.7 Erwerbstätigkeit während des Urlaubs

Zweck des Urlaubs ist die Erholung. Der Arbeitnehmer darf während des Urlaubs keine dem Urlaubszweck widersprechende Erwerbstätigkeit ausüben, d.h. der Arbeitnehmer darf während des Urlaubs grundsätzlich nicht gegen Entgelt für einen anderen Arbeitgeber tätig werden (§ 8 BUrlG). Sind Sie aber dabei, sich selbst ein Haus zu bauen, dürfen Sie selbstverständlich auch während des Urlaubs daran arbeiten. Das gleiche gilt, wenn Sie während des Urlaubs aus Gefälligkeit einem anderen helfen.

In beiden Fällen üben Sie ja keine Erwerbstätigkeit – gegen Entgelt – aus. Aber auch nicht jede Erwerbstätigkeit widerspricht dem Urlaubszweck.

Beispiel:

Traub ist Büroangestellter. Als Sitzberufler benutzt er den Urlaub immer zum körperlichen Ausgleich. Schon lange wollte er einmal bei der Weinlese helfen. Er nimmt sich im Herbst Urlaub und hilft einem Moselwinzer bei der Lese. Er arbeitet, wie es ihm gerade Spaß macht, etwa zwei bis drei Stunden am Tag. Der Winzer läßt es sich nicht nehmen, ihn dafür zu bezahlen. Als Hart, sein Arbeitgeber, von dieser Tätigkeit erfährt, kündigt er ihm fristlos. Traub möchte nun wissen, ob er mit Erfolg gegen die Kündigung klagen kann.

Hierzu ist folgendes zu sagen: Der Arbeitgeber kann unter Umständen bei einem Verstoß gegen das Verbot der Erwerbstätigkeit fristlos kündigen. Wird aber durch die Erwerbstätigkeit der Urlaubszweck, nämlich die Erholung, nicht vereitelt, dient sie z. B. dem körperlichen Ausgleich und handelt es sich um eine zeitlich geringe oder leicht zu verrichtende Tätigkeit, liegt ein Verstoß gegen das Verbot anderer Erwerbstätigkeit nicht vor. Der Arbeitnehmer darf in diesen Fällen auch gegen Bezahlung tätig werden. Da diese Voraussetzungen bei Traub gegeben sind, hat seine Klage Aussicht auf Erfolg. ■

Der Arbeitgeber kann dem Arbeitnehmer aber nicht nur kündigen, sondern kann ihn unter Umständen auch wegen Schadensersatz in Anspruch nehmen. Verletzt sich z. B. der Arbeitnehmer bei Ausübung einer anderen Erwerbstätigkeit und kann er nach Beendigung des Urlaubs die Arbeit bei seinem Arbeitgeber nicht antreten, haftet er diesem für den dadurch entstandenen Schaden.

Beispiel:

Faß ist Maurer. Während des Urlaubs arbeitet er von morgens bis abends gegen Entgelt bei einem Winzer. In Ausübung dieser Tätigkeit bricht er sich ein Bein. Da er nach Beendigung seines Urlaubs die Arbeit bei Kummer, seinem Arbeitgeber, nicht wieder aufnehmen kann, muß dieser einen Aushilfsmaurer einstellen. Die ihm dadurch entstehenden Kosten kann er von Faß ersetzt verlangen. ■

Der Arbeitgeber hat aber auch, wenn der Arbeitnehmer durch eine Erwerbstätigkeit während des Urlaubs den Urlaubszweck vereitelt, das Recht, für die Tage der anderweitigen Erwerbstätigkeit das von ihm gezahlte Urlaubsentgelt zurückzufordern.

2.3.8 Urlaubsentgelt

Wesentliches Merkmal des Erholungsurlaubs ist seine Bezahlung. Der Arbeitnehmer hat grundsätzlich Anspruch darauf, so gestellt zu werden, als beziehe er den bisherigen Verdienst weiter. Dieser Grundsatz ist unabdingbar. Von ihm kann weder durch Tarifvertrag, Dienstvereinbarung noch Einzelarbeitsvertrag abgewichen werden. Abreden, nach denen der Arbeitnehmer während des Urlaubs eine geringere Vergütung erhalten soll als während seiner Beschäftigung, sind nichtig.

Bei der Berechnung des Urlaubsentgelts geht man von den letzten abgerechneten 13 Wochen vor Urlaubsbeginn aus (§ 11 Abs. 1 Satz 1 BUrlG.) Wird monatlich abgerechnet, geht man von den letzten drei Monaten aus. In Tarifverträgen ist mitunter eine andere Berechnung vorgesehen. Bei festen Lohn- und Gehaltsbezügen gibt es keine Schwierigkeiten, das Gehalt bzw. der Lohn wird weitergezahlt. Ist der Lohnzahlungsabschnitt, der vor dem Urlaubsbeginn liegt, noch nicht endgültig abgerechnet (z.B. bei Abschlagszahlung), so geht man von den letzten 13 Wochen aus, die vor diesem noch nicht abgerechneten Lohnzahlungsabschnitt liegen.

Wird innerhalb der 13 Wochen Lohn bzw. Gehalt nicht nur vorübergehend erhöht (z.B. Tariflohn, aber auch sonstige Lohnerhöhungen), geht man von der neuen Vergütung aus. Das gleiche gilt, wenn die Erhöhung während des Urlaubs erfolgt (§ 11 Abs. 1 S. 2 BUrlG), jedoch erst von dem Zeitpunkt, zu dem die Erhöhung eingetreten ist.

Zu berücksichtigen ist nicht nur der Grundlohn, sondern auch die Überstundenvergütung und Zulagen aller Art (z.B. Schmutz- und Gefahrenzulagen usw.). Bei Akkordlöhnen ist von dem tatsächlichen Verdienst der letzten 13 Wochen auszugehen. Das gleiche gilt, wenn der Arbeitnehmer auf Provisionsbasis arbeitet, Prämien oder Bedienungsprozente (Kellner) erhält, hinsichtlich der Provision bzw. der Prämien und der Bedienungsprozente. Dagegen gehören nicht zu der Vergütung Gratifikationen (z.B. Weihnachtsgeld, aber auch das zusätzliche Urlaubsgeld), Umsatzprovisionen und Gewinnbeteiligungen, soweit sie für das gesamte Jahr gezahlt werden. Letzteres gilt auch für die Aufwandsentschädigung, es sei denn, sie fällt auch im Urlaub an.

Beispiel:

Frau Emsig arbeitet als Hausgehilfin bei Pfiffig. Neben dem Lohn erhält sie freie Verpflegung und freie Wohnung. Als sie ihren Urlaub antritt, verlangt sie sowohl Barauszahlung der Verpflegung als auch der Wohnung für die Urlaubszeit. Pfiffig weigert sich, Verpflegung und Wohnung bar abzugelten. Wie ist die Rechtslage?

Frau Emsig hat Anspruch auf Barauszahlung der Verpflegung. Hinsichtlich der Abgeltung der Wohnung kommt es darauf an, ob Pfiffig das von Frau Emsig bewohnte Zimmer während des Urlaubs benutzt oder nicht. Beschäftigt er während des Urlaubs für Frau Emsig eine Ersatzkraft und läßt er diese das Zimmer der Emsig benutzen, so kann Frau Emsig Abgeltung verlangen, auch wenn sie selbst noch Sachen auf diesem Zimmer untergebracht hat. ∎

Bei der Barabgeltung ist von dem wirklichen Wert der Sachleistung, nicht von den Sozialversicherungssätzen oder den steuerlich maßgebenden Sätzen auszugehen.

Verdienstkürzungen sind bei der Berechnung des Urlaubsentgelts nicht zu berücksichtigen (§ 11 Abs. 1 S. 3 BUrlG). Das gilt vor allem für die Kurzarbeit, aber auch für die Arbeitsausfälle, die der Arbeitgeber zu vertreten hat, so z. B. bei Strommangel oder Maschinenreparatur, soweit eine Entgeltsverkürzung überhaupt eingetreten ist. Das gleiche gilt für Arbeitsausfälle, die durch Streik und Aussperrung entstanden sind.

Ein Arbeitsversäumnis wird nur dann nicht bei der Berechnung des Urlaubsentgelts berücksichtigt, wenn es nicht vom Arbeitnehmer verschuldet wurde (z. B. bei Krankheit, Sonderurlaub). Hat dagegen der Arbeitnehmer die Arbeit unberechtigt und verschuldet versäumt (z. B. Bummel, Verkehrsunfall durch Trunkenheit am Steuer), ist das Arbeitsversäumnis in den Berechnungszeitraum einzubeziehen und vermindert das Urlaubsentgelt.

Das Urlaubsentgelt wird nach Werktagen berechnet. Um den Durchschnittsverdienst für einen Werktag zu erhalten, teile ich den Verdienst der letzten abgerechneten 13 Wochen vor Urlaubsantritt durch 78 (13 × 6 Werktage). Das Ergebnis multipliziere ich mit der Anzahl der Urlaubstage (Werktage). Wird die Vergütung monatlich abgerechnet, wie z. B. beim Angestellten, so ist von dem Verdienst der letzten drei Monate auszugehen. Die Vergütung der letzten drei abgerechneten Monate wird dann ebenfalls durch 78 geteilt. Ist das Gehalt oder der Monatslohn immer gleich, so kann ich den Monatsverdienst auch durch 26 teilen.

Das Urlaubsentgelt ist vor Antritt des Urlaubs auszuzahlen (§ 11 Abs. 2 BUrlG). Irrtümlich zuviel gezahltes Urlaubsentgelt kann vom Arbeitgeber zurückverlangt werden. Das gilt nicht für den bereits erwähnten Fall, daß der Arbeitnehmer mehr Urlaub erhalten hat, als ihm beim Ausscheiden während des Urlaubsjahres zustand.

Von dem Urlaubsentgelt ist das Urlaubsgeld zu unterscheiden. Das Urlaubsgeld wird in der Regel kraft Tarifvertrages zusätzlich zum Urlaubsentgelt gewährt.

Beispiel:

Holz ist als Schreiner tätig, sein Freund Guss als Schlosser. Holz ist überrascht, daß Guss ein zusätzliches Urlaubsgeld in Höhe von 500 DM erhält.

Guss erklärt ihm, daß das Bundesurlaubsgesetz zwar Urlaubsentgelt, nicht aber ein zusätzliches Urlaubsgeld vorsieht. Er erhalte das Urlaubsgeld aufgrund eines Tarifvertrages, den die zuständige Gewerkschaft, der er angehöre, mit dem zuständigen Arbeitgeberverband abgeschlossen habe. ∎

2.3.9 Krankheit und Urlaub

Erkrankt der Arbeitnehmer vor Antritt eines bereits festgelegten Urlaubs, kann der Arbeitgeber nicht auf Einhaltung der Urlaubstage bestehen, sondern der Arbeitnehmer hat Anspruch darauf, daß der Urlaub neu festgelegt wird.

Erkrankt der Arbeitnehmer während des Urlaubs, werden die Krankheitstage nicht auf den Urlaub angerechnet, wenn ein ärztliches Attest über die Arbeitsunfähigkeit vorgelegt wird (§ 9 BUrlG). Glauben Sie aber nicht, daß Sie Ihren Urlaub nun ohne weiteres um die Krankheitstage verlängern können. Dazu bedarf es des Einverständnisses des Arbeitgebers. Denn die Urlaubzeit muß neu festgesetzt werden und – wie bereits angeführt – der Arbeitgeber bestimmt kraft seines Direktionsrechts den Zeitpunkt des Urlaubs. Sind Sie also irgendwo im Ausland und wollen Sie Ihren Urlaub um die Krankheitstage verlängern, dann setzen Sie sich am besten telefonisch mit Ihrem Arbeitgeber in Verbindung und holen sein Einverständnis ein. Selbstverständlich hat er auch Ihre Wünsche, soweit nicht betriebliches Interesse oder Interesse anderer Arbeitnehmer entgegenstehen, zu berücksichtigen.

Entgegen seiner früheren Rechtsprechung hat das Bundesarbeitsgericht in seiner Entscheidung vom 28. Januar 1982 den Urlaubsanspruch auch dann bejaht, wenn ein Arbeitnehmer krankheitsbedingt im Urlaubsjahr nur eine geringe oder gar keine Arbeitsleistung erbracht hat. Somit liegt nunmehr ein Rechtsmißbrauch auch dann nicht vor, wenn der Arbeitnehmer, obwohl er keinen einzigen Tag im Urlaubsjahr gearbeitet hat, seinen Urlaub beansprucht. Eine Ausnahme gilt nur für den Fall, daß Arbeitgeber und Arbeitnehmer tarifgebunden sind und im Tarifvertrag eine anderweitige Regelung getroffen ist.

Entbindet eine Arbeitnehmerin im Laufe des Urlaubsjahres, darf der Arbeitgeber ihr für die Schutzfrist vor (sechs Wochen) und nach der Entbindung (acht bzw. zwölf Wochen) keine Urlaubstage abziehen. Anders ist die Rechtslage bei dem Mutterschaftsurlaub, der nach dem Gesetz zur Einführung eines Mutterschaftsurlaubs, das am 1. Juli 1979 in Kraft getreten ist, auf Antrag der Arbeitnehmerin vom Arbeitgeber zu gewähren ist. Hier kann der Arbeitgeber für jeden vollen Kalendermonat ein Zwölftel des Jahresurlaubs abziehen.

2.3.10 Anrechnung von Kur- und Heilverfahren auf den Urlaub

Kuren und Schonzeiten dürfen nicht mehr auf den Urlaub angerechnet werden, soweit ein Anspruch auf Fortzahlung des Arbeitsentgelts nach den gesetzlichen Vorschriften über die Entgeltsfortzahlung im Krankheitsfalle besteht (§ 10 BUrlG).

Für Angestellte ergibt sich der Anspruch auf Gehaltsfortzahlung während der Kur aus §§ 63 HGB, 133 c GewO, 616 Abs. 2 BGB. Die Kur gilt danach ohne Rücksicht auf die Arbeitsunfähigkeit als unverschuldetes Unglück, wenn sie von einem Versicherungsträger – auch von einem privaten Versicherungsträger – bewilligt wird oder dem Angestellten die Arbeitsleistung in dieser Zeit unzumutbar ist. Letzteres dürfte in der Regel der Fall sein. Auf die Arbeitsfähigkeit bzw. Arbeitsunfähigkeit kommt es somit nicht an. Zu beachten ist aber, daß ein Anspruch nur bei Heil-, Vorbeugungs- oder Genesungskuren besteht, nicht dagegen bei Erholungskuren. Die auf die Kur folgende Schonungszeit ist der Kur gleichgestellt. Auch die Schonzeit darf daher nicht auf den Urlaub angerechnet werden.

Eine Einschränkung besteht insoweit, als wegen derselben Krankheit ein Anspruch auf Gehaltsfortzahlung nur einmal bis zur Dauer von sechs Wochen besteht. Hat der Angestellte in der Zwischenzeit aber bereits wieder sechs Monate voll gearbeitet, so entsteht erneut ein Anspruch auf Gehaltsfortzahlung von sechs Wochen. Nur insoweit besteht ein Anspruch auf Gehaltsfortzahlung und nur insoweit darf die Kur bzw. die Schonzeit nicht auf den Urlaub angerechnet werden. Diese Grundsätze gelten auch für Auszubildende.

Beim Arbeiter besteht ein Anspruch auf Lohnfortzahlung nach § 7 in Verbindung mit § 1 LFZG. Ein Anspruch auf Lohnfortzahlung besteht nur dann, wenn die Kosten der Kur von der Versicherung oder von einem Sozialleistungsträger voll übernommen werden. Auch hier besteht ein Anspruch nur bei einer Vorbeugungs-, Heil- oder Genesungskur, nicht bei der Erholungskur. Abweichend von der Regelung für Angestellte haben Arbeiter einen Anspruch auf Lohnfortzahlung während der Schonzeit nur dann, wenn sie arbeitsunfähig sind. Sind sie während der Schonzeit nicht arbeitsunfähig, können sie sich Urlaub nehmen. Wenn sie sich keinen Erholungsurlaub nehmen wollen, haben sie Anspruch auf unbezahlte Freizeit. Im übrigen gilt das hinsichtlich der Angestellten Erörterte entsprechend. Private und sonstige Kuren, aber auch Jugenderholzeiten, können vom Arbeitgeber auf den Urlaub angerechnet werden.

2.3.11 Übertragung des Urlaubs

Der Urlaub ist grundsätzlich an das Urlaubsjahr gebunden. Das ist nach dem Bundesurlaubsgesetz, aber auch nach vielen Tarifverträgen das Kalenderjahr. Der Arbeitgeber ist verpflichtet, den Urlaub im Urlaubsjahr zu gewähren, der Arbeitnehmer ist verpflichtet, den Urlaub im Urlaubsjahr zu nehmen (§ 7 Abs. 3 S. 1 BUrlG).

Haben Sie Ihren Urlaub nicht genommen, obwohl Ihr Arbeitgeber darauf bestanden hat, dann verfällt der Urlaubsanspruch mit Ablauf des Urlaubsjahres. Sie können also grundsätzlich im nachfolgenden Jahr Ihren Urlaubsanspruch aus dem vorhergehenden Jahr nicht geltend machen. Der Arbeitgeber ist dann weder verpflichtet, Ihnen Freizeit zu gewähren noch haben Sie Anspruch auf Abgeltung des verfallenen Urlaubs.

Dies gilt grundsätzlich. Ausnahmsweise ist jedoch eine Übertragung des Urlaubs auf das nächste Kalenderjahr möglich, wenn dringende betriebliche oder in der Person des Arbeitnehmers liegende Gründe dies rechtfertigen (§ 7 Abs. 3 S. 2 BUrlG). Dringende betriebliche Gründe liegen z. B. vor, wenn der Arbeitnehmer dringend benötigt wird, weil Arbeitskollegen durch Krankheit ausfallen, weil überraschend starker Arbeitsanfall eingetreten ist, wenn Waren zu verderben drohen oder wenn Terminarbeiten wegen widriger Umstände nicht rechtzeitig fertig werden. Der Arbeitgeber kann auch hier den Urlaub nur versagen, wenn er die beiderseitigen Interessen unter Berücksichtigung der Wünsche des Arbeitnehmers abgewägt hat.

Ein persönlicher Grund, der zur Übertragung des Urlaubs berechtigt, liegt z. B. vor, wenn der Arbeitnehmer krank war und daher seinen Urlaub nicht rechtzeitig nehmen konnte. Aber auch dann, wenn ein Krankheitsfall in der Familie ihn hinderte, den Urlaub wie vorgesehen zu nehmen, ist eine Übertragung gerechtfertigt. Das gleiche gilt, wenn die Wartezeit erst spät im Jahr (Oktober und später) erfüllt ist. Dann ist es dem Arbeitnehmer nicht mehr zuzumuten, in der schlechten Jahreszeit seinen Urlaub zu nehmen.

Hat der Arbeitnehmer eine neue Stelle z. B. erst am 1. September angetreten, erhält er nur anteiligen Urlaub. In diesem Fall kann der Arbeitnehmer eine Übertragung des Teilurlaubs in das neue Urlaubsjahr verlangen. Ist er vom Arbeitgeber aus betrieblichen Gründen aus dem Urlaub zurückgerufen worden oder ist er während des Urlaubs krank geworden und stehen ihm deswegen nur noch wenige Tage Resturlaub zu, kann der Arbeitnehmer ebenfalls eine Übertragung in das neue Urlaubsjahr verlangen, da der Urlaub, um den erstrebten Urlaubszweck zu erreichen, im Zusammenhang genommen werden soll. Der Resturlaub ist daher dem neuen Urlaub hinzuzuschlagen.

Abgesehen vom Falle der Erkrankung des Arbeitnehmers kann der Arbeitgeber in den angeführten Beispielen eine Übertragung des Urlaubs aus dringenden betrieblichen Interessen ablehnen. Dabei hat er auch hier eine Interessenabwägung vorzunehmen und dabei die Wünsche der Arbeitnehmer weitgehend zu berücksichtigen.

Gewährt der Arbeitgeber den Urlaub pflichtwidrig im Urlaubsjahr nicht, geht der Urlaubsanspruch auf das nächste Jahr über.

Die Übertragung des Urlaubs hängt allein davon ab, ob einer der vorgenannten Gründe vorliegt. Die Übertragung erfolgt dann automatisch. Dabei kommt es nicht darauf an, ob der Arbeitnehmer seinen Urlaub im Urlaubsjahr vom Arbeitgeber verlangt hat. Der Arbeitgeber hat den Urlaub von sich aus zu gewähren und vor allem auch festzusetzen. Tut er dies nicht, kann der Arbeitnehmer deswegen nicht benachteiligt werden. Jedoch muß der Arbeitnehmer im neuen Urlaubsjahr möglichst bald zu erkennen geben, daß er auf Urlaubsgewährung für das abgelaufene Jahr besteht. Kann er dies nicht, weil er z.B. krank ist, muß er nach seiner Genesung so bald wie möglich seinen Anspruch geltend machen.

Sind die Voraussetzungen für eine Übertragung des Urlaubs gegeben, ist der Urlaub als bezahlte Freizeit nachzugewähren. Er darf nicht abgegolten werden.

Das Bundesurlaubsgesetz schreibt vor, daß der Urlaub in den ersten drei Monaten des folgenden Jahres gewährt, aber auch genommen werden muß. Dies gilt allerdings nicht für Teilurlaub, der für Zeiten des vorhergehenden Kalenderjahres wegen Nichterfüllung der Wartezeit entstanden ist. Daher können alle Arbeitnehmer, die nach dem 1. Juli eine neue Arbeitsstelle angetreten haben, ohne Begründung verlangen, daß ihr anteiliger Urlaub auf das gesamte nächste Jahr übertragen und zusammen mit dem Urlaub des folgenden Jahres gewährt wird (§ 7 Abs. 3 S. 4 BUrlG).

Abweichend von seiner früheren Rechtsprechung vertritt das Bundesarbeitsgericht in seiner Entscheidung vom 13. Mai 1982 die Auffassung, daß auch dann, wenn der Arbeitnehmer infolge langdauernder Arbeitsunfähigkeit gehindert war, den Urlaub vor Ablauf des Übertragungszeitraums zu nehmen, der Urlaubsanspruch verfristet.

Beispiel:

Zart erkrankt im Jahre 1984, bevor er seinen Jahresurlaub nehmen kann. Erst im Mai 1985 wird er wieder arbeitsfähig. Sein Urlaub aus dem Jahre 1984 ist verfristet. ■

Nur dann, wenn der Arbeitgeber den Arbeitnehmer daran gehindert hat, den Urlaub zu nehmen, weil dieser aus betriebsbedingten Gründen nicht abkömmlich war, kann der Urlaub auch nach dem 31. März beansprucht werden. In diesem Falle verfristet der Urlaub erst mit dem 31. Dezember des nachfolgenden Jahres. Urlaub, der schon einmal übertragen wurde, kann nämlich nicht noch einmal übertragen werden.

Nach dem Urteil des LAG Rheinland-Pfalz vom 5. Juli 1984 tritt eine Verfristung mit dem 31. März auch dann nicht ein, wenn eine Arbeitnehmerin wegen des Mutterschaftsurlaubs den Erholungsurlaub nicht nehmen konnte. Auch dann verfristet der Anspruch erst mit dem 31. Dezember.

2.3.12 Abgeltung des Urlaubs

Abgeltungsverbot

Nach § 7 Abs. 4 Bundesurlaubsgesetz ist eine Urlaubsabgeltung nur dann möglich, wenn der Urlaub infolge der Beendigung des Arbeitsverhältnisses nicht mehr genommen werden kann. Eine Urlaubsabgeltung kommt also nicht in Betracht, solange die Möglichkeit besteht, den Urlaubsanspruch durch Gewährung von Freizeit zu erfüllen.

Es besteht also – abgesehen von der vorgenannten Ausnahme – ein Abgeltungsverbot. Verstößt der Arbeitgeber gegen dieses Verbot, zahlt er also dem Arbeitnehmer diese Urlaubsabgeltung aus, ist er trotzdem verpflichtet, dem Arbeitnehmer auf dessen Verlangen bezahlten Urlaub zu gewähren. Er kann dann grundsätzlich die bereits gewährte Abgeltung nicht zurückverlangen. Erfolgt die unzulässige Urlaubsabgeltung jedoch auf Veranlassung des Arbeitnehmers, muß er sich diese auf das Urlaubsentgelt anrechnen lassen.

Beispiel:

Schlau hat im Jahre 1984 aus betriebsbedingten Gründen den Urlaub nicht nehmen können. Anfang 1985 zahlt ihm Meister, sein Arbeitgeber, unaufgefordert die Urlaubsabgeltung. Zwei Wochen nach Zahlung der Urlaubsabgeltung verlangt Schlau von Meister, daß ihm der Urlaub für 1984 in das neue Urlaubsjahr (1985) übertragen und in Form von bezahlter Freizeit gewährt wird. Meister erklärt sich dazu bereit, aber nur unter der Bedingung, daß die bereits gezahlte Urlaubsabgeltung auf das Urlaubsentgelt angerechnet wird. Schlau ist der Meinung, er habe Anspruch auf den Urlaub in Form bezahlter Freizeit, er brauche sich aber auch nicht die ihm von Meister gewährte Urlaubsabgeltung anrechnen zu lassen. Wer hat Recht?

Schlau hat Recht. Meister muß ihm den Urlaub gewähren, kann aber die Urlaubsabgeltung nicht anrechnen. Schlau hat also ein gutes Geschäft gemacht. Das hat er dem Umstand zu verdanken, daß Meister gegen das zwingende gesetzliche Gebot des § 1 BUrlG verstoßen hat (so das Bundesarbeitsgericht).

Anders wäre die Rechtslage nur dann, wenn Schlau Meister dazu veranlaßt hätte, ihm die Urlaubsabgeltung auszuzahlen. In diesem Fall müßte Schlau sich die Urlaubsabgeltung auf das Urlaubsentgelt anrechnen lassen. ■

Voraussetzung der Urlaubsabgeltung

Das Gesetz läßt eine Urlaubsabgeltung nur dann zu, wenn der Urlaub wegen Beendigung des Arbeitsverhältnisses ganz oder teilweise nicht mehr gewährt werden kann. Weitere Voraussetzung ist, daß ein Urlaubsanspruch entstanden ist und zur Zeit der Beendigung des Arbeitsverhältnisses noch besteht. Hat der Arbeitnehmer keinen Urlaubsanspruch, hat er auch keinen Abgeltungsanspruch.

Wird das Arbeitsverhältnis durch eine ordentliche Kündigung beendet, ist in der Regel die Voraussetzung für eine Abgeltung nicht gegeben, da der Arbeitnehmer die Möglichkeit hat, innerhalb der Kündigungsfrist den noch ausstehenden Urlaub zu nehmen. Das gleiche gilt, wenn das Arbeitsverhältnis durch Aufhebungsvertrag, Zeitablauf oder Erreichung der Altersgrenze beendet wird, da auch hier grundsätzlich die Möglichkeit besteht, den Urlaub noch vor Beendigung des Arbeitsverhältnisses zu nehmen.

Wesentliche praktische Bedeutung hat die Urlaubsabgeltung somit in erster Linie im Falle der fristlosen Kündigung.

Beispiel:

Schmal beleidigt seinen Arbeitnehmer Großehr schwer. Großehr kündigt fristlos. Da er den Urlaub nicht mehr nehmen kann, hat er Anspruch auf Abgeltung. ■

Bemerkenswert ist, daß der Abgeltungsanspruch beim Tode des Arbeitnehmers nicht auf die Erben übergeht, da es sich um einen höchstpersönlichen Anspruch handelt. Endet also das Arbeitsverhältnis durch den Tod des Arbeitnehmers, geht der Abgeltungsanspruch unter. Das gilt dann nicht, wenn der Anspruch zur Zeit des Todes rechtshängig (d.h. bei Gericht anhängig) oder anerkannt war.

Keine Verlängerung des Arbeitsverhältnisses

Durch die Urlaubsabgeltung wird das Arbeitsverhältnis nicht etwa verlängert, wie mitunter angenommen wird. Das hat insoweit Bedeutung, als keine Bedenken bestehen, wenn ein Arbeitnehmer – obwohl er eine Urlaubsabgeltung erhalten hat – unmittelbar nach Beendigung des Arbeitsverhältnisses ein neues Arbeitsverhältnis begründet.

Höhe der Abgeltung

Der Abgeltungsbetrag soll es dem Arbeitnehmer ermöglichen, sich bis zum Antritt einer neuen Stelle eine dem Urlaub entsprechende Freizeit zu nehmen. Die Urlaubsabgeltung ist daher nach den gleichen Grundsätzen zu errechnen wie das Urlaubsentgelt. Es wird daher auf diesen Abschnitt verwiesen.

Krankheit und Abgeltung

Entgegen der früheren Rechtsprechung des 5. Senats des Bundesarbeitsgerichts hat der 6. Senat in seinem Urteil vom 23. Juli 1983 entschieden, daß kein Urlaubsabgeltungsanspruch im Sinne von § 7 Abs. 4 Bundesurlaubsgesetz entsteht, wenn ein Arbeitnehmer nach dauernder Arbeitsunfähigkeit aus dem Arbeitsverhältnis ausscheidet, ohne die Arbeitsfähigkeit wieder zu erlangen.

Beispiel:

R. ist vom 31. Januar 1979 bis zur Beendigung des Arbeitsverhältnisses, aus dem er am 27. Februar 1981 als Rentner erwerbsunfähig ausgeschieden ist, ununterbrochen arbeitsunfähig krank gewesen. Laut Tarifvertrag steht ihm für 1981 der gesamte Jahresurlaub zu, da er wegen Erwerbsunfähigkeit ausgeschieden ist. Wegen der Beendigung des Arbeitsverhältnisses kann er den Urlaub nicht mehr in Form von Freizeit, sondern nur als Abgeltung beanspruchen. Der Arbeitgeber verweigert die Zahlung der Abgeltung. R. will den Anspruch einklagen. Hat die Klage Aussicht auf Erfolg?

Nein. Nach dem Urteil des 6. Senats des Bundesarbeitsgerichts steht ihm ein Abgeltungsanspruch nicht zu, weil er aus dem Arbeitsverhältnis ausgeschieden ist, ohne die Arbeitsfähigkeit wiedererlangt zu haben. ■

Zu beachten ist aber, daß dieser Grundsatz dann nicht gilt, wenn durch Tarifvertrag eine anderweitige Regelung vorgesehen ist. So haben die Beschäftigten des öffentlichen Dienstes gemäß § 51 Abs. 1 S. 3 BAT, wenn der Urlaub wegen andauernder Arbeitsunfähigkeit bis zur Beendigung des Arbeitsverhältnisses nicht mehr genommen werden kann (so BAG Urteil vom 8. März 1984), trotzdem einen Anspruch auf Urlaubsabgeltung.

Das Vorhergesagte gilt immer nur für den Fall, daß es sich um eine dauernde Arbeitsunfähigkeit handelt, d. h. wenn der Arbeitnehmer zum Zeitpunkt des Ausscheidens und danach über das Ende des Urlaubsjahres hinaus und im Übertragungszeitraum arbeitsunfähig ist. Endet dagegen die Arbeitsunfähigkeit im Urlaubsjahr, für das der Urlaubsanspruch entstanden ist bzw. im Übertragungszeitraum so rechtzeitig, daß bei bestehendem Arbeitsverhältnis der Urlaub hätte verwirklicht werden können, handelt es sich also um eine vorübergehende Arbeitsunfähigkeit, behält der Arbeitnehmer seinen Anspruch auf Urlaubsabgeltung (so das BAG in seiner Entscheidung vom 23. Juni 1983).

Beispiel:

Kummer, der schon seit mehreren Jahren bei Großmann beschäftigt ist, wird Anfang Januar 1984 krank. Da er infolge seiner Krankheit seine bisherige Tätigkeit als Berufskraftfahrer im Betrieb des Großmann nicht mehr ausüben kann, scheidet er im gegenseitigen Einvernehmen, also durch Aufhebungsvertrag, am 30. Juni 1984 aus. Seine Arbeitsunfähigkeit dauert bis zum 7. Juli 1984. Am 15. Juli 1984 tritt er eine neue Arbeitsstelle an.

Großmann ist der Ansicht, Kummer habe keinen Anspruch auf Urlaubsabgeltung, da er beim Ausscheiden arbeitsunfähig war. Das ist nicht richtig! Denn Kummer war nicht dauernd arbeitsunfähig, sondern er hätte, wenn das Arbeitsverhältnis nicht beendet worden wäre, nach dem 7. Juli 1984 seinen Urlaub antreten können. Er ist nur vorübergehend arbeitsunfähig gewesen. Dies gilt auch dann, wenn Kummer erst im Übertragungszeitraum, d. h. also im Januar, Februar, März des folgenden Jahres, arbeitsfähig geworden wäre. ∎

Kein Wegfall des Abgeltungsanspruchs

Entgegen früherem Recht entfällt der Abgeltungsanspruch dann nicht, wenn der Arbeitnehmer das Arbeitsverhältnis unberechtigterweise, d. h. durch Vertragsbruch, löst oder wenn ihm der Arbeitgeber berechtigt fristlos kündigt. Auch in diesen Fällen hat der Arbeitnehmer nunmehr einen Anspruch auf Abgeltung des entstandenen Urlaubsanspruchs. Ein Verfall des Urlaubsanspruchs tritt nicht mehr ein. Nur in Ausnahmefällen, dann nämlich, wenn die Geltendmachung des Urlaubsanspruchs rechtsmißbräuchlich wäre, ist ein Verfall des Urlaubsanspruchs und damit des Abgeltungsanspruchs denkbar.

Verzicht und Verjährung

Der Arbeitnehmer kann nach Beendigung des Arbeitsverhältnisses auf den gesetzlichen Abgeltungsanspruch nicht rechtswirksam verzichten. Unterschreiben Sie also – wie das oft in der Praxis geschieht – eine sogenannte Ausgleichsquittung, in der festgestellt wird, daß Sie keinerlei Ansprüche mehr gegen den Arbeitgeber haben, behalten Sie trotzdem Ihren Abgeltungsanspruch.

Der Abgeltungsanspruch verjährt zwei Jahre nach Ende des Jahres, in dem der Anspruch entstanden ist. Haben Sie also im Jahre 1982 ein Arbeitsverhältnis beendet, können Sie den Abgeltungsanspruch bis zum 31. Dezember 1984 geltend machen. Ist der Urlaubsanspruch des Arbeitnehmers durch Urteil zuerkannt worden, tritt die Verjährung erst nach 30 Jahren ein. Tarifgebundene Arbeitnehmer müssen auch hier die im Tarifvertrag festgelegten Ausschlußfristen (oft nur drei Monate) beachten.

Wird der Abgeltungsanspruch nicht innerhalb der Ausschlußfrist beim Arbeitgeber in der im Tarifvertrag vorgesehenen Form (meist schriftlich) geltend gemacht, ist er verfallen.

Steuerpflicht und Sozialversicherungspflicht

Ebenso wie das Urlaubsentgelt ist die Urlaubsabgeltung steuerpflichtig. Das gleiche gilt hinsichtlich der Sozialversicherung.

Findet der Arbeitnehmer keine neue Arbeitsstelle und hat er daher Anspruch auf Arbeitslosengeld, so wird die Abgeltung entgegen der früheren gesetzlichen Regelung auf das Arbeitslosengeld (§ 117 Abs. 1 a AFG) angerechnet.

Abänderungen

Eine Aufhebung des Abgeltungsverbots ist weder im Einzelarbeitsvertrag noch in einer Betriebsvereinbarung, aber auch nicht in einem Tarifvertrag möglich. Das Abgeltungsverbot ist zwingendes Recht.

2.3.13 Sonderurlaub (Arbeitsbefreiung)

Neben dem Erholungsurlaub hat der Arbeitnehmer unter gewissen Voraussetzungen unter Fortzahlung seines Arbeitsentgelts Anspruch auf Freistellung von der Arbeit. So nach § 616 Abs. 1 BGB bei der Eheschließung, Goldenen Hochzeit der Eltern, Niederkunft der Ehefrau, Tod oder schwerer Erkrankung von nahen Angehörigen, unter Umständen auch bei Wohnungswechsel (vgl. hierzu auch Seite 54). In diesen Fällen darf der Arbeitgeber den Arbeitnehmer nicht auf den Erholungsurlaub verweisen. Hat der Arbeitnehmer aber Erholungsurlaub und tritt dann einer der vorgenannten Fälle ein, hat er Pech gehabt; denn dann besteht kein Anspruch auf Freistellung.

Der Arbeitnehmer hat auch die Möglichkeit, unbezahlten Urlaub zu nehmen. Jedoch ist der Arbeitgeber nur dann zur Gewährung von unbezahltem Urlaub verpflichtet, wenn betriebliche Bedürfnisse nicht entgegenstehen.

Einen Sonderfall der Arbeitsbefreiung regelt § 629 BGB. Nach dieser Bestimmung hat der Arbeitgeber dem Arbeitnehmer nach der Kündigung, d.h. also innerhalb der Kündigungsfrist, eine angemessene Zeit zum Aufsuchen einer neuen Stelle zu gewähren. Angemessen heißt, daß der Arbeitgeber mehr Zeit zur Verfügung stellen muß, wenn der Arbeitnehmer sich z.B. in einer anderen Stadt um eine neue Stelle bewerben will. Der Arbeitgeber hat für diese Zeit den Lohn weiterzuzahlen (§ 616 BGB).

IV. Kapitel
Die Beendigung des Arbeitsverhältnisses

Sind Sie mit Ihrer derzeitigen Arbeitsstelle nicht zufrieden oder sehen Sie für sich in einem anderen Unternehmen bessere Chancen, können Sie Ihr Arbeitsverhältnis durch Kündigung beenden. Selbstverständlich hat Ihr Arbeitgeber ebenfalls die Möglichkeit, Ihnen zu kündigen.

Die meisten Arbeitsverhältnisse enden durch Kündigung. Deshalb werden wir uns zunächst einmal ausführlich mit der Kündigung und dem Kündigungsschutz beschäftigen. Danach werden wir die übrigen Möglichkeiten aufzeigen, durch die ein Arbeitsverhältnis beendet werden kann.

1 Grundsätzliches über die Kündigung

1.1 Die wesentlichsten Regeln des Kündigungsrechts

Sicher wissen Sie, daß es zwei Arten der Kündigung gibt, nämlich die fristlose oder außerordentliche Kündigung und die fristgemäße oder ordentliche Kündigung.

Die meisten Arbeitsverhältnisse sind auf unbestimmte Zeit abgeschlossen. Sie können durch Kündigung einseitig beendet werden. Liegt ein wichtiger Grund zur Kündigung vor, kann der Arbeitnehmer fristlos kündigen (außerordentliche Kündigung, § 626 BGB). Hat er keinen wichtigen Grund, kann er fristgemäß kündigen (ordentliche Kündigung, § 622 BGB). Das gleiche gilt auch für den Arbeitgeber. Nur ist die ordentliche Kündigung für ihn durch das Kündigungsschutzgesetz erschwert.

Eine außerordentliche Kündigung, die deswegen nicht rechtswirksam ist, weil ein wichtiger Grund fehlt, kann in eine ordentliche Kündigung umgedeutet werden. Dies gilt jedoch nicht, wenn dadurch das Widerspruchsrecht des Betriebsrats nach § 102 Abs. 3 BetrVG umgangen würde.

In beiden Arten der Kündigung handelt es sich um einseitige empfangsbedürftige Willenserklärungen. Was bedeutet das: einseitige Willenserklärung?

Beispiele:

Falk kündigt Meiser fristgerecht zum 30. Juni. Meiser erklärt: „Ich bin mit der Kündigung nicht einverstanden!" Er glaubt, dadurch sei die Kündigung nicht wirksam. Hat er Recht?

Nein! Da die Kündigung eine einseitige Willenserklärung ist, bedarf sie nicht des Einverständnisses des Vertragspartners. Im Gegensatz zu dem Aufhebungsvertrag, wo beide Vertragspartner mit der Aufhebung des Arbeitsverhältnisses einverstanden sein müssen, wird bei der Kündigung das Arbeitsverhältnis durch eine einseitige Erklärung des einen oder anderen Vertragspartners beendet. Wichtig ist nur, da es sich um eine empfangsbedürftige Willenserklärung handelt, daß sie dem Vertragspartner zugegangen ist, d.h., daß er die Möglichkeit hat, Kenntnis von der Kündigung zu erlangen. Denn nur dann ist sie wirksam. Näheres siehe Ziffer 1.3 auf Seite 106. ■

Zu beachten ist aber hier folgendes: In dem vorstehenden Beispiel hat Meiser erklärt, er sei mit der Kündigung nicht einverstanden. Wie bereits ausgeführt, hat das keinerlei rechtliche Wirkung auf die Wirksamkeit der Kündigung. Umgekehrt ist es aber von Bedeutung, wenn Meiser erklärt, „ich nehme die Kündigung an". Dann endet nämlich das Arbeitsverhältnis nicht mehr durch eine Kündigung, sondern durch einen Aufhebungsvertrag. Denn in diesem Falle ist die Kündigung als Antrag zum Abschluß eines Aufhebungsvertrages anzusehen. Durch seine Erklärung hat Meiser diesen Antrag angenommen. Damit ist ein Vertrag, d.h. ein Aufhebungsvertrag, zustande gekommen. Das ist für den Arbeitnehmer insoweit sehr wichtig, als er durch Annahme der Kündigung sich des Kündigungsschutzes begibt. Erklärt er sich mit der Kündigung einverstanden, kann er sich später nicht mehr auf den Kündigungsschutz, der ihm durch das Gesetz gewährt wird, berufen. Im übrigen hat der Abschluß eines

Aufhebungsvertrages in der Regel zur Folge, daß der Arbeitnehmer vom Arbeitsamt mit einer Sperre von acht Wochen belegt wird. ∎

Wegen weiterer Einzelheiten verweisen wir auf den Abschnitt „Ruhen des Anspruchs wegen Sperrzeit" in der von der Arbeitskammer herausgegebenen Broschüre „Arbeitslosengeld".

1.1.1 Vertretung der Vertragspartner

Der Arbeitgeber kann dem Arbeitnehmer kündigen und umgekehrt, und selbstverständlich muß dem Arbeitgeber bzw. dem Arbeitnehmer die Kündigung zugehen. Aber wie sieht es z. B. aus, wenn der Arbeitgeber einen Geschäftsführer hat, der dem Arbeitnehmer kündigt? Ist die Kündigung in diesem Fall wirksam?

Vertretung ist sowohl auf der einen als auch auf der anderen Seite möglich. Der betreffende Vertragspartner kann einem Dritten Vollmacht erteilen. Diese Vollmacht bedarf in der Regel keiner Form. So genügt es, wenn der Vollmachtgeber seinen Vertragspartner von der Vollmacht in Kenntnis setzt. Hat also der Arbeitgeber seinem Arbeitnehmer mitgeteilt, daß er seinen Geschäftsführer generell zur Kündigung bevollmächtigt hat, ist die Kündigung wirksam; hat er das nicht getan, ist die Kündigung unwirksam, wenn der Geschäftsführer eine schriftliche Vollmacht nicht vorzeigt und der Arbeitnehmer deswegen die Kündigung unverzüglich zurückweist. Jedoch hat das Bundesarbeitsgericht in seinem Urteil vom 30. Mai 1972 festgestellt, daß der, der wie der Personalabteilungsleiter eine Stellung bekleidet, mit der das Kündigungsrecht verbunden zu sein pflegt, eine Vollmachtsurkunde nicht vorzulegen braucht.

Minderjährige bedürfen zur Kündigung grundsätzlich der Einwilligung des gesetzlichen Vertreters (Eltern, Vormund). Kündigt z. B. ein minderjähriger Arbeitnehmer sein Arbeitsverhältnis, ist die Kündigung nur wirksam, wenn der gesetzliche Vertreter seine Einwilligung erteilt hat. Diese Einwilligung bedarf nicht unbedingt der Schriftform. Sie ist aber zu empfehlen. Denn legt der Minderjährige die Einwilligung nicht in schriftlicher Form vor, kann der Arbeitgeber die Kündigung dadurch unwirksam machen, daß er die Kündigung unverzüglich zurückweist (§ 111 BGB).

Kündigt der Arbeitgeber einem minderjährigen Arbeitnehmer, ist Erklärungsempfänger nicht der Minderjährige, sondern sein gesetzlicher Vertreter. Die Kündigung wird also nur dann wirksam, wenn sie dem gesetzlichen Vertreter zugeht.

Ausnahmen von diesen Grundsätzen bestehen in zwei Fällen, nämlich nach § 112 und § 113 BGB. Für die Praxis ist jedoch nur folgender Fall interessant:

Hat der gesetzliche Vertreter den Minderjährigen ermächtigt, in Dienst oder Arbeit zu treten, kann der minderjährige Arbeitnehmer das Arbeitsverhältnis selbst wirksam kündigen. Ebenso wird die vom Arbeitgeber ausgesprochene Kündigung wirksam, wenn sie dem Minderjährigen zugeht (§ 113 BGB, der aber nicht für Auszubildende gilt; vgl. unter Ziffer 1.1 auf Seite 19).

1.1.2 Form der Kündigung

Viele Arbeitnehmer glauben, wenn ihnen nicht schriftlich gekündigt würde, sei die Kündigung nicht wirksam. Das ist falsch. Die Kündigung eines Arbeitsverhältnisses bedarf grundsätzlich keiner Form.

Ausnahmsweise schreibt § 15 Abs. 3 BerBildG für die Kündigung eines Berufsausbildungsverhältnisses Schriftform vor. Kündigt der Ausbilder (früher Lehrherr) oder der Auszubildende (früher der Lehrling), ist die Kündigung, wenn sie nicht schriftlich erfolgt, nach § 125 S. 1 BGB nichtig. Soll sie Wirksamkeit erlangen, muß sie in der vorgeschriebenen Form – also schriftlich – wiederholt werden.

Schriftform kann aber auch durch Tarifvertrag oder Betriebsvereinbarung vorgeschrieben werden. Hier hat die Nichtbeachtung der Formvorschrift in der Regel ebenfalls die Nichtigkeit nach § 125 S. 1 BGB zur Folge. Ausnahmen sind möglich. Es kommt auf die Formulierung an.

Schließlich kann auch im Einzelarbeitsvertrag die Schriftform der Kündigung vereinbart werden. In diesem Fall hat der Mangel der Schriftform allerdings nur im Zweifel die Nichtigkeit der Kündigung zur Folge. Erklären die Vertragspartner ausdrücklich oder ergibt sich eindeutig aus ihrem Verhalten, daß beide auf die Einhaltung der Schriftform keinen Wert legen, ist die Kündigung, auch wenn sie mündlich erfolgt, wirksam.

Im übrigen darf die Kündigung nicht in ungehöriger Form erfolgen, so z.B. nicht durch den Pförtner vor dem Fabriktor oder durch einen bevollmächtigten Auszubildenden (vgl. Landesarbeitsgericht Baden-Württemberg BB 68, 334).

1.1.3 Zeitpunkt der Kündigung

Die Kündigung kann jederzeit erfolgen, d.h. sie ist nicht an die Arbeitszeit gebunden, sondern kann auch am Feierabend oder an einem Sonn- oder

Feiertag erklärt werden. Jedoch darf sie nicht zur „Unzeit", so z.B. mitten in der Nacht, auf einem Betriebsausflug oder beim Kirchgang vorgenommen werden. Eine derartige Kündigung ist wegen Verstoßes gegen Treu und Glauben und die Verkehrssitte gemäß § 242 BGB jedoch nur dann unwirksam, wenn der Gekündigte sie auf der Stelle zurückweist.

1.1.4 Kündigung vor Arbeitsaufnahme

Liegt ein wichtiger Grund vor, der die eine oder andere Seite zur außerordentlichen Kündigung berechtigt, kann der betreffende Vertragspartner auch zwischen Abschluß des Vertrags und Arbeitsaufnahme kündigen. Gegen die außerordentliche Kündigung bestehen also keine Bedenken.

Das Bundesarbeitsgericht (AP Nr. 1 zu § 620 BGB) vertritt entgegen der früher vom Reichsarbeitsgericht vertretenen Auffassung den Standpunkt, daß auch eine ordentliche Kündigung vor Arbeitsaufnahme zulässig ist. Umstritten ist dagegen die Frage, wann die Kündigungsfrist zu laufen beginnt. Das Bundesarbeitsgericht hat früher den Standpunkt vertreten, daß im Zweifel die Frist nicht bereits mit Vertragsabschluß, sondern erst mit Vertragsbeginn zu laufen beginnt. Diesen Standpunkt hat es aufgegeben. Daraus ist zu entnehmen, daß – wenn nichts anderes vereinbart ist – der Lauf der Kündigungsfrist bereits nach Abschluß des Arbeitsvertrages beginnen kann. Dies gilt insbesondere dann, wenn von den Parteien eine Probefrist vereinbart wurde.

1.1.5 Inhalt der Kündigungserklärung

Aus der Kündigungserklärung muß sich klar der Wille ergeben, das Arbeitsverhältnis zu beenden. Das heißt aber nicht, daß in der Kündigungserklärung das Wort „kündigen" gebraucht werden muß. Es genügt z.B., wenn der Arbeitnehmer seinem Arbeitgeber sagt: „Machen Sie meine Papiere fertig!" oder wenn umgekehrt der Arbeitgeber zum Arbeitnehmer sagt: „Zum Ersten können Sie sich eine neue Stelle suchen!" Mitunter ergibt sich der Wille, das Arbeitsverhältnis zu beenden, auch aus dem Verhalten der Vertragsparteien (durch konkludentes Handeln).

Beispiel:

Eigenherr geht eigenmächtig in Urlaub. Daraufhin schickt ihm Hart, sein Arbeitgeber, kommentarlos die Papiere. Eigenherr hält das nicht für eine Kündigung.

Sind Sie der gleichen Ansicht? Dann liegen Sie falsch! ∎

Des weiteren muß auch aus der Kündigungserklärung zu entnehmen sein, zu welchem Zeitpunkt die Kündigung wirksam werden soll. Das kann unter Umständen auch dann der Fall sein, wenn ein Datum nicht angegeben ist, so z.B., wenn die Kündigung zum nächstmöglichen Termin erfolgt. Ist nicht klar ersichtlich, was der Kündigende meint, geht das zu seinen Lasten, d.h. der Gekündigte kann die Kündigungserklärung zu seinen Gunsten auslegen. Ist z.B. nicht zu erkennen, ob es sich um eine ordentliche oder außerordentliche Kündigung handelt, ist die Kündigung als ordentliche Kündigung zu behandeln.

Zurück zu unserem Beispiel: Hart sendet Eigenherr kommentarlos die Papiere. Das ist eine fristlose Kündigung. Der Zeitpunkt der Kündigung wird bei der fristlosen Kündigung durch ihren Zugang bestimmt.

1.1.6 Angabe des Kündigungsgrundes

Viele Arbeitnehmer sind der Ansicht, daß eine Kündigung, bei der der Kündigungsgrund nicht angegeben ist, unwirksam sei. Das ist falsch! Grundsätzlich bedarf die Kündigung keiner Begründung. Dies gilt sowohl für die ordentliche als auch für die außerordentliche Kündigung. Wenn das Gesetz in § 626 Abs. 2 BGB vorschreibt, daß der Gekündigte im Falle der außerordentlichen Kündigung Anspruch darauf hat, daß ihm der Kündigende den Kündigungsgrund unverzüglich schriftlich mitteilt, hat das nur die Bedeutung, daß der Kündigende bei Verletzung dieser Pflicht Schadensersatz zu leisten hat, ändert aber nichts an der Wirksamkeit der Kündigung. Lediglich beim Berufsausbildungsverhältnis muß eine Kündigung, die nach der Probezeit erfolgt, begründet sein (§ 15 Abs. 3 BerBildG), wenn sie rechtswirksam sein soll. Darüber hinaus kann in Tarifverträgen oder Betriebsvereinbarungen eine Begründung vorgeschrieben sein, deren Nichtbeachtung ebenfalls die Unwirksamkeit der Kündigung zur Folge hat.

1.2. Kündigung unter Bedingungen

Da die Kündigung klar und bestimmt sein muß, kann sie grundsätzlich nicht an eine Bedingung geknüpft werden. Das gilt jedoch dann nicht, wenn der Eintritt der Bedingung vom Willen des Erklärungsempfängers abhängt. So ist z.B. die Änderungskündigung in ihrer alten Form (siehe folgende Ziffer 1.2.1) eine Kündigung, die mit der aufschiebenden Bedingung verbunden ist, daß der Gekündigte die gleichzeitig mit der Kündigung angebotene Änderung des Arbeitsvertrages ablehnt. Der Eintritt der Bedingung hängt hier von dem Erklärungsempfänger ab. Die Kündigung ist somit wirksam, wenn der Gekündigte mit der aufschiebenden Bedingung nicht einverstanden ist.

1.2.1 Die Änderungskündigung

Will ein Vertragspartner, in der Regel wird es der Arbeitgeber sein, irgendeine Bedingung des Arbeitsvertrages einseitig ändern, kann er dies nur im Wege der Änderungskündigung. Nach früherem Recht war die Änderungskündigung eine echte Kündigung, verbunden mit dem Angebot des Arbeitgebers, das Arbeitsverhältnis unter den geänderten Arbeitsbedingungen fortzusetzen. Diese Kündigung war daher rechtlich genauso zu behandeln wie eine normale Kündigung. War der Arbeitnehmer nicht mit der Änderung des Arbeitsverhältnisses einverstanden, konnte er Kündigungsschutzklage erheben. Kam das Gericht zu dem Ergebnis, daß die Kündigung nicht gerechtfertigt war – gewann also der Arbeitnehmer den Prozeß –, wurde das Arbeitsverhältnis unter den alten Bedingungen fortgesetzt. In der Praxis kam es aber häufig nicht mehr dazu. Denn da der Arbeitnehmer nach Ablauf der Kündigungsfrist den Betrieb verlassen mußte, war er oft nach Ablauf des Prozesses nicht mehr daran interessiert, in den Betrieb zurückzukehren.

Kam das Gericht zu dem Ergebnis, daß die Kündigung gerechtfertigt war, verlor der Arbeitnehmer nicht nur den Prozeß, sondern auch seinen Arbeitsplatz. Er lief jedesmal, wenn er also überprüfen ließ, ob er sich die Änderung des Arbeitsverhältnisses gefallen lassen mußte oder nicht, Gefahr, seinen Arbeitsplatz zu verlieren.

Um den Arbeitnehmer vor diesem Risiko zu bewahren, sieht der neue § 2 KSchG für den Arbeitnehmer eine andere Möglichkeit vor, soweit es sich um eine ordentliche Kündigung handelt (eine außerordentliche Kündigung dürfte nur in Ausnahmefällen zulässig sein): Er kann das Angebot des Arbeitgebers unter dem Vorbehalt annehmen, daß die Änderung der Arbeitsbedingungen gemäß § 1 Abs. 2 und 3 KSchG nicht sozialwidrig ist. Der Arbeitnehmer muß diesen Vorbehalt innerhalb der Kündigungsfrist, spätestens innerhalb von drei Wochen, dem Arbeitgeber erklären und innerhalb des gleichen Zeitraumes (drei Wochen) Änderungsschutzklage erheben.

Nimmt der Arbeitnehmer die Änderungskündigung unter Vorbehalt an, was bedeutet, daß er ab sofort unter den neuen Arbeitsbedingungen arbeiten muß, so hat er den Vorteil, daß er nach Ablauf der Kündigungsfrist im Betrieb weiterbeschäftigt werden muß. Verliert er in diesem Fall den Prozeß, wird das Arbeitsverhältnis unter den geänderten Bedingungen fortgesetzt, der Arbeitnehmer verliert aber seinen Arbeitsplatz nicht. Damit ist dem Arbeitgeber ein Druckmittel genommen, um eine für den Arbeitnehmer ungünstige Änderung des Arbeitsverhältnisses durchzusetzen. Gewinnt der Arbeitnehmer den Prozeß, so wird das Arbeitsverhältnis unter den alten Arbeitsbedingungen fortgesetzt.

Nimmt der Arbeitnehmer die Änderungskündigung nicht unter Vorbehalt an, so bleibt es bei den bisherigen Arbeitsbedingungen, er muß aber nach Ablauf der Kündigungsfrist den Betrieb verlassen. Hat er innerhalb von drei Wochen nach Zugang der Änderungskündigung Kündigungsschutzklage beim Arbeitsgericht erhoben, muß er nun den Prozeß außerhalb des Betriebes weiterführen. Die Rechtslage ist dann die gleiche wie nach der eingangs erwähnten früheren Regelung: Gewinnt er den Prozeß, so wird das Arbeitsverhältnis unter den alten Bedingungen fortgesetzt. Verliert er den Prozeß, so endet das Arbeitsverhältnis.

Ist der Arbeitnehmer mit der Änderung des Arbeitsvertrages einverstanden, so bedarf es selbstverständlich keiner Änderungskündigung.

Wichtig ist, daß der Arbeitgeber erst dann eine Beendigungskündigung aussprechen darf, wenn eine Änderungskündigung nicht mehr möglich ist. Hat der Arbeitgeber z. B. die Möglichkeit, den Arbeitnehmer an einem anderen Arbeitsplatz im Betrieb einzusetzen, weigert sich aber der Arbeitnehmer, dort zu arbeiten, so darf der Arbeitgeber keine Beendigungskündigung aussprechen, sondern eine Änderungskündigung (BAG vom 27. September 1984).

§ 102 BetrVG ist auch auf die Änderungskündigung anzuwenden. Wird z. B. der Betriebsrat zu der Änderungskündigung nicht gehört, ist sie gemäß § 102 Abs. 1 BetrVG unwirksam.

1.2.2 Die vorsorgliche Kündigung

Keine bedingte Kündigung ist die sogenannte vorsorgliche Kündigung. Kündigt der Arbeitgeber z. B. wegen der schlechten Auftragslage mit dem Hinweis, daß er – falls sich die Lage bessert – die Kündigung zurücknimmt und das Arbeitsverhältnis auch nach diesem Termin fortsetzt, handelt es sich um eine normale Kündigung. Die Erklärung des Arbeitgebers, er werde die Kündigung zurücknehmen, ist rechtlich ohne jede Bedeutung. Die vorsorgliche Kündigung ist daher eine Kündigung wie jede andere und entsprechend zu behandeln. Für den Arbeitnehmer ist das insoweit wichtig, als er darauf achten muß, in diesem Fall die Frist für die Kündigungsschutzklage (vgl. unter Ziffer 1.5 auf Seite 132) nicht zu versäumen.

1.3 Zugang der Kündigung

Die Kündigung ist eine empfangsbedürftige Willenserklärung. Wie erwähnt wird sie wirksam, wenn sie dem Erklärungsempfänger zugeht. Nicht von Bedeutung für den Zugang ist, ob der Erklärungsempfänger die Kündigung billigt oder sich mit ihr einverstanden erklärt. Ist er anwesend, geht ihm die Kündigung nicht mit Ausspruch zu, sondern erst dann, wenn er sie vernimmt. Das ist ein feiner Unterschied, der aber bei dem Gastarbeiter, dem es an den erforderlichen Sprachkenntnissen fehlt, von Bedeutung werden kann. Bei ihm ist die Kündigung erst zugegangen, wenn sie ihm übersetzt worden ist, also nicht schon bei Ausspruch. Wird sie ihm nicht übersetzt, ist sie auch nicht zugegangen. Eine Kündigung per Telefon gilt als Kündigung unter Anwesenden, d.h. die Kündigung geht zu, wenn der Gesprächspartner sie vernimmt.

Problematischer ist die Kündigung gegenüber einem Abwesenden, da Zeit und Ort der Abgabe der Kündigungserklärung und Zeit und Ort des Zugangs der Kündigung im Normalfall voneinander abweichen. Sie wird daher in der Regel schriftlich übermittelt. Wird die Kündigung dem Erklärungsempfänger durch einen einfachen Brief zugesandt, geht sie in dem Moment zu, wo sie in der Wohnung oder dem Geschäftslokal des Erklärungsempfängers einer zum Empfang berechtigten Person ausgehändigt oder aber in den Briefkasten geworfen wird. (Im letzteren Falle ist die Kündigung zu dem Zeitpunkt zugegangen, zu dem der Briefkasten üblicherweise geleert wird.) Die Kündigung gilt nämlich dann als zugegangen, wenn der Empfänger die Möglichkeit hat, sie zur Kenntnis zu nehmen. Nicht erforderlich ist, daß er tatsächlich Kenntnis genommen hat. Entscheidend ist, ob die Kündigung in seinen Machtbereich gelangt ist oder nicht. Findet er den Brief im Briefkasten, ist es gleichgültig, ob er ihn öffnet oder nicht. Die Kündigung ist zugegangen.

Der Zugang der Kündigung wird in der Regel auch nicht durch Krankheit oder Abwesenheit verhindert. Jedoch gibt es von diesem Grundsatz Ausnahmen.

Beispiel:

Fröhlich reist im Urlaub mit seiner Familie nach Italien. Er hat bei List, seinem Arbeitgeber, die Urlaubsadresse hinterlassen. List schickt das Kündigungsschreiben an die Heimatadresse des Fröhlich. Als dieser aus dem Urlaub nach Hause kommt, findet er das Kündigungsschreiben in seinem Briefkasten. Wann ist die Kündigung zugegangen?

Aufgrund der Fürsorgepflicht war List verpflichtet, Fröhlich das Kündigungsschreiben an die Urlaubsadresse nachzusenden. Da er das nicht gemacht hat, ist das Schreiben in dem Moment erst zugegangen, in dem Fröhlich es im Briefkasten findet. Von diesem Zeitpunkt an läuft die Kündigungsfrist. ∎

Noch weiter geht das Landesarbeitsgericht Hamm in seinem Beschluß vom 23. März 1972, in dem es den Standpunkt vertritt, ein Arbeitnehmer, der einen vierwöchigen Betriebsurlaub antrete und sich auf eine Urlaubsreise begebe, brauche im allgemeinen nicht sicherzustellen, daß ihn rechtsgeschäftliche Erklärungen des Arbeitgebers auch während des Urlaubs erreichen. Es hat daher die Kündigungsschutzklage nach Ablauf der Drei-Wochen-Frist zugelassen, da der Arbeitnehmer unverschuldet die Frist versäumt habe.

Diesen Standpunkt wird man aber dann nicht vertreten können, wenn der Arbeitnehmer mit der Kündigung rechnen mußte oder wenn er den Zugang der Kündigung schuldhaft verhindert hat. Tritt er z.B. die Urlaubsreise ohne Angabe seiner Adresse an, um den Zugang des Kündigungsschreibens zu verhindern, gilt die Kündigung als zum normalen Zeitpunkt zugegangen.

Selbstverständlich gilt die Kündigung als zugegangen, wenn der Erklärungsempfänger die Annahme des Kündigungsschreibens verweigert.

Aus Beweisgründen für den Zugang der Kündigung ist der Einschreibebrief zu empfehlen. Wird dem Empfänger das Einschreiben ausgehändigt, ist die Kündigung zugegangen. Hier ist aber Vorsicht am Platze!

Beispiel:

Hartmann kündigt Sorge, einem Angestellten, da nichts anderes vereinbart ist. nach § 622 BGB fristgerecht mit Einschreiben vom 18. Mai zum 30. Juni. Sorge hat zu diesem Zeitpunkt Urlaub, ist aber nicht verreist. Als der Postbote am 19. Mai mit dem Einschreibebrief an seiner Wohnung ankommt, hat Sorge diese verlassen. Der Postbote hinterläßt einen Benachrichtigungszettel und hinterlegt den Brief auf dem zuständigen Postamt. Als Sorge abends nach Hause kommt, findet er den Zettel, er kann den Brief aber nicht mehr abholen, da das Postamt geschlossen ist. Er geht daher am nächsten Morgen, also am 20. Mai, zur Post und holt den Einschreibebrief ab. Ist hier die Kündigung rechtzeitig zugegangen?

Nein! Letzter Tag für den Zugang der Kündigung war der 19. Mai (sechs Wochen vor Quartalsende). Die Kündigung ist Sorge aber erst am 20. Mai zugegangen, also zu spät. Denn nicht das Finden des Benachrichtigungszettels, sondern die Aushändigung des Briefes ist entscheidend. Die Kündigung zum 30. Juni ist daher nicht wirksam. Sie ist aber auch nicht unwirksam: vielmehr gilt sie als Kündigung zum nächstzulässigen Kündigungstermin, d.h. zum 30. September. ■

Der Erklärungsempfänger ist verpflichtet, das Schreiben so bald wie möglich abzuholen. Andernfalls gilt die Kündigung als zu dem Zeitpunkt zugegangen, zu dem er sie unter normalen Umständen hätte abholen können.

Der Zugang der Kündigung ist auch insoweit wichtig, als für die Beurteilung der Rechtmäßigkeit einer Kündigung die objektiven Verhältnisse im Zeitpunkt des Zugangs der Kündigung maßgebend sind (vgl. hier das zweite Beispiel auf Seite 125/126).

1.4 Mängel der Kündigung

Die Kündigung ist eine Willenserklärung. Wie jede Willenserklärung kann sie mit Mängeln behaftet sein.

Beispiel:

Schlaf, der sich noch nie verspätet hat, verschläft sich und kommt eine Stunde zu spät zur Arbeit. Fuchs, sein Arbeitgeber, der Schlaf nicht mag, erklärt ihm, er werde ihm wegen der Verspätung fristlos kündigen, wenn er – Schlaf – nicht selbst kündige. Schlaf kündigt. Kann er die Kündigung anfechten?

Ja! Fuchs hat ihm mit fristloser Kündigung gedroht. Ein Grund zur fristlosen Kündigung war nicht gegeben, da einmaliges Verspäten kein wichtiger Grund im Sinne des § 626 BGB ist. Schlaf kann daher nach § 123 BGB seine Kündigung anfechten, da er zur Aufgabe der Erklärung widerrechtlich durch Drohung bestimmt worden ist. ■

Zu beachten ist, daß die Drohung nur dann widerrechtlich ist, wenn ein Grund zur fristlosen Kündigung nicht vorlag.

Verstößt die Kündigung gegen ein gesetzliches Verbot, so ist sie gemäß § 134 BGB nichtig.

Beispiel:

Frau Moll ist schwanger. Karg entläßt sie trotzdem.

Nach § 9 MuSchG ist die Kündigung während der Schwangerschaft (und vier bzw. nach Mutterschaftsurlaub acht Monate nach der Niederkunft) unzulässig. Die Kündigung des Karg verstößt somit gegen ein gesetzliches Verbot und ist daher nichtig. ■

Das gleiche gilt, wenn der Arbeitgeber dem Arbeitnehmer kündigt, weil dieser Mitglied einer Gewerkschaft ist, da hier ein Verstoß gegen das Grundrecht der Koalitionsfreiheit (Art. 9 Abs. 3 Grundgesetz) vorliegt, oder wenn er einem Betriebsrats- oder Personalratsmitglied kündigt.

Eine Kündigung kann auch sittenwidrig sein.

Beispiel:

Gut macht seit Monaten Überstunden. Geiz, sein Arbeitgeber, zahlt ihm den gesetzlich vorgeschriebenen Überstundenzuschlag (§ 15 AZO) nicht. Als Gut sich deswegen beschwert und auf Nachzahlung besteht, kündigt ihm Geiz.

Die Kündigung ist nach § 138 BGB nichtig. Im übrigen wäre die Kündigung auch nach § 134 BGB nichtig, da sie wegen Verstoßes gegen § 612a BGB (vgl. Seite 154) gesetzwidrig ist. ■

Das gleiche gilt, wenn dem Arbeitnehmer nach Ablauf der Kündigungsschutzfrist gemäß § 15 Abs. 3 KSchG deswegen gekündigt wird, weil er für den Betriebsrat oder die Jugendvertretung kandidiert hat (vgl.auch § 78 BetrVG).

Schließlich kann eine Kündigung wegen Geschäftsunfähigkeit des einen oder anderen Vertragspartners nichtig sein.

Klagt der Arbeitnehmer in diesen Fällen, so ist er nicht an die Drei-Wochen-Frist gebunden, die bei einer Kündigungsschutzklage nach dem Kündigungsschutzgesetz sowohl für die ordentliche (§ 4 Abs. 1 KSchG) als auch für die außerordentliche Kündigung (§ 13 Abs. 1 KSchG) einzuhalten ist.

Jedoch ist die Drei-Wochen-Frist bei einer sittenwidrigen Kündigung insoweit von Bedeutung, als nach § 13 Abs. 2 KSchG bei ihrer Einhaltung die Vorschriften des Kündigungsschutzgesetzes über die Auflösung des Arbeitsverhältnisses und die Abfindung sowie über das Kündigungsrecht nach § 12 KSchG anzuwenden sind.

Hier handelt es sich um Mängel, die jeder Willenserklärung, nicht nur der Kündigung, anhaften können. Wegen der speziell nur bei der Kündigung möglichen Mängel siehe unter Ziffer 3.1 auf Seite 118 und unter Ziffer 1.2 auf Seite 124.

1.5 Beteiligung des Betriebsrates

Beispiel:

Klau arbeitet in der Kraftfahrzeugwerkstatt des Streng. Streng erwischt ihn beim Diebstahl von Ersatzteilen. Er kündigt ihm auf der Stelle. Dann informiert er den Betriebsrat. Ist die Kündigung rechtswirksam?

Nein! Nach § 102 Abs. 1 BetrVG hat der Arbeitgeber dem Betriebsrat vor jeder Kündigung die Gründe für die Kündigung mitzuteilen und ihn anzuhören. Kommt er dieser gesetzlichen Verpflichtung nicht nach, ist die Kündigung unwirksam. Das gilt sowohl für die ordentliche als auch für die außerordentliche Kündigung. Das nachträgliche Informieren des Betriebsrats ist nicht von Bedeutung. ■

Hat der Betriebsrat Bedenken gegen eine ordentliche Kündigung, muß er diese dem Arbeitgeber – mit Gründen versehen – innerhalb einer Woche schriftlich mitteilen. Äußert er sich in dieser Frist nicht, gilt seine Zustimmung zur Kündigung als erteilt. Der Betriebsrat kann ebenfalls innerhalb dieser Frist unter gewissen Voraussetzungen der ordentlichen Kündigung widersprechen, wenn z. B. der Arbeitgeber bei der Auswahl des zu kündigenden Arbeitnehmers soziale Gesichtspunkte nicht oder nicht ausreichend berücksichtigt hat oder der zu kündigende Arbeitnehmer im selben Betrieb oder einem anderen Betrieb des Unternehmens weiterbeschäftigt werden kann usw. (vgl. § 102 Abs. 3 BetrVG). Kündigt der Arbeitgeber trotz des Widerspruchs des Betriebsrats, hat er dem Arbeitnehmer mit der Kündigung eine Abschrift der Stellungnahme des Betriebsrats zuzuleiten. Gemäß § 1 Abs. 2 KSchG macht der ordnungsgemäße Widerspruch die Kündigung sozialwidrig (ausgenommen: Widerspruch gemäß § 102 Abs. 3 Nr. 1 BetrVG).

Hat der Betriebsrat einer ordentlichen Kündigung frist- und ordnungsgemäß widersprochen und hat der Arbeitnehmer nach dem Kündigungsschutzgesetz Klage auf Feststellung erhoben, daß das Arbeitsverhältnis durch die Kündigung nicht aufgelöst ist, kann der Arbeitnehmer verlangen, daß er auch nach Ablauf der Kündigungsfrist bis zum rechtskräftigen Abschluß des Rechtsstreits bei unveränderten Arbeitsbedingungen weiterbeschäftigt wird.

Von dieser Pflicht kann das Gericht den Arbeitgeber allerdings dann, wenn gewisse Voraussetzungen vorliegen (z. B. die Klage des Arbeitnehmers hat keine hinreichende Aussicht auf Erfolg oder der Widerspruch des

Betriebsrats ist offensichtlich unbegründet), durch einstweilige Verfügung entbinden (§ 102 Abs. 5 BetrVG).

Hat der Betriebsrat Bedenken gegen eine außerordentliche Kündigung, hat er diese unter Angabe der Gründe dem Arbeitgeber unverzüglich, spätestens innerhalb von drei Tagen, schriftlich mitzuteilen. Ein Widerspruchsrecht steht dem Betriebsrat in diesem Fall nicht zu.

Der Betriebsrat soll vor jeder Stellungnahme, soweit erforderlich, den betroffenen Arbeitnehmer hören. Für den Personalrat gelten nach den einzelnen Personalvertretungsgesetzen ähnliche Regelungen.

2 Die ordentliche Kündigung

Die ordentliche Kündigung ist nach dem Gesetz an bestimmte Fristen gebunden. Das Gesetz sieht für die Angestellten andere Kündigungsfristen vor als für die Arbeiter. Im Einzelarbeitsvertrag können die Vertragspartner, also Arbeitgeber und Arbeitnehmer, andere als im Gesetz vorgeschriebene Kündigungsfristen vereinbaren. Jedoch können sie das nicht ohne jede Einschränkung. Sie können die Kündigungsfristen beliebig verlängern. Die Kündigungsfrist für den Arbeitnehmer (d. h. wenn er kündigen will) darf allerdings nicht länger sein als für den Arbeitgeber (§ 622 Abs. 5 BGB). Die Vertragspartner können die gesetzlichen Kündigungsfristen auch verkürzen. Hier schreibt das Gesetz jedoch Mindestkündigungsfristen vor, die nicht unterschritten werden dürfen. Das gleiche gilt für vom Gesetz abweichende Kündigungsfristen in der Betriebsvereinbarung. Dagegen sind die Tarifvertragsparteien nicht an diese Einschränkungen gebunden. Im Tarifvertrag können also auch die gesetzlichen Mindestkündigungsfristen unterschritten werden (§ 622 Abs. 3 S. 1 BGB).

2.1 Kündigungsfristen

2.1.1 Angestellte

Sind Sie Angestellter, beträgt die gesetzliche Kündigungsfrist für Sie sechs Wochen zum Ende eines Kalendervierteljahres (§ 622 Abs. 1 S. 1 BGB).

Beispiel:

Wechsel ist Angestellter. Anfang April gefällt es ihm nicht mehr bei seinem Chef. Eine besondere Vereinbarung über die Kündigung wurde nicht getroffen. Zu welchem Zeitpunkt kann er kündigen?

Spätestens am 19. Mai (an diesem Tag muß die Kündigung zugehen) zum 30. Juni. ■

Die vorgenannte Frist kann durch Einzelarbeitsvertrag auf einen Monat zum Monatsschluß verkürzt werden.

Beispiel:

Hat Wechsel mit seinem Chef eine derartige Vereinbarung getroffen, so muß er spätestens am 30. April zum 31. Mai kündigen. ■

Eine kürzere Kündigungsfrist ist für Angestellte nicht zulässig. Ausgenommen sind tarifvertragliche Regelungen. In ihnen können kürzere Kündigungsfristen vereinbart werden. Wird Ihnen gekündigt, gilt für Ihren Chef genau das gleiche. Jedoch gibt es hier eine wichtige Ausnahme.

Beispiel:

Lang ist 40 Jahre alt und seit zwölf Jahren im Unternehmen des Grob als Angestellter beschäftigt. Außer ihm sind noch zwei Angestellte für Grob tätig. Grob kündigt ihm Anfang Januar zum 31. März. Lang wehrt sich mit der Begründung, ihm könne erst zum 30. September gekündigt werden. Grob erwidert, eine besondere Vereinbarung sei nicht getroffen worden, es gelte also die normale gesetzliche Regelung. Wer hat Recht?

Es ist Lang, der Recht hat. Denn hier gilt eine Sonderregelung. Nach dem Gesetz über die Fristen für die Kündigung von Angestellten aus dem Jahre 1926 verlängert sich die Kündigungsfrist für Angestellte, die längere Zeit bei demselben Arbeitgeber (oder seinem Rechtsnachfolger) beschäftigt waren, nach einer Beschäftigungsdauer von fünf Jahren auf drei, nach acht Jahren auf vier, nach zehn Jahren auf fünf und nach zwölf Jahren auf sechs Monate, jeweils zum Ende eines Kalendervierteljahres. Bei der Berechnung der Beschäftigungsdauer zählen nur die Beschäftigungsjahre (Angestellten-, aber auch davorliegende Arbeiterjahre), die der Angestellte nach Vollendung des 25. Lebensjahres in dem Betrieb verbracht hat. Voraussetzung ist, daß in der Regel mehr als zwei Angestellte in dem Betrieb tätig sind (es werden jedoch nur Angestellte berücksichtigt, die regelmäßig mehr als zehn Stunden in der Woche – 45 Stunden im Monat – im Betrieb arbeiten, so Art. 4 Beschäftigungsförderungsgesetz). ■

Dieses Gesetz dient dem Schutz des Angestellten. Die verlängerte Kündigungsfrist gilt daher nur dann, wenn der Arbeitgeber dem Arbeitnehmer kündigt. Kündigt der Arbeitnehmer dem Arbeitgeber, bleibt es bei der gesetzlichen Kündigungsfrist, jedoch kann im Einzelarbeitsvertrag vereinbart werden, daß die verlängerte Kündigungsfrist auch in diesem Fall gelten soll.

Die verlängerte Kündigungsfrist ist zwingend, d. h. weder durch Einzelarbeitsvertrag noch durch Betriebsvereinbarung, aber auch nicht durch Tarifvertrag kann diese Frist zuungunsten des Arbeitnehmers gekürzt werden. Sie kommt auch dann zur Anwendung, wenn der Arbeitgeber Konkurs macht oder die Kündigung eine Änderungskündigung ist.

2.1.2 Arbeiter

Sind Sie Arbeiter, beträgt die Kündigungsfrist für Sie zwei Wochen (§ 622 Abs. 2 S. 1 BGB).

Beispiel:

Wechsel will sein Arbeitsverhältnis zum 23. August kündigen. Dann muß er dafür sorgen, daß seinem Arbeitgeber die Kündigung spätestens am 8. August zugeht (wegen der Berechnung der Kündigungsfrist vgl. Ziffer 2.2 auf Seite 116).

Das gleiche gilt, wenn der Arbeitgeber Wechsel kündigt. ■

Aber auch hier haben wir eine Sonderregelung. Die Kündigungsfrist verlängert sich, wenn der Arbeiter fünf Jahre in demselben Betrieb oder Unternehmen beschäftigt war, auf einen Monat zum Monatsende, nach zehn Jahren auf zwei Monate zum Monatsende, nach zwanzig Jahren auf drei Monate zum Ende eines Kalendervierteljahres. Nach dem Wortlaut des Gesetzes ist die Beschäftigungszeit vor Vollendung des 35. Lebensjahres nicht zu be-rücksichtigen (§ 622 Abs. 2 Satz 2 BGB).

Zu beachten ist aber, daß das Bundesverfassungsgericht diese Bestimmung in seiner Entscheidung vom 16. November 1982 für verfassungswidrig er-klärt hat. Zur Begründung führt es aus, da bei den Angestellten aufgrund des § 2 des Gesetzes über die Fristen für die Kündigung von Angestellten vom 9. Juli 1926 (vgl. Seite 162) lediglich die Zeiten vor Vollendung des 25. Le-bensjahres nicht berücksichtigt werden, dürften aufgrund des Gleichbe-handlungsgrundsatzes auch bei den Arbeitern lediglich die Beschäftigungs-jahre, die vor Vollendung des 25. Lebensjahres liegen, nicht berücksichtigt werden.

Beispiel:

Alt ist 45 Jahre alt und seit zwanzig Jahren bei Groß beschäftigt. Groß kündigt ihm am 8. August zum 23. August.

Nach der Entscheidung des Bundesverfassungsgerichts hat Alt eine Kündigungsfrist von drei Monaten zum Quartalsende, da die Beschäf-tigungszeit bereits von der Vollendung des 25. – nicht wie es im Gesetz heißt erst vom 35. – Lebensjahres an zu berücksichtigen ist.

Groß kann Alt somit erst zum 31. Dezember kündigen. ■

Ebenso wie die verlängerte Kündigungsfrist für Angestellte gilt die ver-längerte Kündigungsfrist für Arbeiter nur dann, wenn der Arbeitgeber dem Arbeitnehmer kündigt. Kündigt der Arbeiter dem Arbeitgeber, dann bleibt es bei der Zwei-Wochen-Frist. Die vorgenannten Fristen können weder durch Einzelarbeitsvertrag noch durch Betriebsvereinbarung, jedoch durch Tarifvertrag verkürzt werden.

2.1.3 Schwerbehinderte

Für Schwerbehinderte besteht eine Sonderregelung. Bei ihnen beträgt die Kündigungsfrist mindestens vier Wochen (§ 13 SchwbG). Sie beginnt mit dem Zugang der Kündigung beim Schwerbehinderten. Längere gesetzliche, tarifliche oder einzelvertragliche Kündigungsfristen sind einzuhalten.

2.1.4 Probearbeitsverhältnis

Das befristete Probearbeitsverhältnis endet in der Regel durch Zeitablauf. Ist ausnahmsweise eine Kündigungsmöglichkeit vereinbart, gelten die gesetzlichen Kündigungsfristen (wegen des befristeten Probearbeitsverhältnisses vgl. Kapitel VI, Ziffer 2, Seite 150).

Letzteres gilt auch für das Arbeitsverhältnis auf unbestimmte Dauer, dessen erste Monate Probezeit sind. Weder in dem einen noch in dem anderen Fall sieht das Gesetz besondere Kündigungsfristen vor. Für Angestellte kann im Einzelarbeitsvertrag für die Probezeit eine Kündigungsfrist von einem Monat zum Monatsende vereinbart werden. Das Bundesarbeitsgericht geht noch einen Schritt weiter. Es geht davon aus, daß die Vereinbarung einer Probezeit mit einem Angestellten gleichzeitig die Kürzung der Kündigungsfrist dieses Angestellten auf einen Monat zum Monatsende bedeutet. Das heißt mit anderen Worten, die Kündigungsfrist für einen Angestellten beträgt während der Probezeit einen Monat zum Monatsende, ohne daß dies ausdrücklich vereinbart werden muß. Bei Arbeitern bleibt es bei der gesetzlichen Kündigungsfrist von zwei Wochen. Nur durch Tarifvertrag können sowohl für den Angestellten als auch für den Arbeiter kürzere Kündigungsfristen vereinbart werden.

Eine Ausnahme gilt für das Berufsausbildungsverhältnis, wo während der Probezeit jederzeit ohne Einhaltung einer Kündigungsfrist gekündigt werden kann (§ 15 Abs. 1 BerBildG).

2.1.5 Aushilfsarbeitsverhältnis

Im Gegensatz zum Probearbeitsverhältnis ist für das Aushilfsarbeitsverhältnis eine Sonderregelung im Gesetz vorgesehen. Dauert das Aushilfsarbeitsverhältnis nicht länger als drei Monate, können die gesetzlichen Mindestkündigungsfristen unterschritten werden, d.h. es können kürzere Kündigungsfristen – ja sogar jederzeitige Kündigung ohne Frist – im Einzelarbeitsvertrag vereinbart werden (§ 622 Abs. 4 BGB).

Dauert das Arbeitsverhältnis länger als drei Monate, gelten die gesetzlichen Kündigungsfristen, es sei denn, es ist etwas anderes vereinbart worden.

2.2 Berechnung der Kündigungsfristen

Die Berechnung der Kündigungsfrist richtet sich nach §§ 186 ff. BGB. Nach § 187 Abs. 1 BGB ist der Tag, an dem die Kündigung zugeht, nicht in die Frist einzubeziehen, d. h. die Frist beginnt erst am folgenden Tag zu laufen. Geht einem Arbeiter die Kündigung z. B. donnerstags zu, beginnt die Zwei-Wochen-Frist erst mit dem nächsten Tag, also am Freitag. Sie endet dann am übernächsten Donnerstag. Der Tag des Zugangs der Kündigung und der Tag des Ablaufs der Frist haben also den gleichen Wochennamen.

Soll einem Angestellten oder Arbeiter mit Monatsfrist zum Monatsende gekündigt werden oder wollen diese dem Arbeitgeber kündigen, dann muß die Kündigung spätestens am letzten Tag des vorhergehenden Monats zugehen. Angestellten, bei denen die gesetzliche Kündigungsfrist von sechs Wochen zum Ende des Kalendervierteljahres (Quartalsende) anzuwenden ist, muß die Kündigung spätestens am 17. Februar (Schaltjahr 18. Februar), 19. Mai, 19. August und 19. November für das jeweils folgende Quartalsende zugegangen sein. Ist der letzte Tag, an dem gekündigt werden kann, ein Sonntag oder ein gesetzlicher Feiertag, so ändert sich an der Berechnung der Frist – im Gegensatz zu der früher von der Rechtsprechung vertretenen Auffassung – nichts, d. h. der Kündigende kann nicht am folgenden Werktag kündigen.

3 Die außerordentliche Kündigung

Beispiel:

Sauer arbeitet bei Tröpfli als Angestellter. Schon zweimal hat er auf sein Gehalt länger als 14 Tage warten müssen. Als das nochmals passiert, kündigt er fristlos. Tröpfli meint, Sauer müsse die Kündigungsfrist von sechs Wochen zum Vierteljahresende einhalten!

Natürlich braucht Sauer die Kündigungsfrist nicht einzuhalten. Denn das wiederholte verspätete Zahlen des Gehalts bzw. Lohns ist ein wichtiger Grund, der zur fristlosen Kündigung berechtigt. ■

Liegt also ein wichtiger Grund vor, kann das Arbeitsverhältnis ohne Einhaltung einer Frist gekündigt werden. Jedoch muß die außerordentliche Kündigung nicht immer fristlos erfolgen.

Beispiel:

Langmut wird von seinem Angestellten Frech sehr schwer beleidigt. Er kündigt ihm, obwohl er dazu nach § 626 BGB das Recht hat, nicht fristlos, sondern läßt ihm, da Frech sechs Kinder hat, vierzehn Tage Zeit, um sich eine neue Stelle zu suchen.

Trotzdem handelt es sich um eine außerordentliche Kündigung. Jedoch muß Langmut bei Ausspruch der Kündigung klar zum Ausdruck bringen, daß es sich um eine außerordentliche Kündigung handelt. Tut er dies nicht, kann der Erklärungsempfänger davon ausgehen, daß es sich um eine ordentliche Kündigung handelt. ■

Die außerordentliche Kündigung kann weder durch Tarifvertrag noch durch Betriebsvereinbarung ausgeschlossen werden. Bei Vorliegen eines wichtigen Grundes im Sinne des § 626 BGB muß jeder der Vertragspartner die Möglichkeit haben, das Arbeitsverhältnis fristlos beenden zu können.

Lediglich in zwei Fällen schließt das Gesetz die außerordentliche Kündigung aus: einmal bei der werdenden Mutter (§ 9 MuSchG), zum andern beim Schwerbehinderten (§ 18 SchwbG). Hier handelt es sich aber nicht um absolute Verbote, denn auch in diesen Fällen ist eine Kündigung möglich, wenn die zuständige Aufsichtsbehörde die Genehmigung erteilt.

Wichtig für den Arbeitnehmer ist, daß er, wenn er die außerordentliche Kündigung für unbegründet hält, innerhalb von drei Wochen nach Zugang der Kündigung Klage bei dem zuständigen Arbeitsgericht erheben muß (§ 13 Abs. 1 KSchG).

Beispiel:

Forsch kündigt Lahm fristlos. Die Kündigung ist unbegründet. Vier Wochen nach Zugang der Kündigung geht Lahm zum zuständigen Arbeitsgericht, um mit einer Klage gegen die Kündigung vorzugehen. Hat er Aussicht auf Erfolg?

Nein! Da er die Drei-Wochen-Frist versäumt hat, ist die Kündigung rechtswirksam geworden (§ 7 KSchG). ■

3.1 Wichtige Gründe im Sinne des § 626 BGB

Was versteht man unter diesen wichtigen Gründen? Diese Frage läßt sich gar nicht so einfach beantworten. Entscheidend ist, ob dem Kündigenden die Fortsetzung des Arbeitsverhältnisses bis zum Ablauf der Kündigungsfrist (oder bis zur vereinbarten Beendigung des Arbeitsverhältnisses) zugemutet werden kann oder nicht. Bei der Beurteilung dieser Frage ist vom Einzelfall unter Berücksichtigung aller Umstände unter Abwägung der Interessen beider Vertragsteile auszugehen.

Beispiel:

Wir haben in dem Beispiel auf Seite 117 festgestellt, daß ein wichtiger Grund zur fristlosen Kündigung gegeben ist, wenn der Arbeitgeber mit der Lohnzahlung wiederholt in Verzug gerät. Nehmen wir einmal an, ein Teil der Fabrik des Tröpfli sei durch einen Brand zerstört worden. Da die Brandversicherung die Versicherungssumme aus irgendwelchen Gründen nicht gleich auszahlt, kommt Tröpfli in Zahlungsschwierigkeiten.

In diesem Fall hat Sauer keinen wichtigen Grund zur fristlosen Kündigung. Denn es ist ihm aufgrund der Treuepflicht zuzumuten, trotz verspäteter Auszahlung des Gehalts die Kündigungsfrist einzuhalten. ∎

Sie müssen daher bedenken, daß jeder Fall anders gelagert sein kann. Wenn daher Beispiele aus der Rechtsprechung aufgezählt werden, so denken Sie daran, daß es sich nur um Beispiele handelt und daß man unter Umständen im Einzelfall zu einem anderen Ergebnis kommen kann.

Wird Ihnen z.B. gekündigt, können folgende Kriterien eine Rolle spielen: die Dauer Ihres Arbeitsverhältnisses, ob Sie sich bisher einwandfrei geführt haben oder ob damit gerechnet werden muß, daß Sie in Zukunft sich nochmals Verfehlungen zuschulden kommen lassen sowie die Frage, ob Sie bald eine gleichwertige Stelle finden werden.

Ob ein wichtiger Grund vorliegt oder nicht, ist ausschließlich mit Hilfe des Gesetzes und der auf dem Gesetz aufbauenden Rechtsprechung der Arbeitsgerichte festzustellen. Durch Einzelarbeitsvertrag können die Kündigungsgründe für eine außerordentliche Kündigung nicht erweitert werden. Enthält ein Einzelarbeitsvertrag eine Klausel, in der festgelegt ist, daß unter bestimmten Voraussetzungen ein Grund für den Arbeitgeber zur außerordentlichen Kündigung gegeben ist, so ist diese Klausel nichtig, wenn sie nicht mit den von der Rechtsprechung erarbeiteten Grundsätzen übereinstimmt.

Entsprechendes gilt, wenn der Arbeitnehmer dem Arbeitgeber kündigt.

3.1.1 Kündigungen durch den Arbeitgeber

Bei der Kündigung durch den Arbeitgeber hat die Rechtsprechung als wichtige Gründe anerkannt: Tätlichkeiten oder erhebliche Ehrverletzungen gegenüber dem Arbeitgeber, Diebstahl, Betrug, Untreue, Sachbeschädigung zum Nachteil des Arbeitgebers, Arbeitsversäumnis, Arbeitsverweigerung, Arbeitsunfähigkeit durch Trunkenheit während der Arbeitszeit, Teilnahme am rechtswidrigen Streik, Verrat von Betriebsgeheimnissen, unter Umständen unerlaubte private Telefongespräche, Handlungen, die die Heilung während der Arbeitsunfähigkeit beeinträchtigen usw.

Oft wird vom Arbeitnehmer angenommen, daß ihm sein Arbeitgeber während der Zeit, in der er arbeitsunfähig erkrankt ist, nicht kündigen dürfe. Das ist falsch. Sogar eine außerordentliche Kündigung seitens des Arbeitgebers ist möglich. Jedoch ist der Arbeitgeber nur in ganz außergewöhnlichen Fällen zur außerordentlichen Kündigung wegen Krankheit berechtigt, so z.B. bei ansteckender oder unheilbarer Krankheit, die zur dauernden Arbeitsunfähigkeit führt.

Wegen Krankheit kann auch dann außerordentlich gekündigt werden, wenn eine ungewöhnlich lange Kündigungsfrist vereinbart ist oder die ordentliche Kündigung ausgeschlossen ist und der Arbeitsplatz dringend besetzt werden muß.

Beispiel:

Bote ist 56 Jahre alt und seit 20 Jahren als Angestellter bei einem Ministerium beschäftigt. Seit einem Jahr ist er wegen eines schweren Leidens arbeitsunfähig. Es ist nicht abzusehen, wann er wieder gesund wird. Der Minister kündigt ihm daher fristlos. Bote beruft sich auf Unkündbarkeit.

Nach § 53 Abs. 3 des Bundesangestelltentarifvertrages ist Bote, da er mehr als 15 Jahre bei derselben Dienststelle tätig war, unkündbar. Die Unkündbarkeit bezieht sich aber nur auf die ordentliche, nicht auf die außerordentliche Kündigung. Vielmehr kann hier, weil die ordentliche Kündigung ausgeschlossen und das Ende der Krankheit nicht abzusehen ist, fristlos gekündigt werden (§ 55 BAT). ∎

Ob die Verbüßung einer Freiheitsstrafe eine außerordentliche Kündigung rechtfertigt, hängt davon ab, wie stark sich das Fehlen des Arbeitnehmers auf den Betrieb auswirkt. Hier kommt es auf die Einzelumstände an (BAG vom 15. November 1984). Auch ein dringender Verdacht kann ein Grund zur außerordentlichen Kündigung sein.

Wichtige Gründe im Sinne des § 626 BGB

Beispiel:

In dem Betrieb des Bösherz wird laufend gestohlen. Bösherz vermutet, daß Ehrlich, dem er das durchaus zutraut, der Täter ist. Als nochmals etwas gestohlen wird, entläßt er Ehrlich fristlos. Liegt ein wichtiger Grund zur Kündigung vor?

Selbstverständlich Nein! ∎

Zu welchem Ergebnis kommen Sie aber in dem folgenden Fall?

Beispiel:

In dem Betrieb des Liebermann wird laufend gestohlen. Nimmtgern gerät in Verdacht. Er wird wiederholt kurz vor Verschwinden des Diebesgutes in der Nähe des Tatortes gesehen. Als das wieder einmal geschieht, verlangt Liebermann unmittelbar nach der Tat, als Nimmtgern den Betrieb verlassen will, er solle seine Tasche öffnen. Nimmtgern weigert sich. Daraufhin kündigt ihm Liebermann fristlos.

Hier sieht die Sache anders aus. Zwar ist Nimmtgern nicht überführt, die Diebstähle begangen zu haben. Jedoch genügt unter Umständen der Verdacht einer strafbaren Handlung, um eine fristlose Kündigung zu rechtfertigen. ∎

Es muß sich allerdings um einen dringenden Tatverdacht handeln, der sich nicht – wie im ersten Beispiel – auf Vermutungen des Arbeitgebers gründet, sondern er muß – wie in dem letzten Beispiel – durch Tatsachen erhärtet werden. Entscheidend ist aber in jedem Fall, ob durch den Verdacht das Vertrauensverhältnis zwischen Arbeitgeber und Arbeitnehmer so gestört ist, daß eine Fortsetzung des Arbeitsverhältnisses nicht mehr zumutbar ist.

3.1.2 Kündigungen durch den Arbeitnehmer

Wichtige Gründe, die den Arbeitnehmer zur außerordentlichen Kündigung berechtigen, sind: Der Arbeitgeber zahlt die fällige Vergütung nicht aus oder er zahlt sie aus, aber wiederholt mit Verspätung (siehe Beispiel auf Seite 117); er weigert sich, anderen Verpflichtungen aus dem Arbeitsvertrag nachzukommen; der Arbeitgeber verletzt vorsätzlich oder grob fahrlässig die ihm obliegende Fürsorgepflicht oder er sorgt nicht für die Einhaltung der Arbeitsschutzbestimmungen oder er begeht Tätlichkeiten oder erhebliche Ehrverletzungen gegen den Arbeitnehmer usw.

Was halten Sie jedoch von diesem Fall?

Beispiel:

Arm arbeitet als Angestellter bei Knausrig für einen bescheidenen Lohn. Im April bewirbt er sich bei Reich, der ihm doppelt soviel zahlen will. Daraufhin kündigt Arm das Arbeitsverhältnis fristlos. Knausrig ist der Ansicht, Arm könne nur ordentlich kündigen, Arm dagegen meint, die fristlose Kündigung sei gerechtfertigt.

Arm irrt! Die Tatsache, daß dem Arbeitnehmer durch eine andere Firma eine weitaus besser bezahlte Stelle angeboten wird, berechtigt ihn nicht zur fristlosen Kündigung. ∎

3.2 Verwirkung der außerordentlichen Kündigung

Beispiel:

Fuchs erwischt den Klau bei einem Diebstahl in seinem Betrieb. Da er aber wegen eines wichtigen Terminauftrages keinen seiner Arbeitnehmer entbehren kann, sieht er zunächst von einer fristlosen Kündigung ab. Als der Auftrag nach drei Wochen erledigt ist, kündigt er ihm fristlos. Klau ist der Ansicht, die fristlose Kündigung sei verwirkt. Er verläßt zwar den Betrieb, unternimmt aber nichts. Als er nach vier Wochen sein Zeugnis von Fuchs erhält, steht darin, daß er fristlos entlassen worden ist. Das ärgert ihn. Er will nun mit einer Klage gegen die fristlose Kündigung vorgehen. Hat er Aussicht auf Erfolg?

Nein! Liegt ein wichtiger Grund zur Kündigung vor, muß die Kündigung innerhalb von zwei Wochen, nachdem der Kündigende Kenntnis von den betreffenden Tatsachen erlangt hat, erklärt werden. Da Fuchs erst nach drei Wochen gekündigt hat, ist sein Recht auf Kündigung verwirkt (§ 626 Abs. 2 BGB). Trotzdem ist die Kündigung rechtswirksam, weil Klau nicht innerhalb von drei Wochen gegen die Kündigung Klage erhoben hat. ∎

V. Kapitel
Der Kündigungsschutz

Beim Kündigungsschutz unterscheiden wir zwischen dem allgemeinen Kündigungsschutz, der seine rechtliche Basis im Kündigungsschutzgesetz hat und für alle Arbeitnehmer gilt, soweit sie gewisse Voraussetzungen erfüllen, und dem besonderen Kündigungsschutz, der nur für besondere Personengruppen gilt, z.B. für Frauen während der Schwangerschaft und nach der Entbindung, für Betriebsratsmitglieder, Schwerbehinderte usw.

Der Kündigungsschutz ist somit Arbeitnehmerschutz. Er soll den Arbeitnehmer vor der ordentlichen Kündigung durch den Arbeitgeber schützen. Zur Abwehr der außerordentlichen Kündigung kann sich der Gekündigte nicht auf den Kündigungsschutz nach dem Kündigungsschutzgesetz berufen. Jedoch sind einzelne Bestimmungen des Kündigungsschutzgesetzes auch auf die außerordentliche Kündigung anwendbar (vgl. § 13 Abs. 1 S. 2 KSchG).

1 Der allgemeine Kündigungsschutz

Erfordert die außerordentliche Kündigung als Voraussetzung einen wichtigen Grund, so ist nach dem Kündigungsschutzgesetz eine ordentliche Kündigung nur noch statthaft, wenn sie sozial gerechtfertigt ist. Der Arbeitgeber hat somit auch in bezug auf die ordentliche Kündigung kein freies Kündigungsrecht mehr.

1.1 Anspruch auf Kündigungsschutz

Nicht alle Arbeitnehmer fallen unter den Kündigungsschutz.

Beispiel:

Kurz ist fünf Monate im Betrieb. Klein arbeitet in einem Handwerksbetrieb, in dem außer ihm noch vier weitere Gesellen und zwei Lehrlinge beschäftigt sind. Kurz und Klein wird fristgerecht gekündigt. Sie wollen Kündigungsschutzklage erheben. Kann man ihnen das empfehlen?

Nein! Sie können sich nicht auf das Kündigungsschutzgesetz berufen. Kurz weil er bei Zugang der Kündigung noch nicht länger als sechs Monate dem Betrieb angehört (§ 1 Abs. 1 KSchG), und Klein, weil der Betrieb, in dem er arbeitete, in der Regel nicht mehr als fünf Arbeitnehmer (zu ihrer Berufsausbildung Beschäftigte werden nicht mitgerechnet − § 23 KSchG) beschäftigt (auch hier kommt es auf den Zeitpunkt des Zugangs der Kündigung an). ∎

Aufgrund des Beschäftigungsförderungsgesetzes, das am 1. Mai 1985 in Kraft getreten ist, ist hier folgende Ergänzung notwendig: Während das Bundesarbeitsgericht bisher bei der Feststellung der Anzahl der im Betrieb beschäftigten Arbeitnehmer auch die Arbeitnehmer berücksichtigt hat, die nur wenige Stunden im Monat gearbeitet haben, sind nach Inkrafttreten des Beschäftigungsförderungsgesetzes nur die Arbeitnehmer zu berücksichtigen, die mehr als zehn Stunden in der Woche (45 Stunden im Monat) im Betrieb beschäftigt werden. Ist z. B. in einem Betrieb ein sechster Arbeitnehmer vorhanden, arbeitet er aber nur zehn Stunden, so wird er bei der Feststellung der Anzahl der Beschäftigten nach § 23 Abs. 1 KSchG nicht berücksichtigt (Art. 3 Beschäftigungsförderungsgesetz).

Sind Sie hingegen bei Zugang der Kündigung länger als sechs Monate in Ihrem Betrieb beschäftigt, dem mehr als fünf Arbeitnehmer angehören, haben Sie Anspruch auf Kündigungsschutz nach dem Kündigungsschutzgesetz. Sie können dann mit Erfolg eine ordentliche Kündigung angreifen, wenn diese sozial ungerechtfertigt (sozialwidrig) ist.

Auf das Alter des Arbeitnehmers kommt es entgegen früherem Recht nicht mehr an. Auch die Arbeitnehmer, die das 18. Lebensjahr noch nicht vollendet haben, fallen jetzt unter das Kündigungsschutzgesetz. Wegen der leitenden Angestellten vgl. § 14 KSchG.

1.2 Die sozial gerechtfertigte Kündigung

Eine Kündigung ist nur dann sozial gerechtfertigt, d. h. rechtswirksam, wenn folgende Gründe vorliegen:

1.2.1 Gründe in der Person des Arbeitnehmers

Hier ist in erster Linie die Krankheit des Arbeitnehmers zu erwähnen. Wie bereits ausgeführt, kann nicht nur während der Krankheit gekündigt werden, sondern es kann ausnahmsweise wegen Krankheit in seltenen Fällen sogar außerordentlich gekündigt werden (vgl. Seite 120). Die Krankheit des Arbeitnehmers kann unter gewissen Voraussetzungen ein in der Person des Arbeitnehmers liegender Grund sein, der einer ordentlichen Kündigung die Sozialwidrigkeit nimmt.

Beispiel:

Herzleid hat Kreislaufstörungen.

Fall 1: Er ist seit zehn Monaten arbeitsunfähig. Laut ärztlichem Gutachten ist nicht abzusehen, wann er wieder arbeitsfähig wird.

Fall 2: Er war in den letzten zwei Jahren wegen dieses Leidens häufig krank. Laut ärztlichem Gutachten ist auch in Zukunft mit häufigen Erkrankungen zu rechnen.

In beiden Fällen wird durch die Erkrankung der Betriebsablauf gestört.

Kündigt der Arbeitgeber, ist die Kündigung nicht sozialwidrig. Eine Kündigungsschutzklage dürfte kaum Aussicht auf Erfolg haben. ■

Jedoch gilt das nur dann, wenn die Voraussetzungen tatsächlich vorliegen. Dem Arbeitgeber wird es nicht leicht gemacht. Bei der Prüfung, ob die Voraussetzungen vorliegen, sind strenge Maßstäbe anzulegen.

Wichtig ist, daß für die Rechtmäßigkeit der Kündigung die objektiven Verhältnisse im Zeitpunkt des Zugangs der Kündigungserklärung vorhanden sind.

Beispiel:

Kreuz ist an einem schweren Bandscheibenleiden erkrankt. Er ist bereits einmal operiert worden. Eine zweite Operation wird von dem Krankenhaus mit der Begründung, das Risiko wäre zu groß, abgelehnt. Da er wegen dieses Leidens seiner Arbeitsverpflichtung nicht mehr nachkommen kann, was er dem Arbeitgeber ausdrücklich mitgeteilt hat, kündigt ihm der Arbeitgeber Anfang November zum 31. Dezember. Kurze Zeit nach Zugang der Kündigung erklärt sich eine Fachklinik bereit, die Operation durchzuführen. Die Operation glückt. Kurz vor Ablauf der Kündigungsfrist teilt Kreuz seinem Arbeitgeber mit, daß er wieder voll arbeitsfähig ist und seine Arbeit aufnehmen kann.

Der Arbeitgeber bleibt bei seiner Kündigung. Nach Ansicht des Bundesarbeitsgerichts kann der Arbeitgeber sich darauf berufen, daß zum Zeitpunkt des Zugangs der Kündigung die Voraussetzungen für die Kündigung gegeben waren (BAG vom 15. August 1984). ■

Der Arbeitgeber kann auch dann wegen Krankheit kündigen, wenn der Arbeitnehmer in den letzten Jahren häufig krank war und z. B. in den letzten vier Jahren Fehlzeiten von 40 bis 60 Tagen pro Jahr entstanden sind. Hier kommt es nicht darauf an, ob es die gleiche oder verschiedene Krankheiten waren. Wichtig ist aber, daß der Betriebsablauf durch die Abwesenheit des Arbeitnehmers gestört wird und der Arbeitgeber keine Möglichkeit hat, die Störung durch Aushilfskräfte, Überstunden usw. zu beseitigen.

Ein weiterer Grund in der Person des Arbeitnehmers, der einer Kündigung die Sozialwidrigkeit nimmt, kann mangelnde Eignung sein. Jedoch dürfte dieser Grund selten zum Tragen kommen. Denn ob ein Arbeitnehmer geeignet ist oder nicht, sollte der Arbeitgeber in der Probezeit, jedenfalls aber zu Beginn des Arbeitsverhältnisses feststellen können. Dann kann er aber bis zum Ende des sechsten Monats nach der Einstellung kündigen, ohne daß der Kündigungsschutz zur Anwendung kommt. Kündigt er nach dieser Zeit, dürfte nur ausnahmsweise die Kündigung wegen mangelnder Eignung gerechtfertigt sein.

Schließlich ist die unverschuldete Minderleistung zu erwähnen, die durch Abnahme der Kräfte im höheren Alter eintreten kann. Jedoch ist hier zu berücksichtigen, daß der Arbeitgeber die normale Abnahme der Leistungsfähigkeit aufgrund der Fürsorgepflicht in Kauf nehmen muß (vgl. auch § 75 Abs. 1 S. 2 BetrVG). Allein die Tatsache, daß der Arbeitnehmer ein gewisses Alter erreicht hat, rechtfertigt die Kündigung nicht. Es muß somit im Einzelfall eine über das übliche hinausgehende Minderleistung nachgewiesen werden.

1.2.2 Gründe im Verhalten des Arbeitnehmers

Gründe im Verhalten des Arbeitnehmers liegen in der Regel bei Vertragsverletzung des Arbeitnehmers vor.

Beispiel:

Siebenschläfer kommt trotz Abmahnung immer wieder zu spät zur Arbeit. Streng kündigt ihm daher. Hat die Kündigungsschutzklage Aussicht auf Erfolg?

Nein! Eine Kündigung wegen wiederholten Zuspätkommens ist insbesondere nach Abmahnung nicht sozialwidrig. ■

Das gleiche gilt, wenn dem Arbeitnehmer gekündigt wird wegen Arbeitsverweigerung, weil er bummelt, weil er seine Arbeit nicht ordentlich verrichtet (Schlechtleistung), weil er sich immer wieder grundlos beschwert, weil auf ihn kein Verlaß ist, weil er gegen ein im Arbeitsvertrag vereinbartes Wettbewerbsverbot verstoßen hat, weil er Schwarzfahrten mit betriebseigenem PKW gemacht hat, weil er trotz Verbotes und Abmahnung Alkohol während der Arbeitszeit getrunken hat, wegen unerlaubter Telefonbenutzung für Ferngespräche usw.

Grundsätzlich muß ein Verschulden des Arbeitnehmers vorliegen. Ausnahmsweise braucht Verschulden nicht vorzuliegen, wenn durch das Verhalten des Arbeitnehmers dem Arbeitgeber ein großer Schaden entstanden ist.

Ausnahmsweise kann auch außerdienstliches Verhalten eine Kündigung sozial rechtfertigen.

Beispiel:

Selig ist Busfahrer bei Qualm. An einem Freitagabend nach Arbeitsende trifft er zufällig einen alten Freund. Vor lauter Freude trinkt er zuviel. Als er mit seinem PKW nach Hause fährt, wird er von einer Polizeistreife gestellt und einige Wochen später wegen Trunkenheit am Steuer verurteilt. Da Selig nicht anderweitig im Betrieb eingesetzt werden kann, kündigt Qualm ihm fristgerecht. Ist die Kündigung sozialwidrig?

Nein! Denn dieses außerdienstliche Verhalten hat Rückwirkungen auf den Betrieb. Selig kann nicht mehr als Busfahrer eingesetzt werden. Zu beachten ist aber, daß die Kündigung nur dann sozial gerechtfertigt ist, wenn Selig nicht auf einem anderen Arbeitsplatz im Betrieb eingesetzt werden kann. ■

Ähnliches gilt für einen Kassierer, wenn er Betrügereien begeht, auch wenn sie nicht im Zusammenhang mit seiner dienstlichen Tätigkeit stehen.

Demgegenüber hat sich hinsichtlich der Lohnpfändungen in der Rechtsprechung ein Wandel vollzogen. Während früher die Gerichte in häufigen Lohnpfändungen einen Kündigungsgrund sahen, werden in neueren Entscheidungen häufige Lohnpfändungen nicht mehr als Kündigungsgrund angesehen.

1.2.3 Betriebsbedingte Gründe

Beispiel:

König hat eine Fabrik unmittelbar in Grenznähe. 90 v. H. der in seiner Fabrik hergestellten Ware geht ins Ausland. Durch die Aufwertung der D-Mark entstehen erhebliche Absatzschwierigkeiten. König muß die Produktion stark vermindern. Das hat zur Folge, daß er einer ganzen Reihe von Leuten kündigen muß. Sind diese Kündigungen sozial gerechtfertigt?

Ja! Die durch Absatzschwierigkeiten verursachten Kündigungen sind sozial gerechtfertigt. ■

Selbstverständlich genügt nicht jede kleine Verminderung des Absatzes, um Kündigungen zu rechtfertigen, sondern es müssen dringende betriebliche Erfordernisse vorliegen. Die liegen aber nur vor, wenn bei verständiger Würdigung in Abwägung der Interessen von Arbeitnehmer und Arbeitgeber und des Betriebs die Kündigung billigenswert erscheint.

Das gleiche gilt, wenn infolge von Rationalisierungsmaßnahmen weniger Arbeitskräfte benötigt werden, wenn wegen Materialmangels oder wegen Betriebsschäden die Produktion teilweise eingestellt werden muß oder bei Stillegung oder Verlegung des Betriebs.

1.2.4 Widerspruch des Betriebsrats gemäß § 102 Abs. 3 BetrVG

Durch das Betriebsverfassungsgesetz vom 15. Januar 1972 ist § 1 Abs. 2 KSchG ergänzt worden. Danach ist eine Kündigung auch dann sozial ungerechtfertigt, wenn

1. die Kündigung gegen eine Richtlinie nach § 95 BetrVG verstößt;

2. der Arbeitnehmer an einem anderen Arbeitsplatz im selben Betrieb oder in einem anderen Betrieb des Unternehmens weiterbeschäftigt werden kann;

3. die Weiterbeschäftigung des Arbeitnehmers nach zumutbaren Umschulungs- oder Fortbildungsmaßnahmen möglich ist oder

4. eine Weiterbeschäftigung des Arbeitnehmers unter geänderten Arbeitsbedingungen möglich ist und der Arbeitnehmer sein Einverständnis erklärt hat

und wenn der Betriebsrat aus einem dieser Gründe der Kündigung innerhalb einer Woche schriftlich widersprochen hat.

Der Betriebsrat kann gemäß § 102 Abs. 3 Nr. 1 BetrVG auch dann widersprechen, wenn der Arbeitgeber die Sozialauswahl nicht richtig getroffen hat.

Dieser Widerspruch ist vom Arbeitsgericht im Rahmen des § 1 Abs. 3 KSchG zu berücksichtigen (siehe unten).

Eine entsprechende Ergänzung hinsichtlich der Betriebe und Verwaltungen des öffentlichen Dienstes hat § 1 Abs. 2 KSchG durch das Bundespersonalvertretungsgesetz 1974 erfahren.

1.2.5 Sozialauswahl (§ 1 Abs. 3 KSchG)

Beispiel:

Pleite kündigt mehreren seiner Arbeitnehmer aus betriebsbedingten Gründen. In einer aus acht Arbeitnehmern bestehenden Abteilung muß er vier entlassen. Alle verrichten die gleiche Arbeit. Er entläßt die älteren Arbeitnehmer, die alle Familie haben. Die jüngeren Arbeitnehmer, die alle ledig sind, behält er. Sind diese Kündigungen sozial gerechtfertigt?

Sie sind es nicht! Denn er kann erst dann den Familienvätern kündigen, wenn er die ledigen Arbeitnehmer entlassen hat. Bei den Familienvätern kann in der Regel derjenige, der die meisten Kinder hat, erst entlassen werden, wenn alle anderen entlassen worden sind. Zu berücksichtigen sind auch Alter und Betriebszugehörigkeit. Jüngere Arbeitnehmer sind vor älteren, diejenigen, die erst kurze Zeit im Betrieb sind, vor denen mit langer Betriebszugehörigkeit zu entlassen. Dabei können auch ganz geringfügige soziale Unterschiede ausschlaggebend sein. ∎

Ausnahmsweise kann von dieser Rangordnung abgewichen werden, wenn betriebstechnische, wirtschaftliche oder sonstige berechtigte betriebliche Bedürfnisse es erfordern.

Nur bei der betriebsbedingten Kündigung hat der Arbeitgeber bei der Auswahl der zu entlassenden Arbeitnehmer die vorgenannten sozialen Gesichtspunkte zu berücksichtigen.

1.2.6 Beweise der Tatsachen, die zur Kündigung führen

Der Arbeitgeber hat zu beweisen, ob Gründe in der Person oder dem Verhalten der Arbeitnehmer oder betriebsbedingte Gründe, die eine Kündigung rechtfertigen, vorliegen (§ 1 Abs. 2 S. 2 KSchG).

Dagegen hat der Arbeitnehmer zu beweisen, daß bei der Auswahl der gekündigten Arbeitnehmer soziale Gesichtspunkte nicht oder nicht ausreichend berücksichtigt worden sind. Das Gesetz erleichtert ihm seine Beweisführung dadurch, daß er vom Arbeitgeber die Angabe der Gründe verlangen kann, die zu der getroffenen sozialen Auswahl geführt haben (§ 1 Abs. 3 KSchG).

Wann müssen die Kündigungsgründe vorliegen? Entscheidend ist der Zeitpunkt der Kündigung. Ändern sich die Verhältnisse nach Zugang der Kündigung, wird dadurch die Kündigung, wenn sie im Zeitpunkt des Zugangs gerechtfertigt war, jetzt nicht sozialwidrig.

1.2.7 Die Änderungskündigung

Wie bereits erwähnt, findet das Kündigungsschutzgesetz auf die Änderungskündigung Anwendung.

Dabei ist zu beachten, daß der Arbeitnehmer, wenn er sich gegen eine Änderungskündigung zur Wehr setzen will, anders als im früheren Recht, die Möglichkeit hat, die Prüfung auf die vom Arbeitgeber angestrebte Änderung der Arbeitsbedingungen zu beschränken. Das Gericht prüft dann nicht, ob die Kündigung, sondern ob die Änderung der Arbeitsbedingungen sozial gerechtfertigt ist. Wegen der Einzelheiten vgl. Ziffer 1.2.1 auf Seite 105.

1.3 Geltendmachung des Kündigungsschutzes

Beispiel:

Frau Land ist bei Hartmann als Angestellte beschäftigt. Am 19. Mai läßt Hartmann Frau Land zu sich kommen und kündigt ihr fristgerecht zum 30. Juni. Frau Land ist empört. Mit Recht! Denn die Kündigung ist sozialwidrig, was ihr auch vom Betriebsrat bestätigt wird. Sie glaubt daher, nichts gegen die Kündigung unternehmen zu müssen.

Als sie am 1. Juli den Betrieb von Hartmann betreten will, verweigert dieser ihr den Zutritt mit der Begründung, das Arbeitsverhältnis sei durch die Kündigung beendet. Frau Land erklärt, die Kündigung sei eindeutig sozialwidrig und daher unwirksam. Von einer Beendigung des Arbeitsverhältnisses könne nicht die Rede sein. Wer hat Recht?

Hartmann! Denn es genügt nicht, daß die Kündigung tatsächlich sozialwidrig ist. Die Arbeitnehmerin muß vielmehr innerhalb von drei Wochen nach Zugang der Kündigung Kündigungsschutzklage beim Arbeitsgericht mit dem Antrag erheben, das Gericht möge feststellen, daß das Arbeitsverhältnis durch die Kündigung nicht aufgelöst ist. Tut sie dies nicht oder versäumt sie die Frist, gilt die Kündigung als von Anfang an wirksam, d.h. das Arbeitsverhältnis endet mit Ablauf der Kündigungsfrist (§§ 4, 7 KSchG). Nach § 13 Abs. 1 KSchG gilt das auch für die außerordentliche Kündigung. ■

1.4 Einspruchsmöglichkeiten des Arbeitnehmers

Hält der Arbeitnehmer die Kündigung für sozial ungerechtfertigt (sozialwidrig), kann er binnen einer Woche nach Zugang der Kündigung Einspruch beim Betriebsrat einlegen (§ 3 KSchG). Er kann dieses Recht in Anspruch nehmen, er muß es aber nicht. Vielmehr kann er sofort die Kündigungsschutzklage erheben. (Der Einspruch macht die Kündigungsschutzklage nicht etwa überflüssig. Die Kündigungsschutzklage muß in jedem Fall innerhalb von drei Wochen erhoben werden.)

Wendet er sich an den Betriebsrat und hält dieser den Einspruch für begründet, muß er versuchen, eine Verständigung mit dem Arbeitgeber herbeizuführen. Der Arbeitnehmer kann verlangen, daß der Betriebsrat seine Stellungnahme schriftlich mitteilt. Diese soll der Arbeitnehmer der Klage beifügen. Wegen der Anhörung des Betriebsrats durch den Arbeitgeber siehe Ziffer 1.5

auf Seite 111. Durch das Anhörverfahren (§ 102 Abs. 1 BetrVG) hat das Einspruchsrecht an Bedeutung verloren.

1.5 Die Kündigungsschutzfrist des § 4 KSchG

Sie ist eine Ausschlußfrist, d.h. ist sie einmal versäumt, so besteht – abgesehen von wenigen Ausnahmen (§ 5 KSchG) – keine Möglichkeit mehr, die Kündigungsschutzklage zu erheben (siehe vorstehendes Beispiel).

Die Berechnung der Frist richtet sich wie die Berechnung der Kündigungsfristen nach § 186 ff. BGB.

Beispiel:

Adler kündigt Meise schriftlich. Das Kündigungsschreiben hat das Datum vom 2. Oktober. Das Schreiben verläßt die Firma am 4. Oktober, der Briefbote wirft es am Donnerstag, dem 5. Oktober, 11.00 Uhr, in den Briefkasten des Meise. Als Meise um 17.00 Uhr nach Hause kommt, leert er den Briefkasten, findet das Kündigungsschreiben und liest es. Bis wann muß Meise spätestens die Kündigungsschutzklage erhoben haben?

Ausgangspunkt für die Berechnung der Frist ist – wie immer bei der Kündigung – nicht der Zeitpunkt, an dem das Schreiben verfaßt oder abgesandt wurde, sondern der Zeitpunkt des Zugangs. Meise ist das Schreiben am Donnerstag, dem 5. Oktober, zugegangen. Der Tag des Zugangs wird allerdings nicht in die Frist einbezogen, d.h. die Frist läuft erst ab dem folgenden Tag. Sie läuft daher drei Wochen später an dem Tag ab, der denselben Wochennamen trägt wie der Tag des Zugangs (§ 188 Abs. 2 BGB). Meise muß also bis spätestens Donnerstag, dem 26. Oktober, die Kündigungsschutzklage erhoben haben, d.h. zu diesem Zeitpunkt muß die Klage beim Gericht eingegangen sein. ■

Ist der Tag, an dem die Frist abläuft, ein Sonntag, ein Samstag oder ein gesetzlicher Feiertag, tritt an seine Stelle der nächstfolgende Werktag. An Ihrer Stelle würde ich aber mit der Erhebung der Klage nicht bis auf den letzten Tag warten.

Stützt der Arbeitnehmer seine Klage nicht auf Sozialwidrigkeit, sondern auf andere Mängel, z.B. Gesetzwidrigkeit oder Sittenwidrigkeit, ist er auch nicht an die Drei-Wochen-Frist des Kündigungsschutzgesetzes gebunden.

Beispiel:

Frau Kinderlieb ist schwanger. Hartmann, bei dem sie angestellt ist, kündigt ihr fristgerecht am 19. August zum 30. September. Innerhalb von 14 Tagen nach Zugang der Kündigung teilt Frau Kinderlieb Hartmann mit, daß sie schwanger ist. Trotzdem besteht Hartmann am 30. September darauf, daß sie den Betrieb verläßt. Am 15. Oktober erhebt Frau Kinderlieb Klage. Ist die Klage fristgerecht eingelegt?

Ja! Nach § 9 MuSchG ist die Kündigung während der Schwangerschaft unzulässig. Wird trotzdem gekündigt, ist die Kündigung gesetzwidrig (§ 134 BGB). Da Frau Kinderlieb ihre Klage auf Gesetzwidrigkeit stützt, ist sie nicht an die Drei-Wochen-Frist gebunden. ■

1.6 Prüfung durch das Arbeitsgericht

Was geschieht, wenn die Klage rechtzeitig erhoben worden ist? Das zuständige Arbeitsgericht prüft dann, ob die Kündigung sozialwidrig ist oder nicht. Ist die Kündigung nicht sozialwidrig, so wird die Klage abgewiesen. Das Arbeitsverhältnis ist in diesem Fall durch die Kündigung beendet worden (wegen der Änderungskündigung siehe unter Ziffer 1.2.1 auf Seite 105).

Stellt das Gericht fest, daß die Kündigung sozialwidrig ist, muß es der Klage stattgeben und dem Klageantrag entsprechend feststellen, daß das Arbeitsverhältnis fortbesteht.

Ist der Arbeitnehmer inzwischen aus dem Betrieb des Arbeitgebers ausgeschieden, muß der Arbeitgeber den Arbeitsplatz wieder zur Verfügung stellen und der Arbeitnehmer, soweit er in der Zwischenzeit noch keine andere Arbeit gefunden hat, die Arbeit unverzüglich wieder aufnehmen. Hat der Arbeitnehmer für die Zwischenzeit Anspruch auf Lohn?

Beispiel:

Wehr ist aufgrund einer fristgerechten Kündigung am 31. Dezember aus dem Betrieb des Grob ausgeschieden. Er hat rechtzeitig Kündigungsschutzklage erhoben. Das Gericht gibt der Klage statt. Daraufhin nimmt Wehr die Arbeit am 15. April wieder bei Grob auf. In der Zwischenzeit hat Wehr Arbeitslosengeld erhalten. Er verlangt seinen Lohn für die Zeit nach seinem Ausscheiden bis zur Wiederaufnahme seiner Tätigkeit bei Grob. Grob zahlt den Lohn nicht ganz aus, sondern zieht einen Betrag ab, der dem Arbeitslosengeld entspricht, das Wehr erhalten hat. Ist das richtig?

Ja! Da das Arbeitsverhältnis fortbestanden hat, hat Wehr Anspruch auf den entsprechenden Lohn. Er muß sich aber das Arbeitslosengeld anrechnen lassen. Der Arbeitgeber hat das Arbeitslosengeld an das Arbeitsamt abzuführen (§ 11 KSchG). ■

Hat der Arbeitnehmer in der Zwischenzeit eine neue Arbeitsstelle gefunden, hat er zwei Möglichkeiten. Will er zurück, muß er, wenn der neue Arbeitgeber nicht bereit ist, das Arbeitsverhältnis im gegenseitigen Einvernehmen (Aufhebungsvertrag) zu lösen, durch ordentliche Kündigung das neue Arbeitsverhältnis beenden. Will er nicht zurück, muß er innerhalb einer Woche nach Rechtskraft des Urteils eine entsprechende Erklärung dem alten Arbeitgeber gegenüber abgeben (§ 12 KSchG).

Hier ist zu beachten, daß nach dem Betriebsverfassungsgesetz der Arbeitnehmer unter gewissen Voraussetzungen Anspruch hat, daß ihn der Arbeitgeber auch nach Ablauf der Kündigungsfrist bis zum rechtskräftigen Abschluß des Rechtsstreits weiterbeschäftigt (§ 102 Abs. 5 BetrVG).

1.7 Auflösung des Arbeitsverhältnisses

Kann das Gericht das Arbeitsverhältnis auflösen, auch wenn die Kündigung sozialwidrig ist (§ 9 KSchG)? Ja! Stellt das Gericht fest, daß die Kündigung sozialwidrig ist und das Arbeitsverhältnis fortbesteht, kann es das Arbeitsverhältnis durch Urteil auflösen. Das Gericht kann allerdings das Arbeitsverhältnis nicht von sich aus auflösen, sondern nur auf Antrag des Arbeitnehmers oder des Arbeitgebers oder auf Antrag von beiden.

Stellt der Arbeitnehmer den Antrag, hat dieser nur Aussicht auf Erfolg, wenn der Arbeitnehmer darlegt und wenn der Arbeitgeber seine Darlegungen bestreitet, auch beweist, daß ihm die Fortsetzung des Arbeitsverhältnisses nicht mehr zugemutet werden kann. Das ist z. B. der Fall, wenn aufgrund des Prozesses starke Spannungen zwischen ihm und dem Arbeitgeber bestehen.

Stellt der Arbeitgeber den Antrag, wird diesem Antrag nur dann stattgegeben, wenn der Arbeitgeber darlegt und unter Umständen beweist, daß Gründe vorliegen, die eine den Betriebszwecken dienliche weitere Zusammenarbeit zwischen Arbeitgeber und Arbeitnehmer nicht erwarten lassen. Handelt es sich um einen leitenden Angestellten, dann bedarf es einer Begründung des Antrags des Arbeitgebers und damit selbstverständlich eines Beweises nicht (§ 14 Abs. 2 KSchG).

Stellen beide Parteien, wenn auch mit verschiedener Begründung, den Antrag auf Auflösung, hat das Gericht ohne weitere Untersuchungen das Arbeitsverhältnis aufzulösen. In diesem Fall brauchen von seiten der Antragsteller keine Gründe vorgetragen und bewiesen zu werden, die eine Auflösung rechtfertigen.

Das Gericht hat den Zeitpunkt der Auflösung des Arbeitsverhältnisses festzusetzen. Handelt es sich um eine ordentliche Kündigung, so ist der Zeitpunkt der Auflösung immer der Zeitpunkt, an dem das Arbeitsverhältnis geendet hätte, wenn die Kündigung nicht sozialwidrig gewesen wäre, d. h. also mit Ablauf der Kündigungsfrist. Dagegen ist der Zeitpunkt der Auflösung bei einer außerordentlichen Kündigung umstritten. Jedoch ist mit dem Bundesarbeitsgericht davon auszugehen, daß das Arbeitsverhältnis mit dem Zeitpunkt endet, zu dem die Kündigung ausgesprochen worden ist. Dabei ist jedoch zu beachten, daß der Arbeitgeber die Auflösung des Arbeitsverhältnisses nicht beantragen kann, wenn er das Arbeitsverhältnis aus wichtigem Grund gekündigt hat (§ 13 Abs. 1 S. 3 KSchG).

1.8 Abfindung bei Auflösung des Arbeitsverhältnisses

Löst das Gericht das Arbeitsverhältnis auf, hat es nach § 9 Abs. 1 S. 1 KSchG den Arbeitgeber, gleich wer den Antrag gestellt hat, zu einer Abfindung zu verurteilen. Nach § 10 KSchG kann die Abfindung bis zu zwölf Monatsverdiensten betragen. Hat der Arbeitnehmer jedoch das 50. Lebensjahr vollendet und hat das Arbeitsverhältnis mindestens 15 Jahre bestanden, kann ein Betrag bis zu 15 Monatsverdiensten, hat der Arbeitnehmer das 55. Lebensjahr vollendet und das Arbeitsverhältnis mindestens 20 Jahre bestanden, kann ein Betrag bis zu 18 Monatsverdiensten als Abfindung festgesetzt werden. Die erhöhte Abfindung nach § 10 Abs. 2 KSchG wird nicht gezahlt, wenn zu dem Zeitpunkt, zu dem das Arbeitsverhältnis endet (nach § 9 Abs. 2 KSchG wird es durch das Gericht festgesetzt), das in § 1248 Abs. 5 RVO, § 25 Abs. 5 Angestelltenversicherungsgesetz oder § 48 Abs. 1 Nr. 5 Reichsknappschaftsgesetz festgesetzte Lebensalter (in der Regel das 63. bzw. 60. Lebensjahr) erreicht ist.

Als Monatsverdienst gilt, was dem Arbeitnehmer bei der für ihn maßgebenden regelmäßigen Arbeitszeit in dem Monat, in dem das Arbeitsverhältnis endet, an Geld und Sachbezügen zusteht.

Endet die Kündigungsschutzklage nicht durch Urteil, sondern durch Vergleich, kann eine Abfindung nach §§ 9, 10 KSchG, aber auch eine höhere Abfindung vereinbart werden.

1.8.1 Steuern und Sozialversicherungsbeiträge von der Abfindung

Die durch Urteil festgesetzte Abfindung ist kein Arbeitsentgelt, sondern eine Entschädigung für den Verlust des Arbeitsplatzes. Sie unterliegt nicht der Beitragspflicht zur Sozialversicherung. Beträgt sie nicht mehr als 24.000 DM, ist sie nicht lohnsteuerpflichtig. Hat der Arbeitnehmer das 50. Lebensjahr vollendet und hat das Arbeitsverhältnis mindestens 15 Jahre bestanden, ist die Abfindung bis 30.000 DM, hat der Arbeitnehmer das 55. Lebensjahr vollendet und hat das Arbeitsverhältnis 20 Jahre bestanden, bis 36.000 DM lohnsteuerfrei. Eine Anrechnung auf das Arbeitslosengeld ist ausnahmsweise und nur im Rahmen des § 117 AFG möglich (wegen weiterer Einzelheiten verweisen wir auf den Abschnitt „Ruhen des Anspruchs bei Arbeitsentgelt oder Abfindung" in der von der Arbeitskammer herausgegebenen Broschüre „Arbeitslosengeld"). Andererseits ist die Abfindung unbeschränkt pfändbar und wird im Konkurs nicht bevorrechtigt behandelt. Ist ein Vergleich abgeschlossen worden, so gilt in der Regel Entsprechendes.

1.9 Verzicht auf den Kündigungsschutz

Der Arbeitnehmer kann nicht von vornherein auf den Kündigungsschutz verzichten. Eine entsprechende Vereinbarung im Arbeitsvertrag und darüber hinaus jeder mündliche Verzicht vor Ausspruch einer Kündigung ist nichtig. Ist die Kündigung zugegangen, obliegt es der freien Entscheidung des Arbeitnehmers, ob er den Kündigungsschutz geltend macht oder nicht. Er kann also insoweit auf seine Rechte aus dem Kündigungsschutz verzichten.

2 Der besondere Kündigungsschutz

Der allgemeine Kündigungsschutz betrifft fast alle Arbeitnehmer. Darüber hinaus besteht aber – wie bereits ausgeführt – für einzelne Personengruppen noch zusätzlich ein besonderer Kündigungsschutz.

2.1 Nach dem Mutterschutzgesetz

Nach § 9 MuSchG ist die Kündigung gegenüber einer Frau während der Schwangerschaft und bis zum Ablauf von vier Monaten nach der Entbindung unzulässig (vgl. Seite 138/139 für den Fall des Erziehungsurlaubs). Voraussetzung ist, daß dem Arbeitgeber zur Zeit der Kündigung die Schwangerschaft oder Entbindung bekannt war oder diese ihm innerhalb von zwei Wochen, nachdem die Kündigung der Arbeitnehmerin zugegangen ist, mitgeteilt wird. Macht die Arbeitnehmerin dem Arbeitgeber innerhalb dieser Frist keine Mitteilung von ihrer Schwangerschaft, ist die Kündigung wirksam.

Von diesem Grundsatz gibt es eine Ausnahme: Durch Beschluß vom 13. November 1979 hat das Bundesverfassungsgericht klargestellt, daß die Kündigung auch dann nicht wirksam ist, wenn die schwangere Arbeitnehmerin ihre Schwangerschaft am letzten Tag der Frist unverschuldet nicht kennt und die Anzeige an den Arbeitgeber nach Kenntniserlangung unverzüglich nachholt.

Beispiel:

Frau Pech wird gekündigt. Da sie vermutet, daß sie schwanger ist, läßt sie sich von einem Arzt untersuchen. Dieser erkennt nicht, daß Frau Pech tatsächlich schwanger ist und teilt ihr mit, sie sei nicht in Umständen. Frau Pech läßt daher die Zwei-Wochen-Frist verstreichen. Wenige Tage nach Ablauf dieser Frist erfährt sie durch einen anderen Arzt, daß sie doch schwanger ist. Sie macht ihrem Arbeitgeber hiervon sofort Mitteilung. Ist die Kündigung wirksam oder unwirksam?

Sie ist unwirksam. Die Zwei-Wochen-Frist ist zwar abgelaufen. Da Frau Pech bis zum Ablauf der Frist ohne eigenes Verschulden nichts von ihrer Schwangerschaft wußte und ihren Arbeitgeber sofort, nachdem sie Kenntnis von der Schwangerschaft erhalten hatte, informierte, sind die vom Bundesverfassungsgericht aufgestellten Voraussetzungen gegeben. ■

Im übrigen braucht der Arbeitgeber sich nicht mit der Mitteilung zu begnügen, sondern er kann verlangen, daß die Arbeitnehmerin die Schwangerschaft durch das Zeugnis eines Arztes oder einer Hebamme nachweist. Die Kosten hierfür muß der Arbeitgeber übernehmen.

Entgegen der früher vom Bundesarbeitsgericht vertretenen Auffassung ist es nicht erforderlich, daß dieser Nachweis ebenfalls innerhalb der Zwei-Wochen-Frist erbracht werden muß. Das Bundesarbeitsgericht hat diesbezüglich seine frühere Meinung aufgegeben und vertritt jetzt den Standpunkt, daß auch nach Ablauf der Zwei-Wochen-Frist das Attest nachgereicht werden kann. Wichtig ist daher, daß die Arbeitnehmerin innerhalb der Zwei-Wochen-Frist oder – wenn sie unverschuldet keine

Kenntnis von der Schwangerschaft hat – unverzüglich nach Kenntniserlangung dem Arbeitgeber mitteilt, daß sie in anderen Umständen ist. Dadurch kann sie sich ihre Rechte nach dem Mutterschutzgesetz sichern. Sie läuft dann nicht Gefahr, ihren Anspruch auf Kündigungsschutz zu verlieren. Das Attest kann sie später nachreichen.

Kann sie innerhalb der Zwei-Wochen-Frist den Nachweis, daß sie in anderen Umständen ist, nicht führen, genügt es, wenn sie ein Attest nachreicht, sobald ihr Arzt in der Lage ist, die Schwangerschaft festzustellen.

Nach § 9 MuSchG ist nicht nur die ordentliche, sondern auch die außerordentliche Kündigung unzulässig. Nur ausnahmsweise kann durch die zuständige oberste Landesbehörde oder die von ihr bestimmte Stelle in besonderen Fällen die Kündigung für zulässig erklärt werden.

Beispiel:

Langfinger ist Verkäuferin bei Kurz. Sie ist schwanger und hat dies ihrem Arbeitgeber mitgeteilt. Im dritten Monat ihrer Schwangerschaft wird sie von Frau Kurz erwischt, als sie aus der Ladenkasse Geld stiehlt. Von Kurz und seiner Frau deswegen zur Rede gestellt, beschimpft sie beide in übelster Weise und geht schließlich mit einem Beil auf beide los, das ihr nur mühsam entrissen werden kann. Daraufhin kündigt ihr Kurz fristlos. Einige Tage später holt er die Genehmigung nach § 9 Abs. 3 MuSchG ein. Ist die Kündigung rechtswirksam?

Nein! Zwar bestehen keine Bedenken, daß in diesem Fall die zuständige Behörde die Kündigung genehmigen wird. Jedoch muß die Genehmigung bei Ausspruch der Kündigung vorliegen. Kurz bleibt nichts anderes übrig, als Langfinger die Kündigung noch einmal zugehen zu lassen. ■

Interessant ist die Frage, ob nun der Arbeitgeber bis zum Zugang der ersten oder zweiten Kündigung das Gehalt zahlen muß. Das Bundesarbeitsgericht hat in einem ähnlich gelagerten Fall entschieden, daß der Lohn aus Gründen der Unzumutbarkeit nur bis zur ersten Kündigung zu zahlen ist, obwohl das Arbeitsverhältnis bis zur zweiten Kündigung fortbesteht (BAG, GS, AP Nr. 5 zu § 9 MuSchG).

Aufgrund des Gesetzes über die Gewährung von Erziehungsgeld und Erziehungsurlaub, das am 1. Januar 1986 in Kraft getreten ist, ergibt sich hinsichtlich des Kündigungsschutzes der Erziehungsurlaubsberechtigten folgende Regelung: Der Arbeitgeber darf das Arbeitsverhältnis während des Erziehungsurlaubs nicht kündigen, d.h., daß ein Kündigungsschutz in den Jahren 1986 und 1987 vom Tage der Geburt des Kindes bis zur Vollendung des 10. Lebensmonats, für die späteren Jahre bis zur Vollendung des 12. Lebensmonats besteht. Ausnahmsweise kann in besonderen Fällen durch die für den Arbeitsschutz zuständige oberste Landesbehörde oder die von ihr bestimmte Stelle eine Kündigung für zulässig erklärt werden.

Diese Regelung gilt auch dann, wenn der Arbeitnehmer während des Erziehungsurlaubs bei seinem Arbeitgeber Teilzeitarbeit leistet. Auch dann hat er Kündigungsschutz in der obengenannten Zeit.

Schließlich hat auch der Arbeitnehmer Anspruch auf Kündigungsschutz, der keinen Erziehungsurlaub in Anspruch nimmt, aber bei seinem Arbeitgeber Teilzeitarbeit leistet und Anspruch auf Erziehungsgeld hat oder nur deshalb nicht hat, weil sein Einkommen die Einkommensgrenze übersteigt. Besteht nach § 15 Bundeserziehungsgeldgesetz kein Anspruch auf Erziehungsurlaub, so entfällt in diesem Fall auch der Kündigungsschutz.

Eine Sonderregelung besteht für Hausangestellte. Ihnen kann der Arbeitgeber nach dem Ablauf des fünften Monats der Schwangerschaft kündigen. Sie erhalten aber für die Zeit nach der Entlassung bis zum Einsetzen der Leistungen des Mutterschaftsgeldes eine Sonderunterstützung zu Lasten des Bundes, die von der Krankenkasse ausgezahlt wird.

Grundsätzlich werden Frauen, deren Arbeitsverhältnis befristet ist, nicht durch § 9 geschützt. Das Arbeitsverhältnis endet, auch wenn die Arbeitnehmerin inzwischen schwanger geworden ist, mit Ablauf der Frist. Das gilt jedoch nicht, wenn die Befristung sachlich nicht gerechtfertigt ist (vgl. Seite 148).

Endet das Arbeitsverhältnis durch Anfechtung, kann sich die Schwangere auch nicht auf § 9 MuSchG berufen.

Beispiel:

Frau Lug ist schwanger, was sie auch weiß. Sie bewirbt sich um eine Stelle bei Stahl. Als dieser sie bei der Einstellung fragt, ob sie in Umständen sei, verneint sie wider besseres Wissen diese Frage. Als Stahl später erfährt, daß sie schwanger ist, ficht er den Vertrag nach § 123 BGB wegen arglistiger Täuschung an. Frau Lug beruft sich demgegenüber auf § 9 MuSchG.

Frau Lug kann sich einer Anfechtung gegenüber nicht auf § 9 MuSchG berufen. Das Arbeitsverhältnis ist durch die Anfechtung, nicht durch die Kündigung aufgelöst worden. Anders wäre die Rechtslage, wenn Stahl Frau Lug nicht ausdrücklich gefragt hätte. Dann würde keine arglistige Täuschung vorliegen. ■

Hinsichtlich des Betriebsrates ist hier folgendes zu beachten: Der Betriebsrat hat im Falle der Anfechtung eine schwache Position. Denn Anfechtung ist nicht gleich Kündigung. Ihm stehen daher die sich aus § 102 BetrVG ergebenden Rechte im Falle der Anfechtung nicht zu.

2.2 Nach dem Schwerbehindertengesetz

Anspruch auf einen besonderen Kündigungsschutz haben auch die Schwerbehinderten. Der Kreis der Personen, die vom Schwerbehindertengesetz erfaßt werden, hat sich im Verhältnis zu dem Kreis, der von dem früheren Schwerbeschädigtengesetz umfaßt wurde, erheblich erweitert. Zu den Schwerbehinderten zählen nicht nur, wie nach dem Schwerbeschädigtengesetz, kriegsbeschädigte, arbeitsunfallgeschädigte und zivilblinde Arbeitnehmer, sondern alle, die – gleich aus welcher Ursache – behindert sind. So genießen heute auch die Arbeitnehmer, die von Geburt an, durch eine Krankheit oder durch einen Freizeitunfall usw. schwerbehindert sind, den Kündigungsschutz nach dem Schwerbehindertengesetz.

Wie sieht dieser Kündigungsschutz aus? Kündigt ein Arbeitgeber das Arbeitsverhältnis eines Schwerbehinderten, ohne daß er vorher die Zustimmung der zuständigen Hauptfürsorgestelle eingeholt hat, ist die Kündigung unwirksam. Die vorherige Zustimmung der Hauptfürsorgestelle ist also Wirksamkeitsvoraussetzung.

Dies gilt nicht nur für die ordentliche Kündigung, sondern – im Gegensatz zum früheren Recht – auch für die außerordentliche Kündigung, darüber hinaus für die Abänderungskündigung und die vorsorgliche Kündigung.

Ausnahmen von diesem Grundsatz gibt es insoweit, als die Zustimmung der Hauptfürsorgestelle dann nicht erforderlich ist, wenn der Schwerbehinderte ausdrücklich nur zur vorübergehenden Aushilfe, auf Probe oder für einen vorübergehenden Zweck eingestellt worden ist, es sei denn, daß das Arbeitsverhältnis über sechs Monate hinaus fortbesteht.

Der Zustimmung der Hauptfürsorgestelle bedarf es auch nicht, wenn die Entlassung des Schwerbehinderten aus Witterungsgründen vorgenommen wurde und die Wiedereinstellung des Schwerbehinderten bei Wiederaufnahme der Arbeit gewährleistet ist.

Die Zustimmung der Hauptfürsorgestelle ist selbstverständlich nur dort erforderlich, wo das Arbeitsverhältnis durch eine Kündigung endet. Endet das Arbeitsverhältnis ohne Kündigung, wie z.b. bei einem befristeten Arbeitsverhältnis, durch Aufhebungsvertrag, durch Anfechtung usw., ist eine Zustimmung seitens der Hauptfürsorgestelle nicht erforderlich.

Wie bereits erwähnt, ist auch bei der außerordentlichen Kündigung die vorherige Zustimmung der Hauptfürsorgestelle durch den Arbeitgeber einzuholen. Hier gilt insoweit eine Besonderheit, als die Zustimmung zur außerordentlichen Kündigung nur innerhalb einer Frist von zwei Wochen seit Kenntnis des die Kündigung rechtfertigenden Grundes beantragt werden kann. Entscheidend ist der Eingang des Zustimmungsersuches bei der Hauptfürsorgestelle (§ 18 Abs. 2 Schwerbehindertengesetz).

Wegen weiterer Einzelheiten wird auf die von der Arbeitskammer herausgegebene Broschüre „Der Schwerbehinderte und sein Recht", insbesondere auf die Seiten 77 ff. verwiesen.

2.3 Für Mitglieder des Betriebs- bzw. Personalrates

Beispiel:

Sorge war Betriebsratsmitglied bis zum 30. April. Bei der Neuwahl hat er nicht mehr kandidiert, weil er jungen Kollegen Platz machen wollte. Am 19. Mai kündigt ihm sein Arbeitgeber zum 30. Juni. Ist die Kündigung wirksam?

Nein! Nach § 15 Abs. 1 KSchG kann einem Betriebsratsmitglied oder einem Mitglied der Jugendvertretung nicht ordentlich gekündigt werden. Dieser Kündigungsschutz erstreckt sich nicht nur auf die Amtszeit, sondern auch auf das der Amtszeit folgende Jahr. Die Kündigung ist daher nach § 15 Abs. 1 KSchG in Verbindung mit § 134 BGB nichtig. Das würde allerdings dann nicht gelten, wenn die Mitgliedschaft von Sorge nicht durch Ablauf der Amtszeit, sondern durch eine gerichtliche Entscheidung beendet worden wäre, so etwa, weil er seinen gesetzlichen Pflichten als Betriebsratsmitglied nicht nachgekommen ist (§ 23 Abs. 1 BetrVG). ∎

Der Sonderkündigungsschutz nach § 15 KSchG gilt auch für Ersatzmitglieder während der Zeit, in der sie ein Betriebsratsmitglied vertreten und – soweit sie konkrete Betriebsratsaufgaben wahrgenommen haben (z. B. Teilnahme an einer Betriebsratssitzung) – auch ein Jahr nach dem Ende der Vertretungszeit (vgl. Entscheidung des Bundesarbeitsgerichts vom 6. September 1979).

Dagegen kann einem Betriebsratsmitglied bzw. dem Mitglied einer Jugendvertretung außerordentlich gekündigt werden. Jedoch muß hier die Zustimmung des Betriebsrats nach § 103 BetrVG vorliegen.

Ausgedehnt wurde durch das Betriebsverfassungsgesetz 1972 der Kündigungsschutz auf die Mitglieder des Wahlvorstandes vom Zeitpunkt ihrer Bestellung an und auf die Wahlkandidaten vom Zeitpunkt der Aufstellung des Wahlvorschlages an, jeweils bis sechs Monate nach Bekanntgabe des Wahlergebnisses. In dieser Zeit ist hinsichtlich des vorgenannten Personenkreises eine ordentliche Kündigung unzulässig. Ist der Wahlvorstand jedoch seinen Verpflichtungen nicht nachgekommen und wird er aufgrund einer gerichtlichen Entscheidung durch einen anderen Wahlvorstand ersetzt, besteht der Kündigungsschutz nach der Amtsenthebung nicht fort.

Ist einer der vorgenannten Personen gekündigt worden und stellt das Gericht die Unwirksamkeit der Kündigung fest, hat sie die Wahl, entweder zum alten Arbeitsplatz zurückzukehren oder – wenn sie ein neues Arbeitsverhältnis eingegangen ist – innerhalb einer Woche nach Rechtskraft des Urteils durch Erklärung dem alten Arbeitgeber gegenüber die Weiterbeschäftigung zu verweigern. In beiden Fällen haftet der Arbeitgeber unter den Voraussetzungen des Annahmeverzugs für den dem betreffenden Arbeitnehmer entgangenen Zwischenverdienst (§ 16 KSchG). Die Sperre des § 15 KSchG gilt entgegen der früheren Rechtsprechung nach Ansicht des Bundesarbeitsgerichts (vgl. Urteil vom 29. Januar 1981) auch für die Änderungskündigung.

Die Nichtigkeit der Kündigung muß vor Gericht geltend gemacht werden. Jedoch ist die Geltendmachung nicht an die Drei-Wochen-Frist des § 4 KSchG gebunden.

Ähnliche Regelungen enthalten auch das Bundespersonalvertretungsgesetz und das Saarländische Personalvertretungsgesetz.

2.4 Für Wehrdienstpflichtige

Beispiel:

Held leistet seinen Grundwehrdienst bei der Marine. Zweieinhalb Monate vor Ablauf seines Wehrdienstes kündigt ihm sein Arbeitgeber. Was kann Held tun?

Grundsätzlich kann Held sich auf § 2 Abs. 1 des Arbeitsplatzschutzgesetzes berufen, wonach der Arbeitgeber das Arbeitsverhältnis während des Grundwehrdienstes oder während einer Wehrübung nicht ordentlich kündigen darf. Der Arbeitgeber darf auch vor oder nach dem Wehrdienst nicht aus Anlaß des Wehrdienstes kündigen. Nach dem Gesetz wird sogar vermutet, daß der Arbeitgeber, wenn er dem Arbeitnehmer kündigt, nachdem er von dessen Einberufung Kenntnis erlangt hat, die Kündigung aus Anlaß des Wehrdienstes ausgesprochen hat. Die Kündigung ist nur wirksam, wenn der Arbeitgeber das Gegenteil beweist.

Held hat also Aussicht auf Erfolg, wenn er gegen die Kündigung vorgeht. Jedoch ist hier folgendes zu beachten: Durch den Kündigungsschutz des § 2 ArbPlSchG wird die außerordentliche Kündigung nicht berührt. Liegt ein wichtiger Grund zur Kündigung vor, kann der Arbeitgeber kündigen (§ 2 Abs. 3 ArbPlSchG). Die Einberufung zum Wehrdienst ist selbstverständlich kein wichtiger Grund zur Kündigung. Hiervon gibt es allerdings eine Ausnahme: Ist Held ledig, hat er vor seiner Einberufung in einem Betrieb gearbeitet, der in der Regel weniger als sechs Arbeitnehmer (Auszubildende werden nicht mitgezählt) beschäftigt und kann seinem Arbeitgeber, weil dieser eine Ersatzkraft eingestellt hat, eine Weiterbeschäftigung nach der Entlassung vom Militärdienst nicht mehr zugemutet werden, liegt ein wichtiger Grund zur Kündigung vor. Diese Kündigung muß zwei Monate, bevor Held entlassen wird, ausgesprochen werden.

Hier hätte Held keine Aussicht auf Erfolg, wenn er gegen die Kündigung klagen würde. ∎

Hinsichtlich der Eignungsübung gelten ähnliche Bestimmungen (§ 2 Eignungsübungsgesetz). Ein entsprechender Kündigungsschutz gilt für Zivildienstleistende (§ 78 Abs. 1 Nr. 1 ZDG).

Diese Kündigungsverbote gelten nicht, wenn der Arbeitnehmer kündigt.

2.5 Kündigungsschutz für weitere Personengruppen

Abgesehen von den bereits erwähnten Fällen des Kündigungsschutzes besteht für einige weitere Personengruppen Kündigungsschutz, der in der Praxis jedoch kaum von Bedeutung ist. So besteht ein Kündigungsschutz für die Inhaber von Versorgungsscheinen nach dem im Saarland geltenden Gesetz vom 8. Oktober 1981 (ABl. Seite 641). Ähnlich wie bei Schwerbehinderten sieht das Gesetz bei Inhabern des Bergmannsversorgungsscheines vor, daß ihnen nur mit Genehmigung der sogenannten Zentralstelle ordentlich gekündigt werden kann.

Den Bergmannsversorgungsschein erhalten Arbeitnehmer, die in der Regel eine gewisse Zeit im Bergbau beschäftigt waren, aus gesundheitlichen Gründen diese Tätigkeit nicht mehr ausüben können und daher auf eine Beschäftigung außerhalb des Bergbaus angewiesen sind. Entsprechende Regelungen gibt es in Nordrhein-Westfalen und Niedersachsen.

VI. Kapitel
Weitere Möglichkeiten zur Beendigung des Arbeitsverhältnisses

1 Aufhebungsvertrag

Das Arbeitsverhältnis kann auch durch einen Aufhebungsvertrag beendet werden. Wie bei jedem Vertrag bedarf es beim Aufhebungsvertrag der übereinstimmenden Willenserklärung der beiden Vertragspartner. Wie Sie bereits wissen, genügt – im Gegensatz hierzu – bei der Kündigung eine einseitige Erklärung.

Beispiel:

Pleite hat Absatzschwierigkeiten. Er will daher seine Fabrik zum Ende des Jahres schließen. Im Oktober teilt er diesen Entschluß den bei ihm beschäftigten Arbeitnehmern mit. Dabei erklärt er, sie sollten sich jetzt schon nach neuen Arbeitsplätzen umsehen. Einige Tage später teilt Raschke seinem Arbeitgeber Pleite mit, er habe eine neue Stelle, ob er dort morgen schon anfangen könne? Pleite erklärt sich einverstanden.

Das Arbeitsverhältnis endet in diesem Fall im gegenseitigen Einvernehmen, d.h. durch Aufhebungsvertrag. Einer Kündigung bedarf es dann weder von der einen noch von der anderen Seite. ■

Die Aufhebung des Arbeitsverhältnisses bedarf keiner Form. Sie braucht auch nicht ausdrücklich erklärt zu werden. Vielmehr kann der Aufhebungsvertrag wie jeder andere Vertrag durch schlüssiges Handeln zustande kommen.

Beispiel:

Wie oben, jedoch teilt Pleite seinen Entschluß, die Firma zu schließen, den Arbeitnehmern nicht mit. Aber alle Arbeitnehmer wissen, daß die wirtschaftliche Lage des Unternehmens schlecht ist. Raschke wird zum 1. November eine neue, gut bezahlte Stelle angeboten. Ohne Pleite eine Mitteilung zu machen, erscheint er nicht mehr zur Arbeit und fängt am 1. November bei dem neuen Arbeitgeber an. Als Pleite hiervon erfährt, schickt er ihm die Arbeitspapiere. ■

Hat einer der Vertragspartner ordnungsgemäß gekündigt und erklärt sich der andere mit der Kündigung einverstanden, dann ist ebenfalls ein Aufhebungsvertrag zustande gekommen. Dieses Einverständnis kann aber nicht daraus entnommen werden, daß der Partner auf die Kündigung schweigt, vielmehr muß sich eindeutig aus dem Verhalten des Gekündigten ergeben, daß er trotz Schweigens mit der Kündigung einverstanden ist.

Was halten Sie von folgendem Fall:

Frau Jung ist schwanger. Pfiffig, ihr Arbeitgeber, kündigt ihr schriftlich, obwohl sie ihn über die Schwangerschaft informiert hat. Die Kündigung geht ihr fristgerecht zu. Sie äußert sich zur Kündigung nicht, sondern sie schweigt. Als ihr Pfiffig am letzten Arbeitstag eine Ausgleichsquittung vorlegt, unterschreibt sie diese wortlos. Die Ausgleichsquittung lautet: „Hiermit bestätige ich, daß ich keine weiteren Ansprüche weder aus dem Arbeitsverhältnis noch aus der Beendigung des Arbeitsverhältnisses gegen Herrn Pfiffig habe".

Als sie nach Hause kommt, macht ihr der Ehemann, der immer schon dafür war, daß sie das Arbeitsverhältnis fortsetzt, heftige Vorwürfe. Am anderen Tag geht sie daher wie gewohnt zur Arbeit. Pfiffig schickt sie nach Hause mit der Begründung, das Arbeitsverhältnis sei beendet. Frau Jung beruft sich demgegenüber darauf, daß die Kündigung wegen Verstoßes gegen die Mutterschutzbestimmungen unwirksam sei. Wer hat Recht?

Nach § 9 MuSchG ist eine Kündigung während der Schwangerschaft unzulässig. Hier stellt sich aber die Frage, ob das Arbeitsverhältnis nicht durch Aufhebungsvertrag beendet worden ist, denn Frau Jung hat nicht nur geschwiegen, sondern sie hat die Ausgleichsquittung unterschrieben, in der ausdrücklich festgelegt war, daß sie auch „aus der Beendigung des Arbeitsverhältnisses keine Ansprüche mehr gegen den Arbeitgeber habe."

Tatsächlich vertrat man früher den Standpunkt, daß in diesen Fällen das Arbeitsverhältnis durch Aufhebungsvertrag und nicht durch Kündigung beendet würde. Frau Jung konnte sich daher nicht auf den Kündigungsschutz berufen. Das Bundesarbeitsgericht hat aber in seinem Urteil vom 6. April 1977 entschieden, daß aus der Tatsache, daß der Arbeitnehmer eine Ausgleichsquittung mit diesem Inhalt unterschreibt, nicht geschlossen werden kann, er habe einen Aufhebungsvertrag vereinbaren wollen. Dafür gebe diese Formulierung zu wenig her. Da das Arbeitsverhältnis somit durch Kündigung und nicht durch Aufhebungsvertrag endet, kann sich Frau Jung auf das Mutterschutzgesetz berufen. Nach § 9 MuSchG in Verbindung mit § 134 BGB ist die Kündigung nichtig. Das Arbeitsverhältnis besteht weiter. ■

Hinweis:

Arbeitnehmer sollten nur dann einen Aufhebungsvertrag abschließen, wenn sie einen neuen Arbeitsplatz in Aussicht haben. Durch den Aufhebungsvertrag verlieren sie den gesamten Kündigungsschutz und somit auch die Möglichkeit, eine Abfindung gemäß § 9 f. KSchG (siehe Seite 160) zu erhalten. Darüber hinaus laufen sie Gefahr, daß von seiten des Arbeitsamtes eine Sperre von zwölf Wochen gegen sie verhängt wird, weil sie den Verlust des Arbeitsplatzes mitverschuldet haben.

Hat der Arbeitgeber eine Abfindung gezahlt und ist in dem Aufhebungsvertrag keine Auslauffrist, die der normalen Kündigungsfrist entspricht, vereinbart worden, so wird die Abfindung zum Großteil auf das Arbeitslosengeld angerechnet (vgl. hierzu Broschüre der Arbeitskammer „Arbeitslosengeld").

2 Fristablauf

Ein Arbeitsverhältnis kann selbstverständlich nur dann durch Fristablauf enden, wenn es sich um ein befristetes Arbeitsverhältnis handelt, d.h. wenn eine Befristung vereinbart wurde.

Beispiel:

Herberger sucht für die Sommersaison einen Hoteldiener. Tasch bewirbt sich. Herberger vereinbart mit Tasch, daß dieser vom 1. Mai bis 30. Oktober bei ihm arbeiten soll. Als Tasch auch am 1. November seine Arbeit antritt, sagt Herberger, er habe nichts mehr in seinem Hotel zu suchen; Tasch erklärt, ihm sei nicht gekündigt worden, das Arbeitsverhältnis bestehe fort.

Tasch hat Unrecht, denn ein befristetes Arbeitsverhältnis endet von selbst mit Ablauf der vereinbarten Zeit, es bedarf also keiner Kündigung. ■

Das gilt auch dann, wenn für den Arbeitnehmer bei Ablauf der Frist Kündigungsschutz besteht.

Beispiel:

Süß hat eine Schokoladenfabrik. In der Zeit vor Weihnachten bis kurz vor Ostern hat er Hochsaison. Er stellt daher Aushilfskräfte ein. Auch mit Frau Hoff schließt er einen befristeten Arbeitsvertrag ab. Sie soll in der Zeit vom 1. November bis 31. März bei ihm arbeiten. Diese teilt ihm am 15. Februar mit, daß sie schwanger sei. Als sie am 1. April zur Arbeit erscheint, erklärt ihr Süß, das Arbeitsverhältnis sei beendet. Frau Hoff ist gegenteiliger Meinung und beruft sich auf das Mutterschutzgesetz.

Das Arbeitsverhältnis ist trotz des bestehenden Kündigungsschutzes beendet. Da das Arbeitsverhältnis durch Fristablauf endet, bedarf es keiner Kündigung. § 9 MuSchG besagt aber nur, daß Kündigungen unzulässig sind. Süß hat Recht. ■

Nach der bisherigen Rechtsprechung des Bundesarbeitsgerichts war die Befristung eines Arbeitsverhältnisses nur dann zulässig, wenn ein sachlicher Grund (z. B. Saisonarbeit, Probezeit, Ausbildungsverhältnis) die Befristung rechtfertigte. Fehlte es an einem sachlichen Grund, so war das befristete Arbeitsverhältnis zwar nicht unwirksam, jedoch endete es nicht mit Ablauf der Befristung von selbst, sondern es mußte gekündigt werden. Dies galt insbesondere für den sogenannten Kettenarbeitsvertrag, bei dem sich zwei oder mehr befristete Arbeitsverträge aneinanderreihten. Das Bundesarbeitsgericht wollte damit vermeiden, daß die vom Gesetz für den Arbeitnehmer vorgesehenen Schutzbestimmungen (z. B. Kündigungsschutz, vgl. Ziffer 1 auf Seite 123, aber auch § 102 BetrVG) umgangen werden konnten.

Das Beschäftigungsförderungsgesetz, das am 1. Mai 1985 in Kraft getreten ist, hat hier eine wesentliche Änderung gebracht. Nach diesem Gesetz ist es in der Zeit vom 1. Mai 1985 bis zum 1. Januar 1990 zulässig, die einmalige Befristung des Arbeitsvertrages bis zur Dauer von 18 Monaten zu vereinbaren, wenn
1. der Arbeitnehmer neu eingestellt wird oder
2. der Arbeitnehmer im unmittelbaren Anschluß an die Berufsausbildung nur vorübergehend weiterbeschäftigt werden kann, weil kein Arbeitsplatz für einen unbefristet einzustellenden Arbeitnehmer zur Verfügung steht.

Eine Neueinstellung im Sinne dieses Gesetzes liegt nicht vor, wenn zu einem vorhergehenden befristeten oder unbefristeten Arbeitsvertrag mit demselben Arbeitgeber ein enger sachlicher Zusammenhang besteht. Ein solch enger sachlicher Zusammenhang ist insbesondere anzunehmen, wenn zwischen den Arbeitsverträgen ein Zeitraum von weniger als vier Monaten liegt.

Die Befristung kann auf zwei Jahre ausgedehnt werden, wenn der Arbeitgeber seit höchstens sechs Monaten eine Erwerbstätigkeit aufgenommen hat und wenn 20 oder weniger Arbeitnehmer ausschließlich der zu ihrer Berufsausbildung Beschäftigten bei ihm tätig sind.

Durch diese Neuregelung wird das bisher geltende Recht nicht generell abgeschafft. Vielmehr besteht es neben dem neuen Recht weiter. Handelt es sich um eine Neueinstellung, so ist nach dem Beschäftigungsförderungsgesetz ein sachlicher Grund, der die Befristung rechtfertigt, nicht mehr erforderlich. Das gleiche gilt für den im Gesetz angegebenen Fall, daß ein Arbeitnehmer im unmittelbaren Anschluß an die Berufsausbildung nur vorübergehend weiterbeschäftigt werden kann, weil kein Arbeitsplatz für einen unbefristet einzustellenden Arbeitnehmer zur Verfügung steht. In diesem Falle muß der Arbeitgeber aber nachweisen, daß kein Arbeitsplatz für ein unbefristetes Arbeitsverhältnis zur Verfügung steht.

In allen Fällen, die nicht vom Beschäftigungsförderungsgesetz erfaßt werden, bleibt es demgegenüber bei der alten Regelung, daß eine Befristung nur dann gerechtfertigt ist, wenn ein sachlicher Grund für die Befristung besteht. Soll ein Arbeitsvertrag länger befristet werden als 18 Monate oder liegt ein Kettenarbeitsverhältnis vor, so bleibt es bei der bisher vom Bundesarbeitsgericht geforderten Voraussetzung.

Eine Sonderregelung hinsichtlich der Befristung gibt es für das wissenschaftliche Personal an Hochschulen und Forschungseinrichtungen (vgl. hierzu das Gesetz über befristete Arbeitsverträge mit wissenschaftlichem Personal an Hochschulen und Forschungseinrichtungen, BGBl. I 1985 Seite 1065).

Wird ein befristetes Arbeitsverhältnis stillschweigend über den Endtermin hinaus fortgesetzt, schließt sich an das befristete Arbeitsverhältnis ein unbefristetes an, auf das die Regeln über die gesetzliche Kündigung Anwendung finden (§ 625 BGB).

Ausnahmsweise kann auch ein befristetes Arbeitsverhältnis vorzeitig gekündigt werden, nämlich dann, wenn eine derartige Kündigungsmöglichkeit zwischen den Vertragspartnern vereinbart wurde und selbstverständlich dann, wenn ein Grund zur fristlosen Kündigung vorliegt.

Handelt es sich bei dem befristeten Arbeitsverhältnis um ein Aushilfsarbeitsverhältnis, so ist, wenn eine Kündigungsmöglichkeit vereinbart werden soll, folgendes zu beachten: Dauert das Aushilfsarbeitsverhältnis nicht länger als drei Monate, können abweichend von den gesetzlichen Mindestkündigungsfristen (siehe unter Ziffer 2.1 auf Seite 112) kürzere, so z.B. auch tägliche Kündigungsfristen vereinbart werden. Dauert das Aushilfsarbeitsverhältnis länger als drei Monate, gelten wieder die gesetzlichen bzw. vereinbarten Kündigungsfristen (§ 622 Abs. 4 BGB). Das Probearbeitsverhältnis kann ebenfalls ein befristetes Arbeitsverhältnis sein.

Beispiel:

Wählerisch vereinbart mit Neu eine Probezeit. Er erklärt Neu: „Ich stelle Sie vom 1. Juli bis 30. September auf Probe ein!"

Hier liegt ein befristetes Probearbeitsverhältnis vor, an das sich ein unbefristetes Arbeitsverhältnis anschließen kann.

Erklärt Wählerisch dem Neu aber: „Ich stelle Sie am 1. Juni ein. Die ersten drei Monate gelten als Probezeit", so handelt es sich nicht um ein befristetes, sondern um ein unbefristetes Arbeitsverhältnis, dessen erste drei Monate als Probezeit gelten. Der wesentliche Unterschied besteht darin, daß das befristete Probearbeitsverhältnis automatisch durch Zeitablauf, in unserem Beispiel also nach drei Monaten endet, eine Kündigung also nicht erforderlich ist, während bei dem unbefristeten Arbeitsverhältnis, dessen erste drei Monate Probezeit sind, gekündigt werden muß, falls das Arbeitsverhältnis nicht fortgesetzt werden soll. ∎

Auch beim befristeten Probearbeitsverhältnis kann jedoch durch die Vertragspartner eine vorzeitige Kündigungsmöglichkeit vereinbart werden. Im Gegensatz zum Aushilfsarbeitsverhältnis müssen hier auch, wenn das Probearbeitsverhältnis keine drei Monate dauert, die gesetzlichen Mindestkündigungsfristen eingehalten werden.

Das befristete Probearbeitsverhältnis mit darauffolgendem unbefristeten Arbeitsverhältnis ist nach dem Beschäftigungsförderungsgesetz zulässig (vgl. § 1 Abs. 1 Unterabschnitt 2, wonach sich ein unbefristetes Arbeitsverhältnis an ein befristetes Arbeitsverhältnis anschließen darf).

In der Praxis kommt das befristete Probearbeitsverhältnis selten vor. In der Regel wird ein unbefristetes Arbeitsverhältnis, dessen erste Monate als Probezeit gelten, abgeschlossen. Auch im letzteren Fall kann während der Probezeit nur mit der Mindestkündigungsfrist (siehe Ziffer 2.1 auf Seite 112, insbesondere aber Ziffer 2.1.4 auf Seite 115) gekündigt werden.

Ausgenommen ist das Berufsausbildungsverhältnis, das während der Probezeit jederzeit ohne Einhaltung einer Kündigungsfrist gekündigt werden kann (§ 15 Abs. 1 BerBildG). Kürzere Kündigungsfristen während der Probezeit können auch in Tarifverträgen vereinbart werden.

Die außerordentliche (fristlose) Kündigung ist auch beim befristeten Arbeitsverhältnis – vorausgesetzt, daß ein wichtiger Grund zur Kündigung vorliegt – jederzeit möglich.

3 Tod des Arbeitnehmers

Da der Arbeitnehmer die Arbeitsleistung nur selbst erbringen kann, endet das Arbeitsverhältnis mit seinem Tod. Hat er noch Ansprüche gegen den Arbeitgeber, gehen diese auf die Erben über. Ausgenommen hiervon sind die Ansprüche auf Urlaub und Urlaubsabgeltung. Dies gilt nicht, wenn der Abgeltungsanspruch zum Zeitpunkt des Todes des Arbeitnehmers bereits vom Arbeitgeber anerkannt oder vom Arbeitnehmer eingeklagt worden war.

4 Weitere Beendigungsgründe

Ein Arbeitsverhältnis kann auch durch Anfechtung (siehe Ziffer 1.2 auf Seite 20) oder weil es nichtig ist enden. Hat sich ein Arbeitnehmer freiwillig zur Bundeswehr gemeldet und ist er zur Eignungsübung einberufen worden, endet das Arbeitsverhältnis ohne weiteres, wenn er im Anschluß an die Eignungsübung bei der Bundeswehr bleibt oder die Übung länger als vier Monate fortsetzt.

In Ausnahmefällen kann das Arbeitsverhältnis auch durch gerichtliche Entscheidung aufgelöst werden, so z.b. nach § 9 KSchG; siehe Ziffer 1.7 auf Seite 134 und nach § 100 BetrVG. Ganz selten endet das Arbeitsverhältnis durch Wegfall der Geschäftsgrundlage.

5 Keine Beendigungsgründe

Der Tod des Arbeitgebers und der Übergang des Betriebes auf einen neuen Inhaber sind in der Regel keine Beendigungsgründe für das Arbeitsverhältnis. Das Arbeitsverhältnis endet auch nicht automatisch durch Eröffnung des Konkurses oder Vergleichsverfahrens über das Vermögen des Arbeitgebers. Jedoch besteht hier die Möglichkeit, das Arbeitsverhältnis fristgemäß, unter Umständen sogar fristlos zu kündigen. Das gleiche gilt für Einstellung oder Auflösung des Betriebes.

Wird der Arbeitnehmer zum Grundwehrdienst oder zu einer Wehrübung einberufen, endet das Arbeitsverhältnis nicht, sondern es ruht.

Das Arbeitsverhältnis endet auch nicht automatisch bei Arbeitsunfähigkeit des Arbeitnehmers oder wenn er eine bestimmte Altersgrenze erreicht (z.B. 63. Lebensjahr), sondern hier bedarf es einer Kündigung. Jedoch wird mitunter in Tarifverträgen festgelegt, daß das Arbeitsverhältnis mit Erreichen einer bestimmten Altersgrenze automatisch endet. Schließlich endet das Arbeitsverhältnis nicht bei einem Streik oder der suspendierenden Aussperrung. Dagegen endet das Arbeitsverhältnis bei der sogenannten auflösenden Aussperrung.

VII. Kapitel
Pflichten bei Beendigung des Arbeitsverhältnisses

1 Die Pflichten des Arbeitgebers

1.1 Freizeitgewährung zur Stellensuche

Hat der Arbeitgeber oder der Arbeitnehmer das Arbeitsverhältnis gekündigt, muß der Arbeitgeber dem Arbeitnehmer eine angemessene Zeit zur Stellensuche gewähren (§ 629 BGB). Das gilt auch für befristete Arbeitsverhältnisse, die auf längere Dauer, nicht dagegen für Arbeitsverhältnisse, die nur für kurze Zeit abgeschlossen wurden, wie z.B. Aushilfs- oder Probearbeitsverhältnisse. Was angemessen ist, ergibt sich aus den Umständen des Einzelfalls. Zwei, drei Stunden an einem Arbeitstag sind in der Regel angemessen. Muß sich der Arbeitnehmer außerhalb des Arbeitsortes bewerben, hat ihm der Arbeitgeber entsprechend mehr Freizeit zu gewähren. Der Anspruch des Arbeitnehmers beschränkt sich nicht auf ein einmaliges Vorstellen.

Beispiel:

Anders kündigt sein Arbeitsverhältnis. Engstler, sein Arbeitgeber, gewährt ihm einmal zwei Stunden Freizeit zur Stellensuche. Einige Tage später fragt Anders, ob er noch einmal Freizeit haben könne, er wolle sich bei einer anderen Firma vorstellen. Engstler ist der Ansicht, Anders habe darauf keinen Anspruch.

Engstler hat Unrecht. Er muß Anders ein zweites, soweit es erforderlich ist auch ein drittes und viertes Mal Freizeit gewähren. ■

Gewährt Ihnen der Arbeitgeber unberechtigterweise keine Freizeit, können Sie auf Erfüllung klagen und wegen der Eilbedürftigkeit Antrag auf eine einstweilige Verfügung beim Arbeitsgericht stellen. Nach herrschender Meinung können Sie sogar Ihre Arbeitsleistung zurückhalten (§ 273 BGB), d. h. Sie können sich selbst angemessenen Urlaub zur Stellensuche nehmen. Sie können auch fristlos kündigen und, wenn Ihnen ein Schaden entstanden ist, Schadensersatz nach § 628 BGB verlangen. Der Arbeitgeber hat die Freizeit gemäß § 616 BGB zu bezahlen. Entsprechendes gilt, wenn das Arbeitsverhältnis durch Aufhebungsvertrag mit Auslauffrist endet.

1.2 Zeugniserteilung

Bei Beendigung des Arbeitsverhältnisses hat der Arbeitnehmer Anspruch auf Erteilung eines schriftlichen Zeugnisses (§§ 630 BGB, 113 GewO, 73 HGB, 8 BerBildG). In der Regel entsteht der Anspruch des Arbeitnehmers schon mit dem Zugang der Kündigung, nicht erst am Ende des Arbeitsverhältnisses. Wird die Kündigung bereits vor Beginn der gesetzlichen oder vereinbarten Kündigungsfrist erklärt, entsteht der Anspruch mit Beginn der Kündigungsfrist. Ist die vereinbarte oder tarifliche Kündigungsfrist kürzer als die gesetzliche, entsteht der Anspruch mit Beginn der gesetzlichen Kündigungsfrist. Hat der Arbeitgeber dem Arbeitnehmer die Kündigung in Aussicht gestellt, aber noch nicht gekündigt, hat der Arbeitnehmer Anspruch auf die Erteilung eines Zwischenzeugnisses. Für ein Zwischenzeugnis gelten dieselben Grundsätze wie für das Zeugnis selbst.

Nach dem Inhalt unterscheidet man einfache und qualifizierte Zeugnisse. Das einfache Zeugnis beschränkt sich auf Angaben über Art und Dauer der Beschäftigung. Auf Verlangen des Arbeitnehmers ist der Arbeitgeber zur Ausstellung eines qualifizierten Zeugnisses verpflichtet, das auch Angaben über Führung und Leistungen des Arbeitnehmers enthält (= Personalbeurteilung). Diesbezügliche Angaben des Arbeitgebers müssen wahrheitsgemäß sein. Unrichtige Angaben können den Arbeitgeber sowohl gegenüber dem Arbeitnehmer schadensersatzpflichtig machen, wenn dieser dadurch in seinem Fortkommen behindert ist, als auch gegenüber einem späteren Arbeitgeber, wenn dieser dadurch bewußt getäuscht wurde.

Beispiel:

Klau war als Kassierer bei Bank tätig. Bank hat ihn entlassen, weil er eine Unterschlagung begangen hat. Auf Bitten des Klau schreibt Bank in das Zeugnis, Klau sei immer zuverlässig gewesen.

Einige Monate später begeht Klau auf der neuen Arbeitsstelle erneut eine Unterschlagung. Der neue Arbeitgeber kann Bank wegen des falschen Zeugnisses auf Ersatz des ihm durch die Unterschlagung von Klau entstandenen Schadens in Anspruch nehmen (vgl. BGH AP 10 zu § 826 BGB). ■

Das Zeugnis soll wohlwollend sein. Jedoch ist die häufig von Arbeitnehmern vertretene Ansicht, ein Zeugnis dürfe keine ungünstigen Angaben enthalten, falsch. Verlangt der Arbeitnehmer ein qualifiziertes Zeugnis, muß er damit rechnen, daß in ihm auch für ihn ungünstige Angaben enthalten sind. Will er dies vermeiden, darf er nur ein einfaches Zeugnis verlangen. Entsprechen die für ihn ungünstigen Angaben allerdings nicht der Wahrheit, kann er auf Ausstellung eines richtigen Zeugnisses klagen.

Dies gilt auch dann, wenn der Arbeitgeber negative Tatsachen erwähnt oder aufbauscht.

1.3 Auskunfterteilung

Aufgrund der Fürsorgepflicht ist der Arbeitgeber verpflichtet, Dritten gegenüber wahrheitsgemäß Auskunft über den Arbeitnehmer zu erteilen, wenn der Arbeitnehmer das vom Arbeitgeber verlangt. Eine rechtliche Verpflichtung des Arbeitgebers, Dritten gegenüber Auskunft zu erteilen, besteht ansonsten nicht. Jedoch kann die Auskunft auch ohne Einverständnis des Arbeitnehmers erteilt werden. Auch hier muß der Arbeitgeber sich an die Wahrheit halten, wenn er sich nicht schadensersatzpflichtig machen will. Es gelten dieselben Grundsätze wie bei der Zeugniserteilung.

1.4 Aushändigung der Arbeitspapiere

Der Arbeitgeber ist verpflichtet, dem Arbeitnehmer bei Beendigung des Arbeitsverhältnisses die Arbeitspapiere auszuhändigen. Der Arbeitgeber darf die Arbeitspapiere in keinem Fall zurückbehalten, auch dann nicht, wenn er selbst noch berechtigte Forderungen gegen den Arbeitnehmer hat.

Ist dem Arbeitnehmer fristlos gekündigt worden, kann der Arbeitnehmer die Papiere unter Umständen nicht sofort verlangen, sondern er muß dem Arbeitgeber eine angemessene Zeit zur Herausgabe einräumen, so z. B. weil wegen der Datenverarbeitung die Arbeitspapiere im Moment nicht ordnungsgemäß ausgefüllt werden können. Hier ist aber eine Zwischenbescheinigung zu erteilen.

Kommt der Arbeitgeber der Verpflichtung, die Papiere herauszugeben, nicht nach, kann der Arbeitnehmer eine einstweilige Verfügung wegen der Herausgabe der Arbeitspapiere beim Arbeitsgericht beantragen. Unter Umständen macht sich der Arbeitgeber auch schadensersatzpflichtig.

2 Die Pflichten des Arbeitnehmers

Grundsätzlich enden die Pflichten des Arbeitnehmers aus dem Arbeitsverhältnis mit dessen Ende. Dies gilt auch hinsichtlich der Geheimhaltung von Geschäfts- und Betriebsgeheimnissen. Der Arbeitnehmer kann somit nach Beendigung des Arbeitsverhältnisses Geschäfts- und Betriebsgeheimnisse frei verwerten. Das kann unter Umständen nachteilige Folgen für den früheren Arbeitgeber haben; insbesondere dann, wenn der Arbeitnehmer sich in der Folgezeit bei der Konkurrenz betätigt.

Um diese Folgen auszuschließen, werden in den Arbeitsverträgen mitunter sogenannte Wettbewerbsklauseln eingearbeitet, in denen der Arbeitnehmer verpflichtet, für eine bestimmte Zeit nach Beendigung des Arbeitsverhältnisses nicht in der Branche seines früheren Arbeitgebers tätig zu werden. Da diese Konkurrenzklausel die Freiheit und insbesondere das berufliche Fortkommen des Arbeitnehmers erheblich beeinträchtigt, hat der Gesetzgeber zum Schutze des Arbeitnehmers die Wettbewerbsverbote im Handelsgesetzbuch (§§ 74 ff.) für die kaufmännischen Angestellten und in der Gewerbeordnung (§§ 133 ff.) für die technischen Angestellten gesetzlich geregelt.

Die Regelung im HGB sieht u. a. vor, daß dem Angestellten für die Zeit des Wettbewerbsverbots eine Entschädigung in Höhe von mindestens der Hälfte der bisherigen Bezüge zu zahlen ist und ein Wettbewerbsverbot höchstens bis zwei Jahre nach Beendigung des Arbeitsverhältnisses andauern darf. Geht es über zwei Jahre hinaus oder fehlt es an einer Entschädigungszusage in der gesetzlich vorgeschriebenen Höhe, ist das Wettbewerbsverbot unverbindlich, d. h. es ist nichtig.

Für nicht kaufmännische bzw. nicht technische Angestellte besteht zwar keine gesetzliche Regelung, jedoch wendet das Bundesarbeitsgericht seit 1969 die §§ 74 ff. HGB auf alle anderen Angestellten entsprechend an (BAG AP 24 zu § 611 BGB Konkurrenzklausel).

VIII. Kapitel
Amtliche Texte

1 Bürgerliches Gesetzbuch

Vom 18. August 1896 (RGBl. S. 195)

Zuletzt geändert durch Gesetz vom 13. August 1980 (BGBl. I S. 1308)

Auszug

§ 113: Eingehung eines Dienst- oder Arbeitsverhältnisses

(1) Ermächtigt der gesetzliche Vertreter den Minderjährigen, in Dienst oder in Arbeit zu treten, so ist der Minderjährige für solche Rechtsgeschäfte unbeschränkt geschäftsfähig, welche die Eingehung oder Aufhebung eines Dienst- oder Arbeitsverhältnisses der gestatteten Art oder die Erfüllung der sich aus einem solchen Verhältnis ergebenden Verpflichtungen betreffen. Ausgenommen sind Verträge, zu denen der Vertreter der Genehmigung des Vormundschaftsgerichts bedarf.

(2) Die Ermächtigung kann von dem Vertreter zurückgenommen oder eingeschränkt werden.

(3) Ist der gesetzliche Vertreter ein Vormund, so kann die Ermächtigung, wenn sie von ihm verweigert wird, auf Antrag des Minderjährigen durch das Vormundschaftsgericht ersetzt werden. Das Vormundschaftsgericht hat die Ermächtigung zu ersetzen, wenn sie im Interesse des Mündels liegt.

(4) Die für einen einzelnen Fall erteilte Ermächtigung gilt im Zweifel als allgemeine Ermächtigung zur Eingehung von Verhältnissen derselben Art.

§ 123: Anfechtbarkeit wegen Täuschung oder Drohung

(1) Wer zur Abgabe einer Willenserklärung durch arglistige Täuschung oder widerrechtlich durch Drohung bestimmt worden ist, kann die Erklärung anfechten.

(2) Hat ein Dritter die Täuschung verübt, so ist eine Erklärung, die einem anderen gegenüber abzugeben war, nur dann anfechtbar, wenn dieser die Täuschung kannte oder kennen mußte. Soweit ein anderer als derjenige, welchem gegenüber die Erklärung abzugeben war, aus der Erklärung unmittelbar ein Recht erworben hat, ist die Erklärung ihm gegenüber anfechtbar, wenn er die Täuschung kannte oder kennen mußte.

Sechster Titel. Dienstvertrag

§ 611: Wesen des Dienstvertrages

(1) Durch den Dienstvertrag wird derjenige, welcher Dienste zusagt, zur Leistung der ver-

sprochenen Dienste, der andere Teil zur Gewährung der vereinbarten Vergütung verpflichtet.

(2) Gegenstand des Dienstvertrags können
Dienste jeder Art sein.

§ 611 a: Gleichbehandlung von Mann und Frau

(1) Der Arbeitgeber darf einen Arbeitnehmer
bei einer Vereinbarung oder einer Maßnahme,
insbesondere bei der Begründung des Arbeitsverhältnisses, beim beruflichen Aufstieg, bei
einer Weisung oder einer Kündigung, nicht wegen seines Geschlechts benachteiligen. Eine unterschiedliche Behandlung wegen des Geschlechts ist jedoch zulässig, soweit eine Vereinbarung oder eine Maßnahme die Art der
vom Arbeitnehmer auszuübenden Tätigkeit
zum Gegenstand hat und ein bestimmtes Geschlecht unverzichtbare Voraussetzung für
diese Tätigkeit ist. Wenn im Streitfall der Arbeitnehmer Tatsachen glaubhaft macht, die eine Benachteiligung wegen des Geschlechts
vermuten lassen, trägt der Arbeitgeber die Be-
weislast dafür, daß nicht auf das Geschlecht
bezogene, sachliche Gründe eine unterschiedliche Behandlung rechtfertigen oder
das Geschlecht unverzichtbare Voraussetzung für die auszuübende Tätigkeit ist.

(2) Ist ein Arbeitsverhältnis wegen eines von
dem Arbeitgeber zu vertretenden Verstoßes
gegen das Benachteiligungsverbot des Absatzes 1 nicht begründet worden, so ist er zum Ersatz des Schadens verpflichtet, den der Arbeitnehmer dadurch erleidet, daß er darauf ver-
traut, die Begründung des Arbeitsverhältnisses werde nicht wegen eines solchen Verstoßes unterbleiben. Satz 1 gilt beim beruflichen
Aufstieg entsprechend, wenn auf den Aufstieg
kein Anspruch besteht.

(3) Der Anspruch auf Schadensersatz wegen
eines Verstoßes gegen das Benachteiligungsverbot verjährt in zwei Jahren. § 201 ist entsprechend anzuwenden.

§ 611 b: Ausschreibung von Arbeitsplätzen

Der Arbeitgeber soll einen Arbeitsplatz weder
öffentlich noch innerhalb des Betriebs nur für
Männer oder nur für Frauen ausschreiben, es
sei denn, daß ein Fall des § 611 a Abs. 1 Satz 2
vorliegt.

§ 612: Vergütung

(1) Eine Vergütung gilt als stillschweigend
vereinbart, wenn die Dienstleistung den Umständen nach nur gegen eine Vergütung zu erwarten ist.

(2) Ist die Höhe der Vergütung nicht bestimmt,
so ist bei dem Bestehen einer Taxe die taxmä-
ßige Vergütung, in Ermangelung einer Taxe
die übliche Vergütung als vereinbart anzusehen.

(3) Bei einem Arbeitsverhältnis darf für gleiche oder für gleichwertige Arbeit nicht wegen
des Geschlechts des Arbeitnehmers eine geringere Vergütung vereinbart werden als bei
einem Arbeitnehmer des anderen Geschlechts. Die Vereinbarung einer geringeren
Vergütung wird nicht dadurch gerechtfertigt,
daß wegen des Geschlechts des Arbeitnehmers besondere Schutzvorschriften gelten.
§ 611 a Abs. 1 Satz 3 ist entsprechend anzuwenden.

§ 612 a: Benachteiligungsverbot bei zulässiger Rechtsausübung

Der Arbeitgeber darf einen Arbeitnehmer bei
einer Vereinbarung oder einer Maßnahme
nicht benachteiligen, weil der Arbeitnehmer in
zulässiger Weise seine Rechte ausübt.

§ 613: Höchstpersönliche Verpflichtung und Berechtigung

Der zur Dienstleistung Verpflichtete hat die
Dienste im Zweifel in Person zu leisten. Der
Anspruch auf die Dienste ist im Zweifel nicht
übertragbar.

§ 613 a: Rechte und Pflichten bei Betriebsübergang

(1) Geht ein Betrieb oder Betriebsteil durch
Rechtsgeschäft auf einen anderen Inhaber
über, so tritt dieser in die Rechte und Pflichten
aus den im Zeitpunkt des Übergangs bestehenden Arbeitsverhältnissen ein. Sind diese
Rechte und Pflichten durch Rechtsnormen eines Tarifvertrags oder durch eine Betriebsvereinbarung geregelt, so werden sie Inhalt des
Arbeitsverhältnisses zwischen dem neuen Inhaber und dem Arbeitnehmer und dürfen nicht
vor Ablauf eines Jahres nach dem Zeitpunkt
des Übergangs zum Nachteil des Arbeitnehmers geändert werden. Satz 2 gilt nicht, wenn

die Rechte und Pflichten bei dem neuen Inhaber durch Rechtsnormen eines anderen Tarifvertrags oder durch eine andere Betriebsvereinbarung geregelt werden. Vor Ablauf der Frist nach Satz 2 können die Rechte und Pflichten geändert werden, wenn der Tarifvertrag oder die Betriebsvereinbarung nicht mehr gilt oder bei fehlender beiderseitiger Tarifgebundenheit im Geltungsbereich eines anderen Tarifvertrags dessen Anwendung zwischen dem neuen Inhaber und dem Arbeitnehmer vereinbart wird.

(2) Der bisherige Arbeitgeber haftet neben dem neuen Inhaber für Verpflichtungen nach Absatz 1, soweit sie vor dem Zeitpunkt des Übergangs entstanden sind und vor Ablauf von einem Jahr nach diesem Zeitpunkt fällig werden, als Gesamtschuldner. Werden solche Verpflichtungen nach dem Zeitpunkt des Übergangs fällig, so haftet der bisherige Arbeitgeber für sie jedoch nur in dem Umfang, der dem im Zeitpunkt des Übergangs abgelaufenen Teil ihres Bemessungszeitraums entspricht.

(3) Absatz 2 gilt nicht, wenn eine juristische Person durch Verschmelzung oder Umwandlung erlischt; § 8 des Umwandlungsgesetzes in der Fassung der Bekanntmachung vom 6. November 1969 (BGBl. I S. 2081) bleibt unberührt.

(4) Die Kündigung des Arbeitsverhältnisses eines Arbeitnehmers durch den bisherigen Arbeitgeber oder durch den neuen Inhaber wegen des Übergangs eines Betriebs oder eines Betriebsteils ist unwirksam. Das Recht zur Kündigung des Arbeitsverhältnisses aus anderen Gründen bleibt unberührt.

§ 614: Fälligkeit der Vergütung

Die Vergütung ist nach der Leistung der Dienste zu entrichten. Ist die Vergütung nach Zeitabschnitten bemessen, so ist sie nach dem Ablaufe der einzelnen Zeitabschnitte zu entrichten.

§ 615: Annahmeverzug

Kommt der Dienstberechtigte mit der Annahme der Dienste in Verzug, so kann der Verpflichtete für die infolge des Verzugs nicht geleisteten Dienste die vereinbarte Vergütung verlangen, ohne zur Nachleistung verpflichtet zu sein. Er muß sich jedoch den Wert desjenigen anrechnen lassen, was er infolge des Unterbleibens der Dienstleistung erspart oder durch anderweitige Verwendung seiner Dienste erwirbt oder zu erwerben böswillig unterläßt.

§ 616: Vorübergehende Verhinderung

(1) Der zur Dienstleistung Verpflichtete wird des Anspruchs auf die Vergütung nicht dadurch verlustig, daß er für eine verhältnismäßig nicht erhebliche Zeit durch einen in seiner Person liegenden Grund ohne sein Verschulden an der Dienstleistung verhindert wird. Er muß sich jedoch den Betrag anrechnen lassen, welcher ihm für die Zeit der Verhinderung aus einer aufgrund gesetzlicher Verpflichtung bestehenden Kranken- oder Unfallversicherung zukommt.

(2) Der Anspruch eines Angestellten (§§ 2 und 3 des Angestelltenversicherungsgesetzes) auf Vergütung kann für den Krankheitsfall sowie für die Fälle der Sterilisation und des Abbruchs der Schwangerschaft durch einen Arzt nicht durch Vertrag ausgeschlossen oder beschränkt werden. Hierbei gilt als verhältnismäßig nicht erheblich eine Zeit von sechs Wochen, wenn nicht durch Tarifvertrag eine andere Dauer bestimmt ist. Eine nicht rechtswidrige Sterilisation und ein nicht rechtswidriger Abbruch der Schwangerschaft durch einen Arzt gelten als unverschuldete Verhinderung an der Dienstleistung. Der Angestellte behält diesen Anspruch auch dann, wenn der Arbeitgeber das Arbeitsverhältnis aus Anlaß des Krankheitsfalls kündigt. Das gleiche gilt, wenn der Angestellte das Arbeitsverhältnis aus einem vom Arbeitgeber zu vertretenden Grunde kündigt, der den Angestellten zur Kündigung aus wichtigem Grund ohne Einhaltung einer Kündigungsfrist berechtigt.

(3) Ist der zur Dienstleistung Verpflichtete Arbeiter im Sinne des Lohnfortzahlungsgesetzes, so bestimmen sich seine Ansprüche nur nach dem Lohnfortzahlungsgesetz, wenn er durch Arbeitsunfähigkeit infolge Krankheit, infolge Sterilisation oder Abbruchs der Schwangerschaft durch einen Arzt oder durch eine Kur im Sinne des § 7 des Lohnfortzahlungsgesetzes an der Dienstleistung verhindert ist.

§ 617: Erkrankung

(1) Ist bei einem dauernden Dienstverhältnis, welches die Erwerbstätigkeit des Verpflichteten vollständig oder hauptsächlich in Anspruch nimmt, der Verpflichtete in die häusliche Ge-

meinschaft aufgenommen, so hat der Dienstberechtigte ihm im Falle der Erkrankung die erforderliche Verpflegung und ärztliche Behandlung bis zur Dauer von sechs Wochen, jedoch nicht über die Beendigung des Dienstverhältnisses hinaus, zu gewähren, sofern nicht die Erkrankung von dem Verpflichteten vorsätzlich oder durch grobe Fahrlässigkeit herbeigeführt worden ist. Die Verpflegung und ärztliche Behandlung kann durch Aufnahme des Verpflichteten in eine Krankenanstalt gewährt werden. Die Kosten können auf die für die Zeit der Erkrankung geschuldete Vergütung angerechnet werden. Wird das Dienstverhältnis wegen der Erkrankung von dem Dienstberechtigten nach § 626 gekündigt, so bleibt die dadurch herbeigeführte Beendigung des Dienstverhältnisses außer Betracht.

(2) Die Verpflichtung des Dienstberechtigten tritt nicht ein, wenn für die Verpflegung und ärztliche Behandlung durch eine Versicherung oder durch eine Einrichtung der öffentlichen Krankenpflege Vorsorge getroffen ist.

§ 618: Schutzvorschriften

(1) Der Dienstberechtigte hat Räume, Vorrichtungen oder Gerätschaften, die er zur Verrichtung der Dienste zu beschaffen hat, so einzurichten und zu unterhalten und Dienstleistungen, die unter seiner Anordnung oder seiner Leitung vorzunehmen sind, so zu regeln, daß der Verpflichtete gegen Gefahr für Leben und Gesundheit soweit geschützt ist, als die Natur der Dienstleistung es gestattet.

(2) Ist der Verpflichtete in die häusliche Gemeinschaft aufgenommen, so hat der Dienstberechtigte in Ansehung des Wohn- und Schlafraums, der Verpflegung sowie der Arbeits- und Erholungszeit diejenigen Einrichtungen und Anordnungen zu treffen, welche mit Rücksicht auf die Gesundheit, die Sittlichkeit und die Religion des Verpflichteten erforderlich sind.

(3) Erfüllt der Dienstberechtigte die ihm in Ansehung des Lebens und der Gesundheit des Verpflichteten obliegenden Verpflichtungen nicht, so finden auf seine Verpflichtung zum Schadensersatze die für unerlaubte Handlungen geltenden Vorschriften der §§ 842 bis 846 entsprechende Anwendung.

§ 619: Unabdingbarkeit der Verpflichtungen

Die dem Dienstberechtigten nach den §§ 617, 618 obliegenden Verpflichtungen können nicht im voraus durch Vertrag aufgehoben oder beschränkt werden.

§ 620: Ende des Dienstverhältnisses

(1) Das Dienstverhältnis endigt mit dem Ablauf der Zeit, für die es eingegangen ist.

(2) Ist die Dauer des Dienstverhältnisses weder bestimmt noch aus der Beschaffenheit oder dem Zwecke der Dienste zu entnehmen, so kann jeder Teil das Dienstverhältnis nach Maßgabe der §§ 621, 622 kündigen.

§ 621: Kündigungsfristen

Bei einem Dienstverhältnis, das kein Arbeitsverhältnis im Sinne des § 622 ist, ist die Kündigung zulässig,

1. wenn die Vergütung nach Tagen bemessen ist, an jedem Tag für den Ablauf des folgenden Tages;

2. wenn die Vergütung nach Wochen bemessen ist, spätestens am ersten Werktag einer Woche für den Ablauf des folgenden Sonnabends;

3. wenn die Vergütung nach Monaten bemessen ist, spätestens am fünfzehnten eines Monats für den Schluß des Kalendermonats;

4. wenn die Vergütung nach Vierteljahren oder längeren Zeitabschnitten bemessen ist, unter Einhaltung einer Kündigungsfrist von sechs Wochen für den Schluß eines Kalendervierteljahres;

5. wenn die Vergütung nicht nach Zeitabschnitten bemessen ist, jederzeit; bei einem die Erwerbstätigkeit des Verpflichteten vollständig oder hauptsächlich in Anspruch nehmenden Dienstverhältnis ist jedoch eine Kündigungsfrist von zwei Wochen einzuhalten.

§ 622: Kündigungsfrist bei Arbeitsverhältnissen

(1) Das Arbeitsverhältnis eines Angestellten kann unter Einhaltung einer Kündigungsfrist von sechs Wochen zum Schluß eines Kalendervierteljahres gekündigt werden. Eine kürzere Kündigungsfrist kann einzelvertraglich nur vereinbart werden, wenn sie einen Monat nicht unterschreitet und die Kündigung nur für den Schluß eines Kalendermonats zugelassen wird.

(2) Das Arbeitsverhältnis eines Arbeiters kann unter Einhaltung einer Kündigungsfrist von zwei Wochen gekündigt werden. Hat das Arbeitsverhältnis in demselben Betrieb oder Unternehmen fünf Jahre bestanden, so erhöht sich die Kündigungsfrist auf einen Monat zum

Monatsende, hat es zehn Jahre bestanden, so erhöht sich die Kündigungsfrist auf zwei Monate zum Monatsende, hat es zwanzig Jahre bestanden, so erhöht sich die Kündigungsfrist auf drei Monate zum Ende eines Kalendervierteljahres; bei der Berechnung der Beschäftigungsdauer werden Zeiten, die vor der Vollendung des fünfunddreißigsten Lebensjahres liegen, nicht berücksichtigt.

(3) Kürzere als die in den Absätzen 1 und 2 genannten Kündigungsfristen können durch Tarifvertrag vereinbart werden. Im Geltungsbereich eines solchen Tarifvertrages gelten die abweichenden tarifvertraglichen Bestimmungen zwischen nicht tarifgebundenen Arbeitgebern und Arbeitnehmern, wenn ihre Anwendung zwischen ihnen vereinbart ist.

(4) Ist ein Arbeitnehmer zur vorübergehenden Aushilfe eingestellt, so können kürzere als die in Absatz 1 und Absatz 2 Satz 1 genannten Kündigungsfristen auch einzelvertraglich vereinbart werden; dies gilt nicht, wenn das Arbeitsverhältnis über die Zeit von drei Monaten hinaus fortgesetzt wird.

(5) Für die Kündigung des Arbeitsverhältnisses durch den Arbeitnehmer kann einzelvertraglich keine längere Frist vereinbart werden als für die Kündigung durch den Arbeitgeber.

§ 623: (aufgehoben)

§ 624: Kündigungsfrist bei Verträgen über mehr als fünf Jahre

Ist das Dienstverhältnis für die Lebenszeit einer Person oder für längere Zeit als fünf Jahre eingegangen, so kann es von dem Verpflichteten nach dem Ablaufe von fünf Jahren gekündigt werden. Die Kündigungsfrist beträgt sechs Monate.

§ 625: Stillschweigende Fortsetzung

Wird das Dienstverhältnis nach dem Ablauf der Dienstzeit von dem Verpflichteten mit Wissen des anderen Teiles fortgesetzt, so gilt es als auf unbestimmte Zeit verlängert, sofern nicht der andere Teil unverzüglich widerspricht.

§ 626: Fristlose Kündigung

(1) Das Dienstverhältnis kann von jedem Vertragsteil aus wichtigem Grund ohne Einhaltung einer Kündigungsfrist gekündigt werden, wenn Tatsachen vorliegen, aufgrund derer dem Kündigenden unter Berücksichtigung aller Umstände des Einzelfalles und unter Abwägung der Interessen beider Vertragsteile die Fortsetzung des Dienstverhältnisses bis zum Ablauf der Kündigungsfrist oder bis zu der vereinbarten Beendigung des Dienstverhältnisses nicht zugemutet werden kann.

(2) Die Kündigung kann nur innerhalb von zwei Wochen erfolgen. Die Frist beginnt mit dem Zeitpunkt, in dem der Kündigungsberechtigte von den für die Kündigung maßgebenden Tatsachen Kenntnis erlangt. Der Kündigende muß dem anderen Teil auf Verlangen den Kündigungsgrund unverzüglich schriftlich mitteilen.

§ 627: Fristlose Kündigung bei Vertrauensstellung

(1) Bei einem Dienstverhältnis, das kein Arbeitsverhältnis im Sinne des § 623 ist, ist die Kündigung auch ohne die im § 626 bezeichnete Voraussetzung zulässig, wenn der zur Dienstleistung Verpflichtete, ohne in einem dauernden Dienstverhältnis mit festen Bezügen zu stehen, Dienste höherer Art zu leisten hat, die aufgrund besonderen Vertrauens übertragen zu werden pflegen.

(2) Der Verpflichtete darf nur in der Art kündigen, daß sich der Dienstberechtigte die Dienste anderweit beschaffen kann, es sei denn, daß ein wichtiger Grund für die unzeitige Kündigung vorliegt. Kündigt er ohne solchen Grund zur Unzeit, so hat er dem Dienstberechtigten den daraus entstehenden Schaden zu ersetzen.

§ 628: Vergütung; Schadensersatz

(1) Wird nach dem Beginn der Dienstleistung das Dienstverhältnis aufgrund des § 626 oder des § 627 gekündigt, so kann der Verpflichtete einen seinen bisherigen Leistungen entsprechenden Teil der Vergütung verlangen. Kündigt er, ohne durch vertragswidriges Verhalten des anderen Teiles dazu veranlaßt zu sein, oder veranlaßt er durch sein vertragswidriges Verhalten die Kündigung des anderen Teiles, so steht ihm ein Anspruch auf die Vergütung insoweit nicht zu, als seine bisherigen Leistungen infolge der Kündigung für den anderen Teil kein Interesse haben. Ist die Vergütung für eine spätere Zeit im voraus entrichtet, so hat der Verpflichtete sie nach Maßgabe des § 347 oder, wenn die Kündigung wegen eines Umstandes erfolgt, den er nicht zu vertreten hat, nach den Vorschriften über die Herausgabe einer unge-

rechtfertigten Bereicherung zurückzuerstatten.

(2) Wird die Kündigung durch vertragswidriges Verhalten des anderen Teiles veranlaßt, so ist dieser zum Ersatze des durch die Aufhebung des Dienstverhältnisses entstehenden Schadens verpflichtet.

§ 629: Freizeit zur Stellungssuche

Nach der Kündigung eines dauernden Dienstverhältnisses hat der Dienstberechtigte dem Verpflichteten auf Verlangen angemessene Zeit zum Aufsuchen eines anderen Dienstverhältnisses zu gewähren.

§ 630: Zeugnis

Bei der Beendigung eines dauernden Dienstverhältnisses kann der Verpflichtete von dem anderen Teile ein schriftliches Zeugnis über das Dienstverhältnis und dessen Dauer fordern. Das Zeugnis ist auf Verlangen auf die Leistungen und die Führung im Dienste zu erstrecken.

2 Gesetz über die Fristen für die Kündigung von Angestellten

Vom 9. Juli 1926 (RGBI. I S. 399, ber. S. 412)

§ 1

Die Vorschriften dieses Gesetzes finden Anwendung auf Angestellte, die nach § 1 des Versicherungsgesetzes für Angestellte* versicherungspflichtig sind oder sein würden, wenn ihr Jahresarbeitsverdienst die Gehaltsgrenze nach § 3 des Versicherungsgesetzes für Angestellte nicht übersteige.**

§ 2

(1) Ein Arbeitgeber, der in der Regel mehr als zwei Angestellte, ausschließlich der Lehrlinge, beschäftigt, darf einem Angestellten, den er oder, im Falle einer Rechtsnachfolge, er und seine Rechtsvorgänger mindestens fünf Jahre beschäftigt haben, nur mit mindestens drei Monaten Frist für den Schluß eines Kalendervierteljahres kündigen. Die Kündigungsfrist erhöht sich nach einer Beschäftigungsdauer von acht Jahren auf vier Monate, nach einer Beschäftigungsdauer von zehn Jahren auf fünf Monate und nach einer Beschäftigungsdauer von zwölf Jahren auf sechs Monate. Bei der Berechnung der Beschäftigungsdauer werden Dienstjahre, die vor Vollendung des fünfundzwanzigsten Lebensjahres liegen, nicht berücksichtigt.

(2) Die nach Absatz 1 eintretende Verlängerung der Kündigungsfrist des Arbeitgebers gegenüber dem Angestellten berührt eine vertraglich bedungene Kündigungsfrist des Angestellten gegenüber dem Arbeitgeber nicht.

(3) Unberührt bleiben die Bestimmungen über fristlose Kündigung.

§ 3

(gegenstandslose Überleitungsvorschrift)

---

* Jetzt §§ 2,3 des Angestelltenversicherungsgesetzes

** § 1 zweiter Halbsatz gegenstandslos infolge Fortfalls der für die Versicherungspflicht maßgeblichen Jahresarbeitsverdienstgrenze gemäß Gesetz vom 21. Dezember 1967 (BGBl. I S. 1259).

3 Kündigungsschutzgesetz (KSchG)

in der Fassung der Bekanntmachung vom
25. August 1969 (BGBl. I S. 1317)

Zuletzt geändert durch Gesetz vom 27. April 1978 (BGBl. I S. 550)

Erster Abschnitt.

Allgemeiner Kündigungsschutz

§ 1: Sozial ungerechtfertigte Kündigungen

(1) Die Kündigung des Arbeitsverhältnisses gegenüber einem Arbeitnehmer, dessen Arbeitsverhältnis in demselben Betrieb oder Unternehmen ohne Unterbrechung länger als sechs Monate bestanden hat, ist rechtsunwirksam, wenn sie sozial ungerechtfertigt ist.

(2) Sozial ungerechtfertigt ist die Kündigung, wenn sie nicht durch Gründe, die in der Person oder in dem Verhalten des Arbeitnehmers liegen, oder durch dringende betriebliche Erfordernisse, die einer Weiterbeschäftigung des Arbeitnehmers in diesem Betrieb entgegenstehen, bedingt ist. Die Kündigung ist auch sozial ungerechtfertigt, wenn
1. in Betrieben des privaten Rechts
    a) die Kündigung gegen eine Richtlinie nach § 95 des Betriebsverfassungsgesetzes verstößt,
    b) der Arbeitnehmer an einem anderen Arbeitsplatz in demselben Betrieb oder in einem anderen Betrieb des Unternehmens weiterbeschäftigt werden kann
und der Betriebsrat oder eine andere nach dem Betriebsverfassungsgesetz insoweit zuständige Vertretung der Arbeitnehmer aus einem dieser Gründe der Kündigung innerhalb der Frist des § 102 Abs. 2 Satz 1 des Betriebsverfassungsgesetzes schriftlich widersprochen hat,
2. in Betrieben und Verwaltungen des öffentlichen Rechts
    a) die Kündigung gegen eine Richtlinie über die personelle Auswahl bei Kündigungen verstößt,
    b) der Arbeitnehmer an einem anderen Arbeitsplatz in derselben Dienststelle oder in einer anderen Dienststelle desselben Verwaltungszweiges an demselben Dienstort einschließlich seines Einzugsgebietes weiterbeschäftigt werden kann
und die zuständige Personalvertretung aus einem dieser Gründe fristgerecht gegen die

Kündigung Einwendungen erhoben hat, es sei denn, daß die Stufenvertretung in der Verhandlung mit der übergeordneten Dienststelle die Einwendungen nicht aufrechterhalten hat.

Satz 2 gilt entsprechend, wenn die Weiterbeschäftigung des Arbeitnehmers nach zumutbaren Umschulungs- oder Fortbildungsmaßnahmen oder eine Weiterbeschäftigung des Arbeitnehmers unter geänderten Arbeitsbedingungen möglich ist und der Arbeitnehmer sein Einverständnis hiermit erklärt hat. Der Arbeitgeber hat die Tatsachen zu beweisen, die die Kündigung bedingen.

(3) Ist einem Arbeitnehmer aus dringenden betrieblichen Erfordernissen im Sinne des Absatzes 2 gekündigt worden, so ist die Kündigung trotzdem sozial ungerechtfertigt, wenn der Arbeitgeber bei der Auswahl des Arbeitnehmers soziale Gesichtspunkte nicht oder nicht ausreichend berücksichtigt hat; auf Verlangen des Arbeitnehmers hat der Arbeitgeber dem Arbeitnehmer die Gründe anzugeben, die zu der getroffenen sozialen Auswahl geführt haben. Satz 1 gilt nicht, wenn betriebstechnische, wirtschaftliche oder sonstige berechtigte betriebliche Bedürfnisse die Weiterbeschäftigung eines oder mehrerer bestimmter Arbeitnehmer bedingen und damit der Auswahl nach sozialen Gesichtspunkten entgegenstehen. Der Arbeitnehmer hat die Tatsachen zu beweisen, die die Kündigung als sozial ungerechtfertigt im Sinne des Satzes 1 erscheinen lassen.

§ 2: Änderungskündigung

Kündigt der Arbeitgeber das Arbeitsverhältnis und bietet er dem Arbeitnehmer im Zusammenhang mit der Kündigung die Fortsetzung des Arbeitsverhältnisses zu geänderten Arbeitsbedingungen an, so kann der Arbeitnehmer dieses Angebot unter dem Vorbehalt annehmen, daß die Änderung der Arbeitsbedingungen nicht sozial ungerechtfertigt ist (§ 1 Abs. 2 Satz 1 bis 3, Abs. 3 Satz 1 und 2). Diesen Vorbehalt muß der Arbeitnehmer dem Arbeitgeber innerhalb der Kündigungsfrist, spätestens jedoch innerhalb von drei Wochen nach Zugang der Kündigung erklären.

§ 3: Kündigungseinspruch

Hält der Arbeitnehmer eine Kündigung für sozial ungerechtfertigt, so kann er binnen einer Woche nach der Kündigung Einspruch beim Betriebsrat einlegen. Erachtet der Betriebsrat den Einspruch für begründet, so hat er zu versuchen, eine Verständigung mit dem Arbeitgeber herbeizuführen. Er hat seine Stellungnahme zu dem Einspruch dem Arbeitnehmer und dem Arbeitgeber auf Verlangen schriftlich mitzuteilen.

§ 4: Anrufung des Arbeitsgerichtes

Will ein Arbeitnehmer geltend machen, daß eine Kündigung sozial ungerechtfertigt ist, so muß er innerhalb von drei Wochen nach Zugang der Kündigung Klage beim Arbeitsgericht auf Feststellung erheben, daß das Arbeitsverhältnis durch die Kündigung nicht aufgelöst ist. Im Falle des § 2 ist die Klage auf Feststellung zu erheben, daß die Änderung der Arbeitsbedingungen sozial ungerechtfertigt ist. Hat der Arbeitnehmer Einspruch beim Betriebsrat eingelegt (§ 3), so soll er der Klage die Stellungnahme des Betriebsrates beifügen. Soweit die Kündigung der Zustimmung einer Behörde bedarf, läuft die Frist zur Anrufung des Arbeitsgerichtes erst von der Bekanntgabe der Entscheidung der Behörde an den Arbeitnehmer ab.

§ 5: Zulassung verspäteter Klagen

(1) War ein Arbeitnehmer nach erfolgter Kündigung trotz Anwendung aller ihm nach Lage der Umstände zuzumutenden Sorgfalt verhindert, die Klage innerhalb von drei Wochen nach Zugang der Kündigung zu erheben, so ist auf seinen Antrag die Klage nachträglich zuzulassen.

(2) Mit dem Antrag ist die Klageerhebung zu verbinden; ist die Klage bereits eingereicht, so ist auf sie im Antrag Bezug zu nehmen. Der Antrag muß ferner die Angabe der die nachträgliche Zulassung begründenden Tatsachen und der Mittel für deren Glaubhaftmachung enthalten.

(3) Der Antrag ist nur innerhalb von zwei Wochen nach Behebung des Hindernisses zulässig. Nach Ablauf von sechs Monaten, vom Ende der versäumten Frist an gerechnet, kann der Antrag nicht mehr gestellt werden.

(4) Über den Antrag entscheidet das Arbeitsgericht durch Beschluß. Gegen diesen ist sofortige Beschwerde zulässig.

§ 6: Verlängerte Anrufungsfrist

Hat ein Arbeitnehmer innerhalb von drei Wochen nach Zugang der Kündigung aus anderen als den in § 1 Abs. 2 und 3 bezeichneten Gründen im Klagewege geltend gemacht, daß eine rechtswirksame Kündigung nicht vorliege, so kann er in diesem Verfahren bis zum Schluß der mündlichen Verhandlung erster Instanz auch die Unwirksamkeit der Kündigung gemäß § 1 Abs. 2 und 3 geltend machen. Das Arbeitsgericht soll ihn hierauf hinweisen.

§ 7: Wirksamwerden der Kündigung

Wird die Rechtsunwirksamkeit einer sozial ungerechtfertigten Kündigung nicht rechtzeitig geltend gemacht (§ 4 Satz 1, §§ 5 und 6), so gilt die Kündigung, wenn sie nicht aus anderem Grunde rechtsunwirksam ist, als von Anfang an rechtswirksam; ein vom Arbeitnehmer nach § 2 erklärter Vorbehalt erlischt.

§ 8: Wiederherstellung der früheren Arbeitsbedingungen

Stellt das Gericht im Falle des § 2 fest, daß die Änderung der Arbeitsbedingungen sozial ungerechtfertigt ist, so gilt die Änderungskündigung als von Anfang an rechtsunwirksam.

§ 9: Auflösung des Arbeitsverhältnisses durch Urteil des Gerichts; Abfindung des Arbeitnehmers

(1) Stellt das Gericht fest, daß das Arbeitsverhältnis durch die Kündigung nicht aufgelöst ist, ist jedoch dem Arbeitnehmer die Fortsetzung des Arbeitsverhältnisses nicht zuzumuten, so hat das Gericht auf Antrag des Arbeitnehmers das Arbeitsverhältnis aufzulösen und den Arbeitgeber zur Zahlung einer angemessenen Abfindung zu verurteilen. Die gleiche Entscheidung hat das Gericht auf Antrag des Arbeitgebers zu treffen, wenn Gründe vorliegen, die eine den Betriebszwecken dienliche weitere Zusammenarbeit zwischen Arbeitgeber und Arbeitnehmer nicht erwarten lassen. Arbeitnehmer und Arbeitgeber können den Antrag auf Auflösung des Arbeitsverhältnisses bis zum Schluß der letzten mündlichen Verhandlung in der Berufungsinstanz stellen.

(2) Das Gericht hat für die Auflösung des Arbeitsverhältnisses den Zeitpunkt festzuset-

zen, an dem es bei sozial gerechtfertigter Kündigung geendet hätte.

§ 10: Höhe der Abfindung

(1) Als Abfindung ist ein Betrag bis zu zwölf Monatsverdiensten festzusetzen.

(2) Hat der Arbeitnehmer das fünfzigste Lebensjahr vollendet und hat das Arbeitsverhältnis mindestens fünfzehn Jahre bestanden, so ist ein Betrag bis zu fünfzehn Monatsverdiensten, hat der Arbeitnehmer das fünfundfünfzigste Lebensjahr vollendet und hat das Arbeitsverhältnis mindestens zwanzig Jahre bestanden, so ist ein Betrag bis zu achtzehn Monatsverdiensten festzusetzen. Dies gilt nicht, wenn der Arbeitnehmer in dem Zeitpunkt, den das Gericht nach § 9 Abs. 2 für die Auflösung des Arbeitsverhältnisses festsetzt, das in § 1248 Abs. 5 der Reichsversicherungsordnung, § 25 Abs. 5 des Angestelltenversicherungsgesetzes oder § 48 Abs. 5 des Reichsknappschaftsgesetzes bezeichnete Lebensalter erreicht hat.

(3) Als Monatsverdienst gilt, was dem Arbeitnehmer bei der für ihn maßgebenden regelmäßigen Arbeitszeit in dem Monat, in dem das Arbeitsverhältnis endet (§ 9 Abs. 2), an Geld und Sachbezügen zusteht.

§ 11: Anrechnung auf entgangenen Zwischenverdienst

Besteht nach der Entscheidung des Gerichts das Arbeitsverhältnis fort, so muß sich der Arbeitnehmer auf das Arbeitsentgelt, das ihm der Arbeitgeber für die Zeit nach der Entlassung schuldet, anrechnen lassen,

1. was er durch anderweitige Arbeit verdient hat,
2. was er hätte verdienen können, wenn er es nicht böswillig unterlassen hätte, eine ihm zumutbare Arbeit anzunehmen,
3. was ihm an öffentlich-rechtlichen Leistungen infolge Arbeitslosigkeit aus der Sozialversicherung, der Arbeitslosenversicherung, der Arbeitslosenhilfe oder der Sozialhilfe für die Zwischenzeit gezahlt worden ist. Diese Beträge hat der Arbeitgeber der Stelle zu erstatten, die sie geleistet hat.

§ 12: Neues Arbeitsverhältnis des Arbeitnehmers; Auflösung des alten Arbeitsverhältnisses

Besteht nach der Entscheidung des Gerichts das Arbeitsverhältnis fort, ist jedoch der Arbeit-

nehmer inzwischen ein neues Arbeitsverhältnis eingegangen, so kann er binnen einer Woche nach der Rechtskraft des Urteils durch Erklärung gegenüber dem alten Arbeitgeber die Fortsetzung des Arbeitsverhältnisses bei diesem verweigern. Die Frist wird auch durch eine vor ihrem Ablauf zur Post gegebene schriftliche Erklärung gewahrt. Mit dem Zugang der Erklärung erlischt das Arbeitsverhältnis. Macht der Arbeitnehmer von seinem Verweigerungsrecht Gebrauch, so ist ihm entgangener Verdienst nur für die Zeit zwischen der Entlassung und dem Tage des Eintritts in das neue Arbeitsverhältnis zu gewähren. § 11 findet entsprechende Anwendung.

§ 13: Verhältnis zu sonstigen Kündigungen

(1) Die Vorschriften über das Recht zur außerordentlichen Kündigung eines Arbeitsverhältnisses werden durch das vorliegende Gesetz nicht berührt. Die Rechtsunwirksamkeit einer außerordentlichen Kündigung kann jedoch nur nach Maßgabe des § 4 Satz 1 und der §§ 5 bis 7 geltend gemacht werden. Stellt das Gericht fest, daß die außerordentliche Kündigung unbegründet ist, ist jedoch dem Arbeitnehmer die Fortsetzung des Arbeitsverhältnisses nicht zuzumuten, so hat auf seinen Antrag das Gericht das Arbeitsverhältnis aufzulösen und den Arbeitgeber zur Zahlung einer angemessenen Abfindung zu verurteilen; die Vorschriften des § 9 Abs. 2 und der §§ 10 bis 12 gelten entsprechend.

(2) Verstößt eine Kündigung gegen die guten Sitten, so kann der Arbeitnehmer ihre Nichtigkeit unabhängig von den Vorschriften dieses Gesetzes geltend machen. Erhebt er innerhalb von drei Wochen nach Zugang der Kündigung Klage auf Feststellung, daß das Arbeitsverhältnis durch die Kündigung nicht aufgelöst ist, so finden die Vorschriften des § 9 Abs. 1 Satz 1 und Abs. 2 und der §§ 10 bis 12 entsprechende Anwendung; die Vorschriften des § 5 über Zulassung verspäteter Klagen und des § 6 über verlängerte Anrufungsfrist gelten gleichfalls entsprechend.

(3) Im übrigen finden die Vorschriften dieses Abschnitts auf eine Kündigung, die bereits aus anderen als den in § 1 Abs. 2 und 3 bezeichneten Gründen rechtsunwirksam ist, keine Anwendung.

§ 14: Angestellte in leitender Stellung

(1) Die Vorschriften dieses Abschnitts gelten nicht

1. in Betrieben einer juristischen Person für die Mitglieder des Organs, das zur gesetzlichen Vertretung der juristischen Person berufen ist,
2. in Betrieben einer Personengesamtheit für die durch Gesetz, Satzung oder Gesellschaftsvertrag zur Vertretung der Personengesamtheit berufenen Personen.

(2) Auf Geschäftsführer, Betriebsleiter und ähnliche leitende Angestellte, soweit diese zur selbständigen Einstellung oder Entlassung von Arbeitnehmern berechtigt sind, finden die Vorschriften dieses Abschnitts mit Ausnahme des § 3 Anwendung. § 9 Abs. 1 Satz 2 findet mit der Maßgabe Anwendung, daß der Antrag des Arbeitgebers auf Auflösung des Arbeitsverhältnisses keiner Begründung bedarf.

Zweiter Abschnitt.
Kündigungsschutz im Rahmen der Betriebsverfassung und Personalvertretung

§ 15: Unzulässigkeit der Kündigung

(1) Die Kündigung eines Mitglieds eines Betriebsrats, einer Jugendvertretung, einer Bordvertretung oder eines Seebetriebsrats ist unzulässig, es sei denn, daß Tatsachen vorliegen, die den Arbeitgeber zur Kündigung aus wichtigem Grund ohne Einhaltung einer Kündigungsfrist berechtigen, und daß die nach § 103 des Betriebsverfassungsgesetzes erforderliche Zustimmung vorliegt oder durch gerichtliche Entscheidung ersetzt ist. Nach Beendigung der Amtszeit ist die Kündigung eines Mitglieds eines Betriebsrats, einer Jugendvertretung oder eines Seebetriebsrats innerhalb eines Jahres, die Kündigung eines Mitglieds einer Bordvertretung innerhalb von sechs Monaten, jeweils vom Zeitpunkt der Beendigung der Amtszeit an gerechnet, unzulässig, es sei denn, daß Tatsachen vorliegen, die den Arbeitgeber zur Kündigung aus wichtigem Grund ohne Einhaltung einer Kündigungsfrist berechtigen; dies gilt nicht, wenn die Beendigung der Mitgliedschaft auf einer gerichtlichen Entscheidung beruht.

(2) Die Kündigung eines Mitglieds einer Personalvertretung oder einer Jugendvertretung ist unzulässig, es sei denn, daß Tatsachen vorliegen, die den Arbeitgeber zur Kündigung aus wichtigem Grund ohne Einhaltung einer Kündigungsfrist berechtigen, und daß die nach dem Personalvertretungsrecht erforderliche Zu-

stimmung vorliegt oder durch gerichtliche Entscheidung ersetzt ist. Nach Beendigung der Amtszeit der in Satz 1 genannten Personen ist ihre Kündigung innerhalb eines Jahres, vom Zeitpunkt der Beendigung der Amtszeit an gerechnet, unzulässig, es sei denn, daß Tatsachen vorliegen, die den Arbeitgeber zur Kündigung aus wichtigem Grund ohne Einhaltung einer Kündigungsfrist berechtigen; dies gilt nicht, wenn die Beendigung der Mitgliedschaft auf einer gerichtlichen Entscheidung beruht.

(3) Die Kündigung eines Mitglieds eines Wahlvorstands ist vom Zeitpunkt seiner Bestellung an, die Kündigung eines Wahlbewerbers vom Zeitpunkt der Aufstellung des Wahlvorschlags an, jeweils bis zur Bekanntgabe des Wahlergebnisses unzulässig, es sei denn, daß Tatsachen vorliegen, die den Arbeitgeber zur Kündigung aus wichtigem Grund ohne Einhaltung einer Kündigungsfrist berechtigen, und daß die nach § 103 des Betriebsverfassungsgesetzes oder nach dem Personalvertretungsrecht erforderliche Zustimmung vorliegt oder durch eine gerichtliche Entscheidung ersetzt ist. Innerhalb von sechs Monaten nach Bekanntgabe des Wahlergebnisses ist die Kündigung unzulässig, es sei denn, daß Tatsachen vorliegen, die den Arbeitgeber zur Kündigung aus wichtigem Grund ohne Einhaltung einer Kündigungsfrist berechtigen; dies gilt nicht für Mitglieder des Wahlvorstands, wenn dieser durch gerichtliche Entscheidung durch einen anderen Wahlvorstand ersetzt worden ist.

(4) Wird der Betrieb stillgelegt, so ist die Kündigung der in den Absätzen 1 bis 3 genannten Personen frühestens zum Zeitpunkt der Stillegung zulässig, es sei denn, daß ihre Kündigung zu einem früheren Zeitpunkt durch zwingende betriebliche Erfordernisse bedingt ist.

(5) Wird eine der in den Absätzen 1 bis 3 genannten Personen in einer Betriebsabteilung beschäftigt, die stillgelegt wird, so ist sie in eine andere Betriebsabteilung zu übernehmen. Ist dies aus betrieblichen Gründen nicht möglich, so findet auf ihre Kündigung die Vorschrift des Absatzes 4 über die Kündigung bei Stillegung des Betriebs sinngemäß Anwendung.

§ 16: Neues Arbeitsverhältnis; Auflösung des alten Arbeitsverhältnisses

Stellt das Gericht die Unwirksamkeit der Kündigung einer der in § 15 Abs. 1 bis 3 genannten Personen fest, so kann diese Person, falls sie inzwischen ein neues Arbeitsverhältnis eingegangen ist, binnen einer Woche nach Rechtskraft des Urteils durch Erklärung gegenüber dem alten Arbeitgeber die Weiterbeschäftigung bei diesem verweigern. Im übrigen finden die Vorschriften des § 11 und des § 12 Satz 2 bis 4 entsprechende Anwendung.

Dritter Abschnitt.
Anzeigepflichtige Entlassungen

§ 17: Anzeigepflicht

(1) Der Arbeitgeber ist verpflichtet, dem Arbeitsamt Anzeige zu erstatten, bevor er

1. in Betrieben mit in der Regel mehr als 20 und weniger als 60 Arbeitnehmern mehr als 5 Arbeitnehmer,

2. in Betrieben mit in der Regel mindestens 60 und weniger als 500 Arbeitnehmern 10 v.H. der im Betrieb regelmäßig beschäftigten Arbeitnehmer oder aber mehr als 25 Arbeitnehmer,

3. in Betrieben mit in der Regel mindestens 500 Arbeitnehmern mindestens 30 Arbeitnehmer

innerhalb von 30 Kalendertagen entläßt.

(2) Beabsichtigt der Arbeitgeber, nach Absatz 1 anzeigepflichtige Entlassungen vorzunehmen, hat er den Betriebsrat rechtzeitig über die Gründe für die Entlassungen, die Zahl der zu entlassenden Arbeitnehmer, die Zahl der in der Regel beschäftigten Arbeitnehmer und den Zeitraum, in dem die Entlassungen vorgenommen werden sollen, zu unterrichten sowie weitere zweckdienliche Auskünfte zu erteilen. Arbeitgeber und Betriebsrat haben insbesondere die Möglichkeiten zu beraten, Entlassungen zu vermeiden oder einzuschränken und ihre Folgen zu mildern.

(3) Eine Abschrift der Mitteilung an den Betriebsrat hat der Arbeitgeber gleichzeitig dem Arbeitsamt zuzuleiten. Die Anzeige nach Absatz 1 ist schriftlich unter Beifügung der Stellungnahme des Betriebsrates zu den Entlassungen zu erstatten. Liegt eine Stellungnahme des Betriebsrates nicht vor, so ist die Anzeige wirksam, wenn der Arbeitgeber glaubhaft macht, daß er den Betriebsrat mindestens zwei Wochen vor Erstattung der Anzeige nach Absatz 2 Satz 1 unterrichtet hat, und er den Stand der Beratungen darlegt. Die Anzeige hat

Angaben über den Namen des Arbeitgebers, den Sitz und die Art des Betriebes, die Zahl der in der Regel beschäftigten Arbeitnehmer, die Zahl der zu entlassenden Arbeitnehmer, die Gründe für die Entlassungen und den Zeitraum, in dem die Entlassungen vorgenommen werden sollen, zu enthalten. In der Anzeige sollen ferner im Einvernehmen mit dem Betriebsrat für die Arbeitsvermittlung Angaben über Geschlecht, Alter, Beruf und Staatsangehörigkeit der zu entlassenden Arbeitnehmer gemacht werden. Der Arbeitgeber hat dem Betriebsrat eine Abschrift der Anzeige zuzuleiten. Der Betriebsrat kann gegenüber dem Arbeitsamt weitere Stellungnahmen abgeben. Er hat dem Arbeitgeber eine Abschrift der Stellungnahme zuzuleiten.

(4) Das Recht zur fristlosen Entlassung bleibt unberührt. Fristlose Entlassungen werden bei Berechnung der Mindestzahl der Entlassungen nach Absatz 1 nicht mitgerechnet.

(5) Als Arbeitnehmer im Sinne dieser Vorschrift gelten nicht

1. in Betrieben einer juristischen Person die Mitglieder des Organs, das zur gesetzlichen Vertretung der juristischen Person berufen ist,

2. in Betrieben einer Personengesamtheit die durch Gesetz, Satzung oder Gesellschaftsvertrag zur Vertretung der Personengesamtheit berufenen Personen,

3. Geschäftsführer, Betriebsleiter und ähnliche leitende Personen, soweit diese zur selbständigen Einstellung oder Entlassung von Arbeitnehmern berechtigt sind.

§ 18: Entlassungssperre

(1) Entlassungen, die nach § 17 anzuzeigen sind, werden vor Ablauf eines Monats nach Eingang der Anzeige beim Arbeitsamt nur mit Zustimmung des Landesarbeitsamtes wirksam; die Zustimmung kann auch rückwirkend bis zum Tage der Antragstellung erteilt werden.

(2) Das Landesarbeitsamt kann im Einzelfall bestimmen, daß die Entlassungen nicht vor Ablauf von längstens zwei Monaten nach Eingang der Anzeige beim Arbeitsamt wirksam werden.

(3) Das Landesarbeitsamt hat vor seinen Entscheidungen nach den Absätzen 1 und 2 zu prüfen, ob der Arbeitgeber die Entlassungen rechtzeitig nach § 8 des Arbeitsförderungsgesetzes angezeigt oder aus welchen Gründen

er die Anzeige unterlassen hatte. Das Landesarbeitsamt soll das Ergebnis dieser Prüfung bei seinen Entscheidungen berücksichtigen.

(4) Soweit die Entlassungen nicht innerhalb eines Monats nach dem Zeitpunkt, zu dem sie nach den Absätzen 1 und 2 zulässig sind, durchgeführt werden, bedarf es unter den Voraussetzungen des § 17 Abs. 1 einer erneuten Anzeige.

§ 19: Zulässigkeit von Kurzarbeit

(1) Ist der Arbeitgeber nicht in der Lage, die Arbeitnehmer bis zu dem in § 18 Abs. 1 und 2 bezeichneten Zeitpunkt voll zu beschäftigen, so kann das Landesarbeitsamt zulassen, daß der Arbeitgeber für die Zwischenzeit Kurzarbeit einführt.

(2) Der Arbeitgeber ist im Falle der Kurzarbeit berechtigt, Lohn oder Gehalt der mit verkürzter Arbeitszeit beschäftigten Arbeitnehmer entsprechend zu kürzen; die Kürzung des Arbeitsentgelts wird jedoch erst von dem Zeitpunkt an wirksam, an dem das Arbeitsverhältnis nach den allgemeinen gesetzlichen oder den vereinbarten Bestimmungen enden würde.

(3) Tarifvertragliche Bestimmungen über die Einführung, das Ausmaß und die Bezahlung von Kurzarbeit werden durch die Absätze 1 und 2 nicht berührt.

§ 20: Entscheidungen des Landesarbeitsamtes

(1) Die Entscheidungen des Landesarbeitsamtes nach § 18 Abs. 1 und 2 trifft ein Ausschuß, der sich aus dem Präsidenten des Landesarbeitsamtes oder einem von ihm beauftragten Angehörigen des Landesarbeitsamtes als Vorsitzenden und je zwei Vertretern der Arbeitnehmer, der Arbeitgeber und der öffentlichen Körperschaften zusammensetzt, die von dem Verwaltungsausschuß des Landesarbeitsamtes benannt werden. Der Ausschuß hat vor seiner Entscheidung den Arbeitgeber und den Betriebsrat anzuhören; er trifft seine Entscheidungen mit Stimmenmehrheit.

(2) Dem Ausschuß sind, insbesondere vom Arbeitgeber und Betriebsrat, die von ihm für die Beurteilung des Falles erforderlich gehaltenen Auskünfte zu erteilen. Auf die nichtbeamteten Mitglieder der in den Absätzen 1 und 4 und § 21 bezeichneten Ausschüsse findet die Verordnung gegen Bestechung und Geheimnisverrat nichtbeamteter Personen in der Fassung vom 22. Mai 1943 (RGBl. I S. 351), geändert durch das Erste Gesetz zur Reform des Strafrechts vom 25. Juni 1969 (BGBl. I S. 645) Anwendung.

(3) Der Ausschuß hat sowohl das Interesse des Arbeitgebers als auch das der zu entlassenden Arbeitnehmer, das öffentliche Interesse und die Lage des gesamten Arbeitsmarktes unter besonderer Beachtung des Wirtschaftszweiges, dem der Betrieb angehört, zu berücksichtigen. Die oberste Landesbehörde ist berechtigt, zwei Vertreter in den Ausschuß nach Absatz 1 mit beratender Stimme zu entsenden, wenn die Zahl der Entlassungen, für die nach § 17 Abs. 1 Anzeige erstattet ist, mindestens fünfzig beträgt.

(4) Der beim Landesarbeitsamt nach Absatz 1 gebildete Ausschuß kann seine Befugnisse nach Absatz 1 bei Betrieben mit in der Regel weniger als 100 Arbeitnehmern ganz oder teilweise auf das örtlich zuständige Arbeitsamt übertragen. In diesem Falle werden die Entscheidungen von einem beim Arbeitsamt entsprechend den Vorschriften des Absatzes 1 zu bildenden Ausschuß getroffen. Die Absätze 2 und 3 gelten entsprechend.

§ 21: Entscheidungen der Hauptstelle der Bundesanstalt für Arbeit

Für Betriebe, die zum Geschäftsbereich des Bundesministers für Verkehr oder des Bundesministers für das Post- und Fernmeldewesen gehören, trifft, wenn mehr als 500 Arbeitnehmer entlassen werden sollen, ein gemäß § 20 Abs. 1 bei der Hauptstelle der Bundesanstalt für Arbeit zu bildender Ausschuß die Entscheidungen nach § 18 Abs. 1 und 2. Der zuständige Bundesminister kann zwei Vertreter mit beratender Stimme in den Ausschuß entsenden. Die Anzeigen nach § 17 sind in diesem Falle an die Hauptstelle der Bundesanstalt für Arbeit zu erstatten. Im übrigen gilt § 20 Abs. 1 bis 3 entsprechend.

§ 22: Ausnahmebetriebe

(1) Auf Saisonbetriebe und Kampagne-Betriebe finden die Vorschriften dieses Abschnitts bei Entlassungen, die durch diese Eigenart der Betriebe bedingt sind, keine Anwendung.

(2) Der Bundesminister für Arbeit und Sozialordnung wird ermächtigt, durch Rechtsverordnung Vorschriften zu erlassen, welche Betriebe als Saisonbetriebe oder Kampagne-Betriebe im Sinne des Absatzes 1 gelten.

Vierter Abschnitt.
Schlußbestimmungen

§ 23: Geltungsbereich

(1) Die Vorschriften des Ersten und Zweiten Abschnitts gelten für Betriebe und Verwaltungen des privaten und des öffentlichen Rechts, vorbehaltlich der Vorschriften des § 24 für die Seeschiffahrts-, Binnenschiffahrts- und Luftverkehrsbetriebe. Die Vorschriften des Ersten Abschnitts gelten nicht für Betriebe und Verwaltungen, in denen in der Regel fünf oder weniger Arbeitnehmer ausschließlich der Lehrlinge beschäftigt werden.

(2) Die Vorschriften des Dritten Abschnitts gelten für Betriebe und Verwaltungen des privaten Rechts sowie für Betriebe, die von einer öffentlichen Verwaltung geführt werden, soweit sie wirtschaftliche Zwecke verfolgen. Sie gelten nicht für Seeschiffe, Binnenschiffe und Luftfahrzeuge und ihre Besatzung.

§ 24: Anwendung des Gesetzes auf Betriebe der Schiffahrt und des Luftverkehrs

(1) Die Vorschriften des Ersten und Zweiten Abschnitts finden nach Maßgabe der Absätze 2 bis 5 auf Arbeitsverhältnisse der Besatzung von Seeschiffen, Binnenschiffen und Luftfahrzeugen Anwendung. Als Betrieb im Sinne dieses Gesetzes gilt jeweils die Gesamtheit der Seeschiffe oder der Binnenschiffe eines Schiffahrtsbetriebs oder der Luftfahrzeuge eines Luftverkehrsbetriebs.

(2) Dauert die erste Reise eines Besatzungsmitglieds im Dienste einer Reederei oder eines Luftverkehrsbetriebs länger als sechs Monate, so verlängert sich die Sechsmonatsfrist des § 1 Abs. 1 bis drei Tage nach Beendigung dieser Reise.

(3) Die Klage nach § 4 ist binnen drei Wochen, nachdem das Besatzungsmitglied zum Sitz des Betriebes zurückgekehrt ist, zu erheben, spätestens jedoch binnen sechs Wochen nach Zugang der Kündigung. Wird die Kündigung während der Fahrt des Schiffes oder des Luftfahrzeuges ausgesprochen, so beginnt die sechswöchige Frist nicht vor dem Tage, an dem das Schiff oder das Luftfahrzeug einen deutschen Hafen oder Liegeplatz erreicht. An die Stelle der Dreiwochenfrist in § 6 treten die hier in den Sätzen 1 und 2 bestimmten Fristen.

(4) Für Klagen der Kapitäne und der Besatzungsmitglieder im Sinne der §§ 2 und 3 des Seemannsgesetzes nach § 4 dieses Gesetzes tritt an die Stelle des Arbeitsgerichts das Gericht, das für Streitigkeiten aus dem Arbeitsverhältnis dieser Personen zuständig ist. Soweit in Vorschriften des Seemannsgesetzes für die Streitigkeiten aus dem Arbeitsverhältnis Zuständigkeiten des Seemannsamtes begründet sind, finden die Vorschriften auf Streitigkeiten über Ansprüche aus diesem Gesetz keine Anwendung.

(5) Der Kündigungsschutz des Ersten Abschnitts gilt, abweichend von § 14, auch für den Kapitän und die übrigen als leitende Angestellte im Sinne des § 14 anzusehenden Angehörigen der Besatzung.

§ 25: Kündigung in Arbeitskämpfen

Die Vorschriften dieses Gesetzes finden keine Anwendung auf Kündigungen und Entlassungen, die lediglich als Maßnahmen in wirtschaftlichen Kämpfen zwischen Arbeitgebern und Arbeitnehmern vorgenommen werden.

§ 26: Inkrafttreten

Dieses Gesetz tritt am Tage nach seiner Verkündung in Kraft.

4 Mindesturlaubsgesetz für Arbeitnehmer (Bundesurlaubsgesetz)

Vom 8. Januar 1963 (BGBl. I S. 2)

Geändert durch die Gesetze vom 27. Juli 1969 (BGBl. I S. 946)
und vom 29. Oktober 1974 (BGBl. I S. 2879)

§ 1: Urlaubsanspruch

Jeder Arbeitnehmer hat in jedem Kalenderjahr
Anspruch auf bezahlten Erholungsurlaub.

§ 2: Geltungsbereich

Arbeitnehmer im Sinne des Gesetzes sind Arbeiter und Angestellte sowie die zu ihrer Berufsausbildung Beschäftigten. Als Arbeitnehmer gelten auch Personen, die wegen ihrer wirtschaftlichen Unselbständigkeit als arbeitnehmerähnliche Personen anzusehen sind; für den Bereich der Heimarbeit gilt § 12.

§ 3: Dauer des Urlaubs

(1) Der Urlaub beträgt jährlich mindestens 18 Werktage.

(2) Als Werktage gelten alle Kalendertage, die nicht Sonn- oder gesetzliche Feiertage sind.

§ 4: Wartezeit

Der volle Urlaubsanspruch wird erstmalig nach sechsmonatigem Bestehen des Arbeitsverhältnisses erworben.

§ 5: Teilurlaub

(1) Anspruch auf ein Zwölftel des Jahresurlaubs für jeden vollen Monat des Bestehens des Arbeitsverhältnisses hat der Arbeitnehmer
a) für Zeiten eines Kalenderjahres, für die er wegen Nichterfüllung der Wartezeit in diesem Kalenderjahr keinen vollen Urlaubsanspruch erwirbt;
b) wenn er vor erfüllter Wartezeit aus dem Arbeitsverhältnis ausscheidet;
c) wenn er nach erfüllter Wartezeit in der ersten Hälfte eines Kalenderjahres aus dem Arbeitsverhältnis ausscheidet.

(2) Bruchteile von Urlaubstagen, die mindestens einen halben Tag ergeben, sind auf volle Urlaubstage aufzurunden.

(3) Hat der Arbeitnehmer im Falle des Absatzes 1 Buchstabe c bereits Urlaub über den ihm zustehenden Umfang hinaus erhalten, so kann das dafür gezahlte Urlaubsentgelt nicht zurückgefordert werden.

§ 6: Ausschluß von Doppelansprüchen

(1) Der Anspruch auf Urlaub besteht nicht, soweit dem Arbeitnehmer für das laufende Kalenderjahr bereits von einem früheren Arbeitgeber Urlaub gewährt worden ist.

(2) Der Arbeitgeber ist verpflichtet, bei Beendigung des Arbeitsverhältnisses dem Arbeitnehmer eine Bescheinigung über den im laufenden Kalenderjahr gewährten oder abgegoltenen Urlaub auszuhändigen.

§ 7: Zeitpunkt, Übertragbarkeit und Abgeltung des Urlaubs

(1) Bei der zeitlichen Festlegung des Urlaubs sind die Urlaubswünsche des Arbeitnehmers zu berücksichtigen, es sei denn, daß ihrer Berücksichtigung dringende betriebliche Belange oder Urlaubswünsche anderer Arbeitnehmer, die unter sozialen Gesichtspunkten den Vorrang verdienen, entgegenstehen.

(2) Der Urlaub ist zusammenhängend zu gewähren, es sei denn, daß dringende betriebliche oder in der Person des Arbeitnehmers liegende Gründe eine Teilung des Urlaubs erforderlich machen. Kann der Urlaub aus diesen Gründen nicht zusammenhängend gewährt werden, und hat der Arbeitnehmer Anspruch auf Urlaub von mehr als zwölf Werktagen, so muß einer der Urlaubsteile mindestens zwölf aufeinanderfolgende Werktage umfassen.

(3) Der Urlaub muß im laufenden Kalenderjahr gewährt und genommen werden. Eine Übertragung des Urlaubs auf das nächste Kalenderjahr ist nur statthaft, wenn dringende betriebliche oder in der Person des Arbeitnehmers liegende Gründe dies rechtfertigen. Im Fall der Übertragung muß der Urlaub in den ersten drei Monaten des folgenden Kalenderjahres gewährt und genommen werden. Auf Verlangen

Mindesturlaubsgesetz für Arbeitnehmer

des Arbeitnehmers ist ein nach § 5 Abs. 1 Buchstabe a entstehender Teilurlaub jedoch auf das nächste Kalenderjahr zu übertragen.

(4) Kann der Urlaub wegen Beendigung des Arbeitsverhältnisses ganz oder teilweise nicht mehr gewährt werden, so ist er abzugelten.

§ 8: Erwerbstätigkeit während des Urlaubs

Während des Urlaubs darf der Arbeitnehmer keine dem Urlaubszweck widersprechende Erwerbstätigkeit leisten.

§ 9: Erkrankung während des Urlaubs

Erkrankt ein Arbeitnehmer während des Urlaubs, so werden die durch ärztliches Zeugnis nachgewiesenen Tage der Arbeitsunfähigkeit auf den Jahresurlaub nicht angerechnet.

§ 10: Kur- und Heilverfahren

Kuren und Schonungszeiten dürfen nicht auf den Urlaub angerechnet werden, soweit ein Anspruch auf Fortzahlung des Arbeitsentgelts nach den gesetzlichen Vorschriften über die Entgeltfortzahlung im Krankheitsfalle besteht.

§ 11: Urlaubsentgelt

(1) Das Urlaubsentgelt bemißt sich nach dem durchschnittlichen Arbeitsverdienst, das der Arbeitnehmer in den letzten dreizehn Wochen vor dem Beginn des Urlaubs erhalten hat. Bei Verdiensterhöhungen nicht nur vorübergehender Natur, die während des Berechnungszeitraums oder des Urlaubs eintreten, ist von dem erhöhten Verdienst auszugehen. Verdienstkürzungen, die im Berechnungszeitraum infolge von Kurzarbeit, Arbeitsausfällen oder unverschuldeter Arbeitsversäumnis eintreten, bleiben für die Berechnung des Urlaubsentgelts außer Betracht. Zum Arbeitsentgelt gehörende Sachbezüge, die während des Urlaubs nicht weitergewährt werden, sind für die Dauer des Urlaubs angemessen in bar abzugelten.

(2) Das Urlaubsentgelt ist vor Antritt des Urlaubs auszuzahlen.

§ 12: Urlaub im Bereich der Heimarbeit

Für die in Heimarbeit Beschäftigten und die ihnen nach § 1 Abs. 2 Buchstaben a bis c des Heimarbeitsgesetzes vom 14. März 1951 (BGBl. I S. 191) Gleichgestellten, für die die Urlaubsregelung nicht ausdrücklich von der Gleichstellung ausgenommen ist, gelten die vorstehenden Bestimmungen mit Ausnahme der §§ 4 bis 6, 7 Abs. 3 und 4 und § 11 nach Maßgabe der folgenden Bestimmungen:

1. Heimarbeiter (§ 1 Abs. 1 Buchstabe a des Heimarbeitsgesetzes) und nach § 1 Abs. 2 Buchstabe a des Heimarbeitsgesetzes Gleichgestellte erhalten von ihrem Auftraggeber oder, falls sie von einem Zwischenmeister beschäftigt werden, von diesem

bei einem Anspruch auf 18 Urlaubstage ein Urlaubsentgelt von 6 $^3/_4$ des in der Zeit vom 1. Mai bis zum 30. April des folgenden Jahres oder bis zur Beendigung des Beschäftigungsverhältnisses verdienten Arbeitsentgelts vor Abzug der Steuern und Sozialversicherungsbeiträge ohne Unkostenzuschlag und ohne die für den Lohnausfall an Feiertagen, den Arbeitsausfall infolge Krankheit und den Urlaub zu leistenden Zahlungen.

2. War der Anspruchsberechtigte im Berechnungszeitraum nicht ständig beschäftigt, so brauchen unbeschadet des Anspruchs auf Urlaubsentgelt nach Nummer 1 nur so viele Urlaubstage gegeben zu werden, wie durchschnittliche Tagesverdienste, die er in der Regel erzielt hat, in dem Urlaubsentgelt nach Nummer 1 enthalten sind.

3. Das Urlaubsentgelt für die in Nummer 1 bezeichneten Personen soll erst bei der letzten Entgeltzahlung vor Antritt des Urlaubs ausgezahlt werden.

4. Hausgewerbetreibende (§ 1 Abs. 1 Buchstabe b des Heimarbeitsgesetzes) und nach § 1 Abs. 2 Buchstaben b und c des Heimarbeitsgesetzes Gleichgestellte erhalten von ihrem Auftraggeber oder, falls sie von einem Zwischenmeister beschäftigt werden, von diesem als eigenes Urlaubsentgelt und zur Sicherung der Urlaubsansprüche der von ihnen Beschäftigten einen Betrag von 6$^3/_4$ v. H. des an sie ausgezahlten Arbeitsentgelts vor Abzug der Steuern und Sozialversicherungsbeiträge ohne Unkostenzuschlag und ohne die für den Lohnausfall an Feiertagen, den Arbeitsausfall infolge Krankheit und den Urlaub zu leistenden Zahlungen.

5. Zwischenmeister, die den in Heimarbeit Beschäftigten nach § 1 Abs. 2 Buchstabe d des Heimarbeitsgesetzes gleichgestellt sind, haben gegen ihren Auftraggeber Anspruch auf die von ihnen nach den Nummern 1 und 4 nachweislich zu zahlenden Beträge.

6. Die Beträge nach den Nummern 1, 4 und 5 sind gesondert im Entgeltbeleg auszuweisen.

7. Durch Tarifvertrag kann bestimmt werden, daß Heimarbeiter (§ 1 Abs. 1 Buchstabe a des

Heimarbeitsgesetzes), die nur für einen Auftraggeber tätig sind und tariflich allgemein wie Betriebsarbeiter behandelt werden, Urlaub nach den allgemeinen Urlaubsbestimmungen erhalten.

8. Auf die in den Nummern 1, 4 und 5 vorgesehenen Beträge finden die §§ 23 bis 25, 27 und 28 und auf die in den Nummern 1 und 4 vorgesehenen Beträge außerdem § 21 Abs. 2 des Heimarbeitsgesetzes entsprechende Anwendung. Für die Urlaubsansprüche der fremden Hilfskräfte der in Nummer 4 genannten Personen gilt § 26 des Heimarbeitsgesetzes entsprechend.

§ 13: Unabdingbarkeit

(1) Von den vorstehenden Vorschriften mit Ausnahme der §§ 1, 2 und 3 Abs. 1 kann in Tarifverträgen abgewichen werden. Die abweichenden Bestimmungen haben zwischen nichttarifgebundenen Arbeitgebern und Arbeitnehmern Geltung, wenn zwischen diesen die Anwendung der einschlägigen tariflichen Urlaubsregelung vereinbart ist. Im übrigen kann, abgesehen von § 7 Abs. 2 Satz 2, von den Bestimmungen dieses Gesetzes nicht zuungunsten des Arbeitnehmers abgewichen werden.

(2) Für das Baugewerbe oder sonstige Wirtschaftszweige, in denen als Folge häufigen Ortswechsels der von den Betrieben zu leistenden Arbeit Arbeitsverhältnisse von kürzerer Dauer als einem Jahr in erheblichem Umfange üblich sind, kann durch Tarifvertrag von den vorstehenden Vorschriften über die in Absatz 1 Satz 1 vorgesehene Grenze hinaus abgewichen werden, soweit dies zur Sicherung eines zusammenhängenden Jahresurlaubs für alle Arbeitnehmer erforderlich ist. Absatz 1 Satz 2 findet entsprechende Anwendung.

(3) Für den Bereich der Deutschen Bundesbahn und der Deutschen Bundespost kann von der Vorschrift über das Kalenderjahr als Urlaubsjahr (§ 1) in Tarifverträgen abgewichen werden.

---

*Siehe hierzu die Gesetze der Länder Baden, Bayern, Niedersachsen, Rheinland-Pfalz und Saarland.

§ 14: Berlin-Klausel

Dieses Gesetz gilt nach Maßgabe des § 13 Abs. 1 des Dritten Überleitungsgesetzes vom 4. Januar 1952 (BGBl. I S. 1) im Land Berlin.

§ 15: Änderung und Aufhebung von Gesetzen

(1) Unberührt bleiben die urlaubsrechtlichen Bestimmungen des Arbeitsplatzschutzgesetzes vom 30. März 1957 (BGBl. I S. 293), geändert durch Gesetz vom 22. März 1962 (BGBl. I S. 169), des Schwerbeschädigtengesetzes in der Fassung der Bekanntmachung vom 14. August 1961 (BGBl. I S. 1233), des Jugendarbeitsschutzgesetzes vom 9. August 1960 (BGBl. I S. 665), geändert durch Gesetz vom 20. Juli 1962 (BGBl. I S. 449), und des Seemannsgesetzes vom 26. Juli 1957 (BGBl. II S. 713), geändert durch Gesetz vom 25. August 1961 (BGBl. II S. 1391), jedoch wird
a) in § 19 Abs. 6 Satz 2 des Jugendarbeitsschutzgesetzes der Punkt hinter dem letzten Wort durch ein Komma ersetzt und folgender Satzteil angefügt:
„und in diesen Fällen eine grobe Verletzung der Treuepflicht aus dem Beschäftigungsverhältnis vorliegt.";
b) § 53 Abs. 2 des Seemannsgesetzes durch folgende Bestimmung ersetzt: „Das Bundesurlaubsgesetz vom 8. Januar 1963 (BGBl. I S. 2) findet auf den Urlaubsanspruch des Besatzungsmitglieds nur insoweit Anwendung, als es Vorschriften über die Mindestdauer des Urlaubs enthält."

(2) Mit dem Inkrafttreten dieses Gesetzes treten die landesrechtlichen Vorschriften über den Erholungsurlaub außer Kraft. In Kraft bleiben jedoch die landesrechtlichen Bestimmungen über den Urlaub für Opfer des Nationalsozialismus und für solche Arbeitnehmer, die geistig oder körperlich in ihrer Erwerbsfähigkeit behindert sind.*

§ 16: Inkrafttreten

Dieses Gesetz tritt mit Wirkung vom 1. Januar 1963 in Kraft.